江苏省社会科学基金青年资助项目（22YYC003）

江苏高校哲学社会科学研究一般资助项目（2022SJYB1921）

汉韩隐性词汇
使动对比研究

HANHAN YINXING CIHUI SHIDONG
DUIBI YANJIU

王燕 著

上海三联书店

序

王燕是我的博士生。本书是在她博士论文基础上修改而成的。看到书稿即将付梓，作为导师，喜悦欣慰之情，自是难以言表的。不过更感欣喜和鼓舞的，应该是作者本人。多年的苦读，总算是有了一个满意的"交代"。2018 年，王燕入我门下，最初对她的印象是踏实、勤奋。随着博士毕业论文主题的确定，再到开题、写作，愈发觉得她有一股不服输的劲头。哪怕是担心论文写不完、写不好的时候，焦灼的眼神中依然带着坚定。也许正是这种劲头儿，支撑她一步一步踏实地走下去。

本书的研究对象是汉韩隐性词汇使动，隐性词汇使动作为致使范畴的一部分，具有跨语言的普遍性，是一种较为复杂的语言现象。最初也担心她能否在这个主题上做出新意来，毕竟国内外语言学界对使动的关注不在少数，而且韩国语词汇使动往往讨论的是形态型，而不是与其他语言相对应的词汇形式。现在看来，书中有她自己对主题的理解，也提出了一些见解，算是让我安心了。本书涉及几个主要问题：词汇使动的界定和范畴，尤其是韩国语词汇使动与形态型使动的区分；显性词汇使动与隐性词汇使动的区别；使动各层级之间的互动关联。她在本书中尝试对这些问题作出解答，有几个地方值得关注：

一是对隐性词汇使动作了明确的界定。从形式与语义的配对体、他动句与使动句的区分、显性与隐性的区分等角度界定隐性词汇使动：构式存在两个具有因果关系的事件，一个事件的主体为 X，另一个事件的主体为 Y，谓词 V 连接 X 与 Y 且 X 对 Y 产生影响，构式不存在使动形态与使动标记，谓词 V 具有单一性质。尤其是在书中通过意向图式对隐性词汇使动的形成过程进行抽象性概括，分别对汉语和韩国语隐性词汇使动成立的必要条件和参考条件作了详细界定，值得相关研究参考。

二是打通了词汇使动研究的跨语言障碍，将隐性词汇使动置于语言类型学、构式语法框架中进行分析，打破了传统单语言视角的描写，从构式层级融合角度客观深入地阐释了语言的深层次现象。选择具有典型意义的语料为突破口，建立了跨语言对比机制。比如对汉语和韩国语动结式在形式和语义角度的对比，以"他打碎了花瓶""경제를 부흥하였다"为例，提出"汉语动结式 V 与 R 之间形式上可以分离，语义上分别指派论元；韩国语动结式 V 与 R 之间结合更为紧密，形式上不可分离、语义上分别指派论元"的观点。

三是从互动观与层级观角度探讨了构式在句法层级、语义层级、语用层级的融合过程，凸显出构式在事件语义框架下的复杂性和双向制约性，静态事件与动态事件相融合，最终形成完型的隐性词汇使动构式网络系统。从构式语法的互动观和层级观角度对汉韩隐性词汇使动作了探讨。谓词与构式的句法融合互动方面，主要关注基础框架式、扩展式、构式对谓词的压制以及构式对时体、副词等共现成分的制约等；谓词语义角色与构式论元的语义融合互动，主要探讨使动的致使力、致使语义的性质以及谓词语义角色与致使主体和致使客体的融合；形式与语义相结合的构式与语境层面的融合互动主要从语言经济性、凸显性以及间接言语行为等方面进行分析。

四是定量分析与定性分析的相辅相成、宏观与微观的互利互补、语言本体与语言对比的相融相合。构建了汉韩隐性词汇使动语料库作为研究基础，融入了跨语言视角，与定量分析和定性分析相结合，强调了基于使用观的分析模式。另外，从隐性词汇使动的个性特征出发，继而以小见大，摸索出了较为宏观的共性特征。

上述理论和方法的合理运用，保证了本书结论的客观可信。她从多维度、多视域互动角度出发进行了跨语言的对比研究，克服了从形式出发的不足，探讨了不同层面的互动性融合，为中韩语言学习者提供了很好的理论依据。同时，她将语言学理论和语言事实之间的互相论证关系阐述得较为到位，从认知角度又给人以信服的解释。

诚然，王燕的论文也存在诸多不足之处，正如她在结语中指出的历时性问题、深层语义的解读、使动与被动的关联等。但是毕竟为自己树立起了一块里程碑，既回顾来时路，也指向未来即将跋涉的旅程。现在王燕已经进入淮阴师范学院文学院工作，衷心希望她有更加出色的成果不断问世。

姜镕泽

2024 年 6 月

于中央民族大学

目 录

绪 论 1

  第一节　研究目的与意义 1

  第二节　研究现状与述评 4

  第三节　研究对象与方法 30

  第四节　理论基础与框架 34

第一章　隐性词汇使动的范畴及分类 43

  第一节　既有概念和分类的回顾与梳理 43

    一、既有概念和分类的整理 43

    二、既有概念和分类的分析 49

  第二节　隐性词汇使动的成立条件及原则 50

    一、形式与语义相结合 51

    二、使动句与他动句的区分 61

    三、隐性词汇使动与显性词汇使动的区分 ... 69

  第三节　隐性词汇使动的概念界定 73

    一、致使关系链的传递及致使义的形成 74

    二、隐性词汇使动的意向图式及概念界定 ... 78

  第四节　隐性词汇使动的分类 81

    一、汉语隐性词汇使动的分类 82

      （一）兼用式 83

      （二）动结式 84

      （三）倒置式 85

二、韩国语隐性词汇使动的分类　　　　　　　　86

　　（一）兼用式　　　　　　　　　　　　　87

　　（二）动结式　　　　　　　　　　　　　88

　　（三）致使移动式　　　　　　　　　　　90

　　（四）命令允让式　　　　　　　　　　　91

　第五节　小结　　　　　　　　　　　　　　　92

第二章　汉韩隐性词汇使动的句法功能　　　　　95

　第一节　汉语隐性词汇使动的句法功能　　　　96

　一、兼用式　　　　　　　　　　　　　　　96

　　（一）句法结构式及构式对谓词的压制　　96

　　（二）时体标记"了""着"的制约　　　103

　二、动结式　　　　　　　　　　　　　　　105

　　（一）句法结构式及构式对谓词的压制　　106

　　（二）时体标记"了"的制约　　　　　111

　三、倒置式　　　　　　　　　　　　　　　113

　　（一）"V+了"对补语及构式成分的制约　114

　　（二）"A+了"对补语及构式成分的制约　118

　第二节　韩国语隐性词汇使动的句法功能　　　120

　一、兼用式　　　　　　　　　　　　　　　120

　　（一）句法结构式及构式对谓词的压制　　121

　　（二）副词、时间状语以及时体的制约　　124

　二、动结式　　　　　　　　　　　　　　　129

　　（一）句法结构式及构式对谓词的压制　　130

　　（二）对时体及共现句式的制约　　　　　134

三、致使移动式　　　　　　　　　　　　　　　136

（一）句法结构式及构式对谓词的压制　　　138

（二）扩展式及构式对谓词的制约　　　　　140

四、命令允让式　　　　　　　　　　　　　　　143

（一）句法结构式及构式对谓词的压制　　　144

（二）对时体及副词的制约　　　　　　　　145

第三节　小结　　　　　　　　　　　　　　　　　147

一、语言特点及认知思维方式对语言表现形式的影响　149

二、时体标记的语法化程度差异　　　　　　　　151

第三章　汉韩隐性词汇使动的语义功能　　　　　　155

第一节　汉语隐性词汇使动的语义功能　　　　　155

一、致使语义的性质及特征　　　　　　　　　156

（一）直接性与间接性　　　　　　　　　　156

（二）蕴含性　　　　　　　　　　　　　　159

二、致使力的性质与特征　　　　　　　　　　162

（一）主观致使力与客观致使力　　　　　　163

（二）内在致使力与外在致使力　　　　　　165

（三）具体致使力与抽象致使力　　　　　　166

三、谓词语义角色与主体论元的融合　　　　　167

（一）致使主体的性质　　　　　　　　　　167

（二）谓词语义角色与主体论元的融合过程　170

（三）构式对语义融合的制约　　　　　　　173

四、谓词语义角色与客体论元的融合　　　　　175

（一）致使客体的性质　　　　　　　　　　175

（二）谓词语义角色与客体论元的融合过程　176

第二节　韩国语隐性词汇使动的语义功能　178

一、致使语义的性质及特征　178

（一）直接性与间接性　179

（二）蕴含性　182

二、致使力的性质及特征　186

（一）主观致使力与客观致使力　186

（二）内在致使力与外在致使力　189

（三）具体致使力与抽象致使力　192

三、谓词语义角色与主体论元的融合　193

（一）致使主体的性质　194

（二）谓词语义角色与主体论元的融合过程　196

（三）构式对语义融合的压制　201

四、谓词语义角色与客体论元的融合　203

（一）致使客体的性质　203

（二）谓词语义角色与客体论元的融合过程　205

第三节　小结　206

一、汉字词的发展演变对动结式语义特征的影响　208

二、句法结构对语义融合过程的影响　211

第四章　汉韩隐性词汇使动的语用功能　214

第一节　汉语隐性词汇使动的语用功能　215

一、语言的经济性特征　215

（一）与"使"字句经济性程度的差异　216

（二）成分省略体现的经济性特征　220

二、焦点与凸显特征　222

（一）句尾成分的凸显　222

（二）句首成分的凸显　224

三、间接言语行为特征　225

（一）"阐述类"间接言语行为　227

（二）"宣告类"间接言语行为　228

（三）"表达类"间接言语行为　230

第二节　韩国语隐性词汇使动的语用功能　232

一、语言的经济性特征　232

（一）与"－게 하다"使动的经济性差异　233

（二）成分省略体现的经济性特征　236

二、焦点与凸显特征　238

（一）句首成分的凸显　239

（二）句中成分的凸显　241

三、间接言语行为特征　242

（一）"阐述类"间接言语行为　245

（二）"宣告类"间接语言行为　246

（三）"表达类"间接言语行为　248

第三节　小结　250

一、格助词的句法整合作用　252

二、句法结构与信息结构的相互作用　254

结　论　257

参考文献　261

后　记　277

图 0-1：隐性词汇使动的层级关系图   42

表 1-1：汉语隐性词汇使动的界定与分类   44

表 1-2：韩国语隐性词汇使动的界定与分类   46

图 1-1：语法关系对应图   63

图 1-2：使动与他动的事件关系图   63

图 1-3：致使关系链的三个环节   75

图 1-4：隐性词汇使动句的意向图式   80

图 2-1：致使移动构式   137

图 2-2：非及物移动构式   138

图 3-1：汉语隐性词汇使动连续统   158

图 3-2：隐性词汇使动形成过程图   168

图 3-3：致使力的外向和返身传递   189

图 3-4：图式—— 例示关系的融合   198

图 3-5：典型——扩展关系的融合   200

图 4-1："使"字句的正向传递过程   219

图 4-2：兼用式的反向传递过程   219

图 4-3：兼用式的致使力作用过程   234

图 4-4："-게 하다"使动的致使力作用过程   234

绪　　论

致使范畴（causative category）是人类认知中的一个基本概念（Lakoff & Johnson，1980），[①] 也是人类语言中普遍存在的语法范畴之一。任何语言都存在表达致使概念的方式（Shibatani，2002），但不同语言甚至同一语言的致使表达方式并不相同，大体形成了分析型（analytic causative）、形态型（morphological causative）以及词汇型（lexical causative）三种（Comrie，1989）。作为语言学研究的中心论题之一，致使结构涉及形式、语义及句法等多层面的互动问题，因此相关研究具有重要的理论和实际意义。

第一节　研究目的与意义

致使结构[②]是语言研究中的一个经久不衰的话题。马建忠（1898）较早地对汉语致使结构进行了探讨，吕叔湘（1942）认为使动是"使止词有所动作或变化"，此后关于"使动"的概念也慢慢形成。韩国语致使结构的相关研究始于传统语法时期，最早见于 Jespersen（1924）、최현배（1937，1971）等。随着时代发展，致使结构经过历史长河的沉淀，慢慢地演变为独立的语法范畴，深受广大学者

---

① 姜灿中：《现代汉语动结式的句法 - 语义界面：基于层级和互动的构式语法视角》，博士学位论文，西南大学，2019 年，第 1 页。
② 学界关于使动的叫法不一，总体来看有"使动结构""使动句""致使结构""致使形式"等，本文在对整个致使概念进行阐述时使用"致使结构"，以句子结构为主时采用"使动句"，主要研究对象为"隐性词汇使动"，引用与参考部分则沿用原文的名称。

关注。作为人类语言中存在的一个普遍范畴，它既是语法研究的一个重要趋势，也体现着对世界认知的反映以及人类语言的共性。

汉韩致使结构的研究成果丰硕、内容丰富且涵盖面较广。既有研究在相关概念和分类、动词中心、语法性质、句法结构、相关句式及句法变换关系等方面作出了较为深入精细的描写。致使范畴在不同的语言类型中，表现形式及句法结构也不尽相同。汉语的词汇型使动、韩国语的形态型使动以及两种语言的分析型使动都倍受学者们关注，而在韩国语的词汇型使动 ① 以及两种形式的对比分析、句法和语义的描写与解释方面，仍存在一定程度的不足。

从目前的相关研究来看，学界已从生成语法、配价结构、认知语义学、构式语法等理论视角对致使结构整体或者某一部分作了具体阐释，但是由于研究范围、理论立场等方面的不同，不同学者对某一现象的理解和阐释存在差异，这也说明致使结构还存在进一步探讨的空间。总体而言，目前的主流研究受"动词中心论"思想的影响，即通过谓词语义题元以及论元提升等操作，对其句法结构和语义特征进行分析。这种思路虽然对认识了解致使结构提供了一定的帮助，但是忽视了致使结构本身的独立性，因此描写与解释在一定程度上具有不全面性。而始于二十世纪 80 年代的构式语法理论则为汉韩致使结构的深入研究提供了新的思路。

致使结构在语法研究中具有重要的地位，也具有举足轻重的意义。然而致使结构的研究，尤其是隐性词汇使动的研究还存在很大的提升空间。构式语法的最新理论成果为隐性词汇使动在形式、语义以及句法结构等方面的互动性研究，提供了进一步突破的可能性。

---

① 这里所说的词汇型是指由单纯词汇手段表达的使动关系，不包括在非使动词基础上添加"이，리，히，기，우，구，추"等词缀形成的形态型使动。

因此，本文将以隐性词汇使动为主要研究对象，基于构式语法理论，对汉韩隐性词汇使动的概念和范畴进行科学地界定和划分，并从句法结构、语义特征以及语用功能三个层面系统梳理其构式方式、语义融合过程以及经济性、凸显性等语用特征，在具体语境中进行动态分析。通过对比研究，尝试建立系统完善的汉韩隐性词汇使动理论体系，根据描写与解释的统一性，来拓展人们对致使表达方式的认识，并为语言类型学、语言对比研究以及语言教学等领域提供一定的参考。

首先，汉韩隐性词汇使动研究具有较强的理论意义。致使范畴体现着人们对语言现象的认知和归类，是认知语言学的重要概念。对隐性词汇使动的研究，是从认知和经验角度将语言的事件结构进行抽象化，并对其内涵和外延进行界定的认知体验。汉韩隐性词汇使动研究从形式与语义相结合的构式出发，与以往单从构式出发的研究或者仅以语义为主的研究是存在区别的。在形式与语义相结合的基础上，探讨句法结构的特性以及语义功能的实现过程，并且立足于特定语境条件探讨具体的交际功能，形成静态兼顾动态的研究视角。总体来看，对隐性词汇使动在句法、语义以及语用层面的互动性研究，既有利于克服从形式出发的不足，又有利于兼顾语义和语境的互动性融合。从形式和语义相结合的构式出发，以构式的互动性和关联性为导引，探讨构式在句法层面、语义层面以及语境层面的互动性融合，为构式的系统研究奠定了基础。而隐性词汇使动在层级互动下的具体研究，为构式语法理论的深入探讨提供了具体例示，促进了构式语法理论的发展。

其次，汉韩隐性词汇使动研究具有较强的实践意义。本文从形式与语义相结合的构式出发，再到具体的语言应用，形成了"事件结构——语义融合——语用互动"的完整构式链。随着致使范畴各层面研究的不断完善，语言应用领域对对比研究提出了更为迫切的要求，进而促使我们从多维度、多视域互动角度进行语言对比研究。以往的汉韩致使结构研究主要聚焦于句法结构，以及认知语义的框架模型层面，缺少进一步的动态研究。本文强调将具有静态语义的框架结构置于动态的语言环境之中，使话语表现形式与具体的语境条件产生联系，因此呈现出不同的言语交际功能。这是语言学习者理解和运用相关构式的基础，也是对构式进行深入释解的必要过程。

综上，以构式语法为基础的汉韩隐性词汇使动研究，既是对构式语法的具体应用，又进一步对构式语法进行了拓展。句法功能、语义功能以及语用功能三个层面的互动性研究，既可以将隐性词汇使动置于具体的语言环境进行动态的探讨，又可以为学习者恰当地使用语言提供一定的参考。因此，以汉韩隐性词汇使动为对象的对比研究，在致使结构体系的完整构建、对比语言学的发展、构式语法理论研究方法的完善、语言共性研究以及语言的实际应用等方面，具有一定的理论与实践意义。

第二节　研究现状与述评

致使概念是一个重要的语义概念，体现着人们对世界的认知。它既是一个普遍存在的语言现象，也是语言共性的具体体现。致使结构作为一种语法范畴，是语言学的研究热点之一，作为人们日常生活交流的一种语言形式，又受到人们的普遍关注。

目前的相关研究主要涉及致使力的来源、致使结构式、语义性质以及语义整合方式等，可谓涉猎广、程度深。致使义作为致使

结构研究的核心，相关研究层出不穷，目前关于其来源主要有四种观点：一是立足于"动词中心论"，认为致使义来源于动词；二是认为来自于动词与宾语的组合形式；三是认为使动句在深层结构中包含零使役动词，促使非使动词以使动形式呈现；四是认为来自于句法结构整体。[①]其中，汉韩致使结构研究历时相对较长，相关研究涉及各层面、各角度。韩国语的致使结构研究较早始于최현배（1937）的《우리말본》，从传统语法角度进行了较为系统的探讨。20世纪70年代起，转换生成理论的引入与应用，使此研究进入了飞跃性发展阶段。此后，认知语言学、范畴学、历史语言学等各理论视角的探讨也相继展开。汉语致使问题的相关探讨较早始于马建忠（1898）的《马氏文通》。20世纪90年代以前，主要集中于古汉语的使动用法以及致使结构的句法形式分析。90年代以后，在西方语言学理论的影响下，新理论、新方法的注入促使汉语使动研究进入了前所未有的高速发展阶段。本书将从历时性角度对汉韩隐性词汇使动[②]的发展演变脉络进行回顾和梳理，总结已有的研究成果并对未来研究作出展望。

一、研究现状

汉语词汇使动是致使范畴研究中的"常青树"，成果较为丰硕且涵盖面较广，而韩国语的词汇使动研究仍以形态型为主，并且单纯词汇手段的相关研究也存在着历时较短、涉及面较窄等问题。虽

---

① 刘培玉、刘人宁：《从"动词核心"看隐形使动句》，《汉语学报》第1期，2015年，第56页。
② 鉴于专门的隐性词汇使动研究较少，本文欲从词汇使动的发展脉络入手，以与隐性词汇使动相关的研究为重点进行梳理。

然在研究范围以及研究程度上呈现出不均衡性，但词汇使动作为致使范畴的重要部分，相关对比研究仍然值得我们关注。因此，本书综述以汉语隐性词汇使动研究、韩国语隐性词汇使动研究、汉韩隐性词汇使动对比研究三个方面为主，分别探讨各个历史时期、多样化的理论视角之下学者们的不同观点。

（一）汉语隐性词汇使动研究

语法诞生时期，使动相关研究处于起步阶段，学者们开始对使动句及其相关现象进行探索。马建忠（1898）的《马氏文通》对"致动"等形式有所提及；刘复（1920）提出了"兼格说"，也就是后来所说的"递系式"或"兼语式"；黎锦熙（1924）的《新著国语文法》则对兼语句、使动式等作了探讨。

20世纪40年代起，语法研究步入革新探索时期，汉语使动的系统研究也正式开启。吕叔湘（1942）的《中国文法要略》提出使动是"使止词有所动作或变化"，使动概念也逐渐形成。王力（1954）考虑到谓词的复杂性以及特殊性，将使动分为"使成式""处置式"以及"递系式"，其中，"使成式"的谓词与补语之间具有因果关系；"处置式"也就是"把"字句，体现的是一种处置或者支配关系；"递系式"则通过两次连系表达使动义。赵元任（1968）将兼语式与宾语小句以及紧缩句进行比较，指出兼语式的兼语地位不分明，并对兼语后动词的连串兼语现象以及动作方向等问题作了相对明确的探讨。受结构主义观点的影响，此阶段的致使研究主要在于形式及结构的分析，"使成式"等相关研究为后续词汇使动研究打下了坚实的基础，但也存在研究范围相对局限、语义及其他使动结构研究相对缺乏等现状。

20世纪80年代以来，随着语法研究热潮的高涨，相关问题也逐渐得到了学者们的重视。关于"兼语式"成立与否的讨论在这一阶段达到炙热化，主张兼语式可作独立使动形式的学者有龚千炎（1983）、周国光（1983）、杨因（1981）等，他们认为兼语式与其他补语句不同，呈现出致使义；主张取消兼语式的学者有符达维（1980）等，认为兼语式违反了句式的分析原则，混淆了深层语义与浅层结构。朱德熙（1982）通过对"跑马（使马跑）"形式的研究，主张将兼语式并入"连谓结构"。范晓（1980，1986a）指出，兼语式具有多层次性，是一种特殊的动补述语句或者述补谓语句。兼语式之争促进了使动研究的进一步发展，也促使学者们从更加多样化的视角进行分析，然而此阶段语义角度的相关研究仍然较为缺乏，这种研究现象一直持续到80年代末，直至90年代才开启了汉语使动研究的新篇章。

　　20世纪90年代以后，国内外引发关于"态"的研究热潮，汉语使动研究也进入蓬勃发展时期，致使结构的研究范围进一步拓展，研究角度也涉及形式、句法和语义等多个层面。缪锦安（1990）将致使分为受动动作和使动动作两种，前者表示参与者受主体的影响而产生变化；后者表示参与者受主体的影响而进行某种动作行为。彭利贞（1995）将汉语使役形式分为语法结构、形变和零形式三种，从功能方式、角色指派等方面对使动句与存现句的深层语义作了比较分析。谭景春（1995）通过对使令句和动补句的比较，认为动补句的补语成分一般为形容词或者非自主动词，动补是致使义导致的客观结果。邢欣（1995）着重探讨了使令动词的语义配价问题，并分析了致使义对动词配价以及句型分类的影响，认为使动词与非使动词的本质区别在于前者增加了一个新的"结果价"。程琪龙、王宗炎（1998）指出，兼语式与"把"字句之间存在部分变换关系，分析了"把"字句以及兼语式的结构语义特征，并对二者之间的联系与区别作了探讨。这一时期的研究注重形式、句法以及语义角度的结合，从使动形式的整体特征、语义指向以及配价等角度，对整个使动结构或者具体使动类型作了细致分析，但所涉及的语言理论、致使形式以及研究视野等仍有进一步的拓展空间。

进入 21 世纪以来，随着语言学理论的不断发展，学者们开始从不同的方法论角度对汉语使动进行研究，致使内涵相关研究不断深入、致使范围也不断拓展，取得了空前的研究成果，进入了繁荣发展时期。范晓（2000）指出，致使客体产生的动作行为、性质状态、活动变化等是致使结构导致的客观事实，即致使主体对致使客体所产生的影响。他根据是否具有明显致使义将致使结构分为显性与隐性两大类，前者指有"使"字标记或者可以自如转换为"使"字句的形式，后者指没有"使"字标记或者无法与"使"字句进行自如转换的形式。其中，显性致使句与隐性致使句的区分，为本文在隐性词汇使动成立原则和条件方面的探讨提供了重要的参考价值。

刘永耕（2000）从句法结构和语义特征两个角度重点探讨了使令类动词和致使词的区别，认为它们既互相关联又易混淆，根据使令程度的不同将使令动词分为隐性和显性两类，并对使令度与使令词各类型之间的关联与区别作了探讨。郭锐、叶向阳（2001）指出，致使表达的是两个或两个以上事件结构之间的作用关系。从谓语、论元结构、语音形式等角度对使动形式进行了相对详细的划分，将致使表达式分为"使令式、使字句、间隔述补式、隔宾述结式、粘合述结式、同根异形型、同形型、隐含型、结果述宾式、致使宾语式"十类，并以直接使动和间接使动、控制性、制约性、单纯使动和允许使动等多个语义参项为标准，考察了各使动形式的语义差异。[①]其中，粘合述结式、同根异形型、同形型、结果述宾式与本书的隐性词汇使动研究密切相关。

陈昌来（2001）将致使结构分为"$NP_1+VP+NP_2$"和"$NP_1+VP_1+NP_2+VP_2$"（VP_1是致使动词）两种，前者属于词汇使动形式，后者则是分析型使动结构。沈阳、何元建、顾阳（2001）将致使结构分为使动结构、词的使动用法以及"V 得"结构，词的使动用法正是我们所说的使动词，为探讨使动词的不同形式以及使动机制提供了参考。程琪龙（2001）认为使动结构所体现的语义有致使者倾向和被致使者反映两种，前者指致使者在事件发生时所参与的事件，后者又分为确定性反映和不确定性反映。袁毓林（2001b）根据致使义的来源以及作用方向将致使关系分为内部致使和外部致使两种，从述结式的论元选择、结构扩展等方面对结构类型作了具体分析。他指出从结构来看述语动词是核心，但从语义来看补语动词或形容词又是核心，因此存在着不平衡性。

何元建、王玲玲（2002）从生成语法角度探讨了汉语使动句与役格句之间的语义和句法关系，认为使动句的役格动词是一个具有实际意义的动词形式，直接表达致使义；役格句不存在役格动词，动词表现为零形式，通过施事或者客事移至致事位置的操作表达致使义。박미정（2002）将使动定义为"致使主体通过一定的作用使致使客体进行某种行为或者达到某种状态"，致使客体的行为活动

---

① 郭锐、叶向阳（2001）的具体分类如下：使令式"我劝他走"；使字句"你使我难堪间"；隔述补式"我追得他直喘气"；隔宾述结式"你寄张照片来"；粘合述结式"他砍断了木棍"；同根异形型"晋侯饮赵盾酒"；同形型"他们端正了态度"；隐型"他把蛇杀了"；结果述宾式"我急了一头汗"；致使宾语式"这封信抄了我半天"。

能否实现不作为词汇使动的成立条件，并从论元数量、否定范围、状语的修饰范围等角度考察了句法特征，分析了各使动类型的语义差异。

陆俭明、沈阳（2003）以自主范畴为原则对使动结构进行了探讨，认为自主动词和非自主动词都可以作致使动词使用。熊仲儒（2003）以最小主义理论为基础，从使动句的构建过程、事件阐释等立场对"Cause"和"Become"等功能核心进行分析，并对"Causer、Causee、Becomer 和 Result"等论元成分作了具体探讨。

周红（2004）立足于语义论角度，基于概念模式和语义标准将使动分为正向致使、反向致使、次第致使、组元致使、有意致使、无意致使、外向致使、反身致使、积极致使、消极致使、泛力致使、非泛力致使等，并重新整理了使动的概念。何元建（2004）对十五种语言的使动形式从生成语法角度作了探讨，认为从多语言角度来看，使动的形成机制由格变化而实现。牛顺心（2004）以 Shibatani（1976，2001）、Comrie（1989）、Dixon（2000）的研究成果为基础，将使动形式分为综合型（词汇型和形态型）和分析型，又将分析型分为使令式、致动式、隔开式三类，认为分析型是汉语致使结构中较为重要的形式。

宛新政（2005）从形态、语义、句法三个方面分析了使动句的特征，他根据有无使动标记，将使动句分为"使"字句、"把"字句、使令动词句、使成式、"V 得"使动句等，其中"使"字句、"把"字句为有标记使动，其他形式为无标记使动。施春宏（2008）以配价语法"自上而下"和"自下而上"的观点为研究思路，从整合过程及构式配价、语义成分的提升、相关句式的配位方式、句法功能的类型及特点等方面对动结式进行了系统的分析和探讨。

　　21 世纪初期的致使结构研究从使动内涵、使动形式、句法结构以及语义特征等方面进行了多角度多层次的探讨，致使结构研究的理论视角也丰富多样，从以生成语法和结构主义为主的研究到语言类型学、认知语言学以及认知语义论等，研究成果可谓浩如烟海，为后续研究提供了多样化的思路和基础。不过此阶段的研究多以致使结构整体为研究对象，很少以某一使动类型为主题，词汇使动的专题研究也较为少见。

　　近期以来，致使结构的研究范围及视角进一步拓展，从汉语本体至语言对比、方言研究，研究理论及形式多样化，观点新颖、视角独特，是使动研究多样化发展的又一个新高潮。张豫峰（2012）对《动词用法词典》的 2177 条动词语义进行了排查，归纳出四组动词带宾语表示致使义的使役动词，认为使动义是通过保留、丢弃、增添等方式对语义角色和论元成分进行融合而实现，并从句尾焦点、语言的经济性、结构韵律性等语用角度对使动句的特点进行了分析。박은석（2012）深度分析了汉语补充型、同形型、数量结果宾语使动的特点，对各类词汇使动的异同点作了比较分析，并从直接性与间接性、控制力、强制性以及蕴含性等方面对语义性质进行了探讨。黄成龙（2014）以语言类型学理论为指导，分析了致使结构的研究思路和分析框架，强调要从历时性与共时性相结合的角度进行研究，既要考虑形式、语义以及句法结构等综合要素，还要从语言比较、区域语言研究等方面对致使结构作综合性的分析，为我们的致使结构研究提供了思路。

　　胡建华、杨萌萌（2015）从被动与使动的关系入手，主要探讨了两个问题：一是类似"给、让、教（叫／交）"等既表使动又表被动的动词或语素性质；二是此类特征是源于成分或结构的演变，还是一直以并存形式存在。通过研究认为只有双 VP 结构才能产生致使和被动的双语义转换，并且语义是构式赋予的，并不仅依赖于动词或者语素。刘培玉、刘人宁（2015）以"动词中心"为观点，认为使动句有两个显性语义结构和一个隐性语义结构，V 是兼类词。致使义的表达是在"使"字句基础上通过成分提升、插入等操作手段生成，表达的是隐性的致使义。孙天琦、郭锐（2015）认为后果宾语可以看作是隐性述补式，将隐性述补式分为"产生"义和"粘附"义两类，并从述结式的论元衍生规则对其实现模式进行了推导。文章还把这一模式扩展到"取夺义双宾""隐性致使"等特殊结构，解释了这些特殊结构的论元实现问题，进一步论证了"隐性述结式"在汉语研究中的应用价值。

蔡军、张庆文（2017）指出，汉语的倒置动结式属于隐性事件性致使句，VP 由轻动词 V_{DO} 投射而成，受事作主语的现象始于零形式的及物性致使轻动词短语。句法结构式无须通过转换派生等操作，隐性事件性致使的生成方式便可以为致使句、"把"字句等作出统一的解释。沈海英（2017）指出，错位动结式的句法语义性质是由语用功能促使的，即说话者表达意外致使结果义的意图促使了受事的凸显。김은주（2017）将现代汉语的词汇使动分为补充型、零派生型、复合型、倒置式四类，并从事件结构、句法类型、谓词性质等句法特征，以及致使主体的生命度和意愿性、致使客体的生命度和可控性等语义特征角度对四种类型作了比较分析。

姜灿中（2019）立足于基于层级和互动的构式语法角度重新审视了汉语的动结式，探讨了动结式形式与语义的配对关系、谓词与动结式的互动关系以及动结式与论元结构构式的互动关系等，为隐性词汇使动的构式融合提供了参考。刘人宁（2020）从小句整合观点切入，认为致使结构是由使因小句和使役小句整合而成的，各类致使结构的整合程度不一。轻动词"V 使"是致使结构的语义和句法核心，致使结构对致使事件具有紧缩、省略、提升、融合等压制方式。石村广（2020）指出，致事型数量动结式具有"致事 +V+了 + 役事 + 数量短语"结构，呈现出双重致使义，第二个致使义来自于动宾结构。

此外，许多学者关注到方言和少数民族语言的致使结构特点，并对句法结构形式、使动标记的特征及其语法化过程等方面作了具体而深入的探讨。周国炎、卢晓琳（2018）认为布依语的致使标记主要来源于"允让"类动词、"做"义类动词的虚化，此外，部分被动标记也可作使动标记用。丛珊（2018）从语言类型学角度探讨鄂伦春语致使标记的语法化过程，她认为语言的濒危程度促使致使结构标记由动词词根 buu-"给"演化至弱化的语法词缀 -wu 和多功能语法词缀 -kVVn 的组合形式。张会叶（2019）指出，海南回辉话的致使结构具有处置式、允让式、迂说式、动补式四类，并对致使标记的特征进行了探讨。赵绿原（2019）指出，青海民和甘沟话的致使结构主要分为形态型和分析型两类，形态型主要由词缀"- 给"表示，语义上表达使成义和给予 / 受益关系，在语言接触过程中可能受土族语的影响；分析型则由言说义动词"说"表示使役动词，语义上表达使役义。上述致使结构多为有标记形式，但对致使结构的分类、语法化过程的探讨为隐性词汇使动的研究提供了一定的参考。

直至目前，学者们立足于多角度、多层面对现代汉语词汇使动进行了较为广泛和深入的研究，尤其是 21 世纪以来，使动研究呈现出前所未有的繁荣状态。研究角度涉及方方面面，比如历时与共时相结合探讨使动词的演变与消亡过程，形式、句法与语义相结合的整体性以及某一类型的独特性等。此外，研究理论也涉及结构主义、生成语法、类型学以及认知语言学等，国内外学者对汉语致使结构的研究以及对方言、中国少数民族语言致使结构的探讨都为后续研究提供了参考价值。这些研究成果体现出致使结构的多样性，也推动了致使结构的发展。然而词汇使动的专题研究仍较为少见，相关研究也存在重形式、句法与语义，轻语用的特征，对词汇使动在具体语境中的动态研究较为缺乏，与其他语言的对比研究也存在一定的发展空间，因而值得我们继续关注和探索。

（二）韩国语隐性词汇使动研究

韩国语的使动研究始于传统语法时期，Jespersen（1924）、최헌배（1937，1971）等学者对使动相关问题作了初步探讨。최헌배（1937，1971）将规范化的语言分析态度应用在了使动研究上，将使动定义为"不是主体直接进行某项实质性活动，而是指使别人进行某种活动。"①从形式角度将使动分为"이，리，히，기，우，추，구，키"等词缀使动法、"시키 -"使动法以及 " - 게 하 -"使动法三类，率先进行了较为系统性的研究。结构主义语法时期的使动研究主要侧重于形态方面，包括使动词缀的类型以及各类型所体现出的特征，代表学者有안병희（1959）、허웅（1964，1975）、고영근（1973）等。以허웅（1975）为例，他以 15、16 世纪中世朝鲜语为主要研究对象，通过历时性考察以及详细而具体的实例分析，对间接致使以及使动词缀的他动和使动双重功能，进行了详尽的论述。传统语法时期以及结构主义语法时期的使动研究，主要以举例说明为主，研究不够

---

① 월의 임자가 직접으로 바탕스러운 움직임을 하지 아니하고，남에게 그 움직임을 하게 하는 꼴스런 움직임을 나타내는 움직씨를 이름이니라 .

深入、方法也较单一，但初期的使动研究仍为后续相关问题的探讨奠定了基础，也开启了语法研究的新窗口。

　　Chomsky 的标准理论出现之后，生成语法分为了解释语义论和生成语义论两个方面，解释语义论又次分为深层结构和表层结构，生成语义论则涉及了词汇分解。使动范畴对生成语法的分类起到了决定性的作用，[①] 而生成语法理论又促进了使动研究的进一步发展。这一时期，以 McCawley（1968）为代表的学者对"cause to die"和"kill"是否具有同义性展开了激烈探讨，相关问题也引起了韩国语学界的广泛关注。众多学者将探讨范围延伸至韩国语使动，对形态型使动和分析型使动是否同义展开了激烈的争论与分析，代表学者有양인석（1972，1975，1976）与 Shibatani（1973，1975，1988）等，前者主张两种使动形态具有相同的深层结构及语义特征，后者则主张两种类型在使动义的直接性与间接性上存在差异，即形态型使动的动作参与者只有一个，而分析型使动的动作参与者有两个。此后，更多学者对不同的使动形式是否具有同义性展开了讨论，比如송석중（1980）、이익섭 & 임홍빈（1983）等。这些探讨推进了使动形态及其语义层面的研究，也促使韩国语使动研究进入了前所未有的快速发展阶段，但同时也带来了一定的弊端，大多数学者仅聚焦于语义的直接性与间接性，而探讨的对象也仅局限于形态型使动和分析型使动。

　　20 世纪 70 年代末至 80 年代，使动研究开始着眼于使动形式与他动句的关系、使动与被动的联系与区别、形态型使动与分析型使动的句法结构差异以及单复句等语义和句法结构角度，代表学者

---

① 김성주（1997：4）：생성문법이 해석 의미론과 생성의미론으로 갈리는데 결정적인 역할을 하게 된 것이 바로 사동 법주다.

有박용갑（1984）、오상확（1987）、송창선（1984）、박양규（1978）、양동휘（1979）、김차균（1980）等。这些学者认为带有"이，히，리，기，우，구，추"词缀形式的动词并非全部表现出使动义，并对使动与他动的区别和联系作了探讨。김석득（1980）认为凡是具有能动性的主动句谓语均可以转换为使动词，词缀型使动词的性质与致使主体和客体的生命度无关。박양규（1978）从使动句与被动句的句法特征入手，认为使动词缀"- 이 -"与被动词缀"- 이 -"具有相同的性质与功能。양동휘（1979）根据使动与被动的不同功能对 100 个动词作了分类，其中仅表示被动的有 12 个，仅表示使动的有 19 个，其他 69 个既可以表示被动也可以表示使动。他进一步指出，这种现象并不是偶然的，而是由使动与被动的相关性所导致，因此认为"이，히，리，기"等使动词缀与被动词缀具有相同的性质。김영희（1985）、이광호（1988）、김정대（1989）从形态型使动与分析型使动的句法结构入手，对使动形式的单句和复句问题作了探讨，김영희（1985）认为分析型使动通过主语提升等手段改变了句子成分的位置，即使动结构中小句的主语变为宾语，因此认为分析型使动为复句结构；[①] 김정대（1989）则以否定句的构成、谓语的配价、反身代词的使用等句法规则为依据，认为分析型使动属于复句形式。

김차균（1980, 1982）、이익섭 & 임홍빈（1983）、박형익（1989）等学者逐步关注词汇使动，并促使词汇使动进入起步并发展阶段。김차균（1980，1982）认为"- 시키 -"形式在 15 世纪中世朝鲜语

---

① 김영희 (1985) 에 따르면 통사적 사동문을 복합문 구성이라는 전제 아래 그 하위문의 주어를 상위문의 목적어로 승격시켜 주어로 하여금 목적어가 되게 해주는 통사 규칙이다.

中代替形态型使动而使用,虽然有学者将"- 시키 -"句视为词汇使动,但从历时性角度来看"- 시키 -"是"- 하기다"中"- 하"的补助谓词,"- 기"具有动词性特征且不规则,从"일으키다"等词汇中可以找到其历史痕迹,因而他将"- 시키 -"句视为依赖于词缀派生的形态形式。김차균(1980)进一步对"보내다"是否为"가다"的使动词作了探讨,他认为"집으로 보내다"可以视为"집에 가다"的使动句,但"맛이 가다"与"맛을 보내다"在语义上无法对应,即"보내다"无法在任何情况下都作为"가다"的使动词出现,因而不将"보내다"视为"가다"的使动形式。直至 80 年代末,韩国语使动研究仍然以形态型使动和分析型使动为主,部分学者关注到了词汇使动并就其成立可能性展开了探讨,促使词汇使动作为使动范畴的一部分进入到学者们的研究视野。

　　直至 20 世纪 90 年代,词汇使动相关研究开始步入快速发展阶段,研究视野与角度进一步拓展,也相对明确了词汇型使动与形态型使动的区别和联系。권재일(1992)将"시키 -"使动句列为非形态型、非分析型的使动范畴。류성기(1993)认为使动词是"致使主体使致使客体进行某种行为(直接行为或者间接行为),并促使客体产生变化"[①] 的动词。他进一步指出,使动词存在语义上相对应的非使动词,或者非使动词与使动词的扩展语义相同。김경환(1994)认为虽然"기르 -"在 15 世纪中世朝鲜语中作为"길 -"的形态型使动存在,但现在与之相对应的原动词已消失,无法视为原动词基础上的词缀派生。김형배(1996)认为"시키다,조종하다,보내다,주다 / 끼치다,없애다"等词均符合 Comrie(1981、

---

① '사동주가 피사동주에게 어떤 행위 (직접행위,　간접행위) 를 가하여 피사동주에게 변화나 행위를 입히는 동사 ' 라고 정의하였다 .

1989）对补充型 [①] 词汇使动的界定。Park Jeong woon（1994）则进一步扩大了词汇使动的概念，将同形型使动 [②] 纳入词汇使动范畴，并将词汇使动分为四类：一是"하다"对应的"시키다"使动；二是"되다"对应的"시키다"使动；三是"내리다"等同形型词汇使动；四是"가다"对应的"보내다"使动。在以上分类基础上，对几种使动类型的特点、使动形态的历时性发展变化、词汇使动的形成演变过程等方面作了详细探讨。

김성주（1997）对词汇使动作了相对较为系统的研究，并定义为"不依赖于特定的使动形式及标记，而是通过特定的词汇手段实现使动义的形式" [③]，即谓语为独立的词汇形式，连接具有因果关系的两个事件结构。他认为"보내-，시키-，부리-，기르-，적시-，없애-，일으키-，돌이키-，（감동을）주-，（영향을）끼치-"等动词构成的使动句均属于词汇使动，并围绕三个方面作了具体分析：一是何种动词可以视为使动词；二是含词汇使动的句子是单句还是复句；三是"보내-"句和"주-"句表示直接使动还是间接使动。以김차균（1980）等学者的探讨为基础，进一步对"보내다"能否作为"가다"的使动词进行了分析。

（1）a. 영희가 집에 갔다.

　　　b. 선생님이 영희를 집에 보냈다.

（1a）为"가다"构成的非使动句,（1b）致使主体和致使客

---

① Comrie（1981，1989）认为使动词与非使动词在形式上毫无规律可循，但在语义上分别呈现出相对应的使动义与非使动义，此类形式成为补充型词汇使动。

② Comrie（1981，1989）认为同形型使动是指使动词与非使动词具有形式上的完全一致性，也有学者将其称为零派生型词汇使动。

③ 김성주（1997：90）：어휘적 사동문이란 일정한 사동 형식이 없이 특정한 어휘에 의해 사동이 실현되는 사동문을 말한다.

体分别为"선생님"和"영희"，存在致使事件"선생님이 영희를 보냈다"和被致使事件"영희가 집에 갔다"，两个事件结构之间具有因果关系。从具体分析来看，（1b）在形式与语义上均符合使动句的定义，然而很多学者对此提出了疑问：一是谓语动词没有特定的使动形式；二是使动词和非使动词之间无任何形式上的规律可言。김성주（1997）指出，无特定形式的使动词具有语言的普遍性特征，Comrie（1976，1981）所列举的典型词汇使动形式——补充性词汇使动"kill"与"die"在形式上毫无关联，并且"kill"也不具有特定的使动形式。许多学者认为"보내다"无法在任何情况下都视为"가다"的使动词，김성주（1997）则以"놀리-"和"놀-"为例对此作了进一步说明。

（2）a. 아이들이 마당에서 놀았다.

　　b. 아버지가 아이들을 마당에서 놀렸다.

　　c. 어린 학생들이 놀고 있다.

　　d. 선생님이 어린 학생들을 놀리고 있다.

（2b）的"놀리-"可以视为（2a）"놀-"的使动词，但（2d）与（2c）之间很难判定具有使动关系。因此，김성주（1997）认为形态型使动的使动词与非使动词之间也具有制约性，即并不是任何情况下"놀리-"都表现为"놀-"的使动义，因此将"보내다"视为"가다"的使动形式并无不妥。

经过此阶段的探讨与分析，相关研究有了飞跃性的发展，词汇使动作为致使范畴的一部分也逐渐得到了部分学者的认可。韩国语学界对词汇使动的态度主要分为以下两种：一是认同词汇使动的存在，代表学者有이용주（1991）等，认为词汇使动也是使动结构的一种表达形式，与形态型使动、分析型使动共同构成了韩国语的致

使范畴；二是不认同词汇使动的存在，代表学者有이익섭 & 임홍빈（1983）、남기심 & 고영근（1985，1993）等，他们认为"부리-""교육시키-"等使动句具有形态标记，因而不将其视为词汇使动。虽然词汇使动相关研究仍主要聚焦于概念、成立条件以及动词的性质特征等方面，但越来越多的学者开始认可并进行相关研究，这也是词汇使动研究迈出的一大步。

进入 21 世纪后，开启了词汇使动研究的新篇章，这一时期的代表学者有김성주（2003，2005）和박은석（2013）等。김성주（2003）将韩国语词汇使动分为零派生型和补充型两种，并对其成立可能性进行了探讨，认为补充型词汇使动使动词与非使动词之间在形式上没有关联性，语义上又分别呈现出使动义与非使动义，是典型的词汇使动形式。韩国语表示"杀死"的词汇有"살인하다""살생하다""살해하다""저격하다"等，"살인하다"的动作对象必须是"人"，"살해하다"更倾向于"杀"这个行为，而不在于杀的对象。从这角度来说，他认为"죽다-살해하다"与 Comrie（1981、1989）所探讨的"kill-die"并不完全一致。他还将同形型词汇使动示例为如下：

（3）a. 차가 정지했다.

b. 그는 차를 정지했다.

他认为（3b）具有致使义，句中存在致使主体、致使事件、致使客体、被致使事件四个成分；形式上不含使动标记，非使动词与使动词形式相同，因而具有同形型词汇使动的性质。这些分析为我们对隐性词汇使动的成立标准、分类等研究提供了思路和参考价值。

이은령 & 윤애선（2005）将"움직이다"类[①]称为中立动词，

---

① "움직이다"类动词是指形式上类似于词缀构成的使动词，但是自动句和使动句的动词形式相同，没有经过词缀的添加过程，比如"그치다，내리다，멈추다"等。

认为此类形式除"그치다, 내리다, 멈추다"等动词外, 还存在"가속하다, 감량하다, 개봉하다, 개화하다"等"-하다"类词汇使动形式。她们认为此类动词作他动词使用时表现出致使义, 相应的他动句具有致使结构的四个要素和两个事件结构[①], 且原因事件蕴含着结果事件的发生。

김성주 (2005) 以高丽时期的"字吐释读口诀"和"点吐释读口诀"为研究对象, 对使动类型、与使动相关的口诀字和口诀点等进行了探讨。根据是否有使动标记, 将使动分为两类: 一是"보내다, 제외하다, 확대하다"等无标记词汇使动; 二是形态型、"-시키-"句、"-게 하다"句等有标记使动。

최해주 (2007) 将使动范畴分为三类: 一是"이, 리, 히, 기, 우, 추"等词缀型使动; 二是"-게 하다"分析型使动; 三是"구, 애, 시, 으키 / 이키, 뜨리 / 트리"等词汇型使动。与以往的研究不同, 因"구"词缀构成的使动词能产性较低, 因此视为词汇使动范畴。此研究对使动形式的分类以及对词汇使动的判定, 为我们界定隐性词汇使动的概念和分类提供了思路。

유혜원 (2012) 对《고려대 한국어대사전》上所列出的"-하다"和"-시키다"句作了详细探讨, 将二者之间的关系分为以下三类: 一是句法结构和语义相同; 二是句法结构或者语义相同; 三是句法结构和语义可能相同, 也可能不同。其中, 第一类"N+하다"和"N+시키다"在句法结构和语义上相同的动词共有 280 个, 比如"경찰은 노동자들을 해산했다 / 경찰은 노동자들을 해산시켰다"。

---

① 四个要素: 致使主体、致使力、致使客体、致使结果, 两个事件: 致使事件以及被致使事件。

박은석(2013)在김성주(1997, 2003)和 Park Jeong woon(1994) 的研究基础上，将词汇使动定义为"使动句的原因表达式和结果表达式之间无任何规律性可言，只能处理为词汇形式，并且不具有能产性"[①]。将词汇使动分为"补充型"和"同形型"两种，补充型词汇使动的非使动词与使动词之间语义上相互对应、形式上毫无关联，比如"보내다 - 가다""살해하다 - 죽다"等；同形型词汇使动则沿用了 Dixon (2000) 的定义，即非使动词和使动词具有相同的形式，比如"흐리다，달리다，그치다，멈추다，움직이다"等，김성주(2003)将此类形式称为"零派生[②]"，Park Jeong woon(1994) 则称为"identical"。他还从"蕴含性、致使者种类、致使者意图、被致使者种类、被致使者意愿性、谓语的性质、使动的直接性和间接性"等语义和形式角度对两种词汇使动作了比较研究。这一研究拓展了词汇使动的研究范围及角度，所列举的动词大部分与我们所说的隐性词汇使动相一致，为我们的研究提供了范例和参考。

按照传统的使动观点，使动句比相应的非使动句增加了致使主体论元，但"시키 -"使动句存在未增加致使主体论元的形式（Yoo，2012[①]）。比如：

（4）a. 인부가 전선을 연결했다 .

b. 인부가 전선을 연결시켰다 .

최기용（2020）认为，增加致使主体论元的"시키 -"与未增

---

① 박은석（2012：181）：어휘적 사동을 사동 원인 표현 형식과 사동 결과 표현 형식 사이에 어떠한 규칙성도 없어서 어휘적으로만 처리할 수 있고 생산적인 과정으로 처리할 수 없는 사동을 어휘 사동이라고 불렀다 .
② 非使动词汇与使动词汇之间不需要任何的派生手段，以相同形式出现于非使动句与使动句中。

加致使主体论元的"시키-"，是具有同样性质的 V_{cause}。[①]Han &
Park（2004）曾指出，上述例句的"N+하다"与"N+시키다"具
有相同的句法结构及语义特征。这些探讨为本文对"N_1N_2하다"
动结式的分析提供了基础和参考。

　　直至目前，韩国语词汇使动研究经历了从边缘地位到逐渐受关
注的发展阶段，词汇使动作为使动范畴的一部分也得到了很多学者
的认可。部分学者对词汇使动的隐性与显性区别作了探讨，所列出
的"그치다，내리다，멈추다"等动词也为本文提供了一定的参考。
总体来言，词汇使动的相关研究主要在概念及范畴的界定、分类以
及句法和语义特征上，而对相关动词及构式未能详细地搜集与整理，
全面而系统的词汇使动研究仍有很大的拓展空间。

（三）汉韩隐性词汇使动对比研究

　　汉韩致使结构的相关对比研究主要聚焦于使动范畴、分析型使
动的对比，汉语词汇使动与韩国语形态使动的对比，以及汉韩使动
结构形式的对应研究等方面，很少涉及汉韩词汇使动[②]的对比研究。
최길림（2007）将韩国语使动分为"이，히，리，기，우，추，구"
等词缀型使动、"-시키다"使动、"-게하다"使动三类，并探索
各使动类型所对应的汉语使动形式。金海月（2007）通过对语料库、
汉韩对译新闻、小说等语料的分析，将韩国语使动分为形态型、词
汇型、分析型，将汉语使动分为分析型、词汇型，并从语言类型学
角度对汉韩使动结构的内部构成、语义特征以及句法结构等方面进
行了对比分析。

---

① 최기용（2020：421）：논항 비추가 '시키-'와 논항 추가 '시키-'가 같은 성격
을 가진 V_{cause}임을 주장한다.
② 指以单纯词汇手段表达的致使结构。

朴恩石（2010）将汉韩分析型使动分为"实词使动句"和"虚词使动句"两类，韩国语实词使动句由"명령하다，허락하다"等词表示，虚词使动句主要由"-게/도록 하다"、"-게/도록 만들다"等形式构成；汉语实词使动句主要由"命令、派遣、允许"等动词表示，虚词使动句主要由"让、叫、使、令"等词表示。在分类基础上，对汉韩使动句标记、致使者的隐现与否、致使者种类、被致使者的格类型、被致使者标记等方面的异同点作了对比分析。

박은석（2011）进一步对汉韩"实义致使动词句①"进行了探讨，将其定义为"致使事件和被致使事件分别由独立的谓语表示，致使事件由具有实义的谓语表示命令、允许、放任、招致等语义，两个谓语的论元结构独立存在②"。他认为"实义致使动词句"形式上具有原因和结果两个事件，由非使动句添加"致使者"论元而形成；语义上满足了使动句的成立条件，原因事件和结果事件之间不具有蕴含关系。他根据句法结构和语义特征的分析将"实义致使动词句"视为不带标记的分析型使动。此类使动句的相关分析，为我们对隐性词汇使动成立条件和分类以及命令允让式的探讨提供了一定的参考。

김봉민（2012）以 Karl Buhler（1934）《语言理论》的"配价"理论为基础，从配价类型、语义配价、句法配价和语用配价等角度对韩国语形态型使动词与汉语使动词进行了对比研究。박연옥（2012）将汉语致使结构分为"使"字句和词汇使动句两类，并将

---

① 即朴恩石（2010）所提到的"实词使动句"。
② 박은석（2011：30）："사동 사건과 피사동 사건이 독립된 서술어로 표시되며 사동 사건을 명령，허락，방임，초래 등의 의미가 있는 实义 서술어로 나타내며 두 서술어의 논항구조가 독립되어 있는 사동문"이라고 정의하였다.

词汇使动句分为"气"类、"结束"类和"兼语"类三种；将韩国语致使结构分为形态型、分析型和词汇型三类。从致使主体和致使客体的语义特征等角度分别对汉韩使动形式作了对比研究。

노금송(2014)将汉韩使动句分别分为词汇型、形态型和分析型，从句法结构、使动义的直接性与间接性、使动义的实现与未实现等角度进行了对比研究。박연옥(2018)认为部分词汇本身蕴含致使义，依赖于这些词汇而形成的句子为词汇使动句。[①] 她以 Comrie（1981、1989）的分类为依据，将词汇使动分为补充型和同形型两种，前者以"가다"和"보내다"为例，后者以"그치다"为例。在对词汇使动进行分类的同时，以非使动形式"울음이 그쳤다"和使动形式"아이가 울음을 그쳤다"为例，对同形型使动的致使义实现过程进行了详细的探讨和说明。

이문화（2019）以报纸和电视剧等并行语料库的使动表达形式为主要研究对象，探讨了韩国语形态型、"시키다"使动、"-게 하다"使动与兼类词、"加/弄/放+形容词/动词"复合词、"动词+结果补语"复合词等汉语无标记词汇使动的对应关系，以及对应关系在书面语和口语中呈现出的差别。通过分析，在报纸语料中，韩国语形态型使动主要对应于汉语的兼类词；电视剧语料则呈现出不均衡性，韩国语形态型使动主要对应于汉语的兼类词，但"시키다"使动和"-게 하다"使动与汉语的兼类词或"加/弄/放+形容词/动词"复合词对应的比例较低。

通过以上分析可以看出，汉韩对比研究主要关注于汉语词汇使动和韩国语形态型使动的句法及语义相关问题，这些研究和探讨为

[①] 박연옥 (2018：74) 은 어휘 자체에 사동의 의미를 함축하고 있는 동사에 의해 실현되는 구문을 사동문이라고 하였다.

后续研究打下了基础，也为本文提供了方向和导引。然而目前的对比研究仍存在范围较窄的问题，且研究仅局限于句法结构形式及语义特征，缺少在具体语境中的动态研究，因而汉韩隐性词汇使动对比研究仍有进一步拓展的空间。

二、研究述评

根据汉韩隐性词汇使动的研究综述可以发现，两种语言的对比研究仍以分析型为主，以词汇型为主的跨语言对比分析仍占少数，韩国语词汇使动地位也未得到全面认可，研究视角相对局限于句法、语义等特征，动态的语用角度仍有很大的研究空间。即便如此，在国内外学者的共同努力下，既有研究从多方面取得了丰硕成果，呈现出整体与部分相结合、语言内与语言外相结合、微观与宏观相结合的多元化特点，主要研究成果有以下几个方面。

第一，研究范围及领域涉猎较广。汉语词汇使动经历了从探索阶段至逐渐成熟、逐步深化的研究阶段；韩国语词汇使动则由边缘阶段至逐渐得到关注并认可。整个词汇使动的研究过程，涉及构成方式、转换关系、核心（词汇核心、构式核心等）、语义表征等各方面，研究细致且深化。此外，研究还涉及对比研究、语言教学以及语言翻译等多个领域，为使动形式的具体选择及应用提供了一定的参考，具有很强的理论和实践意义。

第二，研究理论及方法具有多样性。早期的词汇使动研究主要以生成语法和结构主义为主，随着语言学各领域的不断发展、语法理论的层见迭出，配价语法、语言类型学、认知语义学、构式语法等不同理论背景下的词汇使动研究越来越广泛。不同理论视角下，所使用的文献法、个案分析法、语料库法、历时研究法、共时描写法等多样化的方法论体系也随之涌现。多元化的理论与多样性的研究方法相结合，促使汉韩词汇使动研究不断呈现出新观念、新思路。

综合以上分析，以往研究既从多层面、多角度取得了不菲的成果，但也有需要完善之处，比如韩国语使动词的搜集与整理、隐性词汇使动的分类、词汇使动的对比研究等方面，仍有空间值得我们进一步追寻和拓展。

（一）研究成果的不足之处

首先，概念较为笼统，分类相对单一。根据 Comrie（1981，1989），汉韩语学界均将词汇使动定义为"由一个谓词连接两个事件结构，且两个事件结构之间具有因果关系"，但对于词汇使动句与他动句未作详细区分，也未进一步阐述显性词汇使动与隐性词汇使动的区别。从分类来看，普遍将词汇使动分为补充型和同形型两种，前者的使动词与非使动词之间在语义上相互对应、形式上毫无关联，比如韩国语的"보내다"与"가다"；后者的使动词与非使动词之间具有形式上的一致性，比如汉语的"温暖"。这种分类方式相对得到了学界的广泛认可，然而不同语言对词汇使动的表达方式存在差异，比如韩国语既存在"영수는 철수를 차 안으로 밀었다"的致使移动式，也存在"그는 부하들에게 범죄자들의 일망타진을 명령했다"的命令允让式；汉语既存在"他温暖了我"的兼用式，也存在"一瓶酒喝了我一天"的倒置式。这些使动结构各具特色，在形式与语义上均满足词汇使动的成立条件，也值得我们关注和探讨。

其次，句法与语义层面研究居多，语用层面研究较少。汉韩词汇使动研究主要聚焦于句法结构特征、动词中心、句法操作手段、主体与客体的语义性质、致使语义的特征等方面，句法结构与语义特征的相关研究较为深入和具体，然而语用层面的相关研究仍占少数。因此，本文将对汉韩隐性词汇使动进行界定，并在此基础之上，根据形式、语义以及构式角度对两种语言的隐性词汇使动进行分类，探讨句法结构及语义融合等特征，并将构式置于动态的语境之中，探讨其具体使用情况，以静动结合的方式对隐性词汇使动进行系统研究。

再者，描述研究较多，解释分析较少。汉语词汇使动的研究较为深入，特征描写与内在分析兼具；韩国语词汇使动的相关研究仍局限于使动词的性质、句法结构形式以及语义特征的描写，未对非使动词作使动用的现象进行具体阐释，也未对隐性词汇使动的内部实现过程及形成机制作整体性的探讨。因此，本文将立足于构式语法的层级观和互动观，通过形式与语义、构式与论元的相互作用，以及句法、语义和语用层面的互动融合，对汉韩隐性词汇使动的形成机制和内部融合特征进行全面探讨。

最后，本体研究为主，对比研究较少。汉语属于孤立语，语言呈现为分析性，因此致使结构主要以分析型和词汇型为主；韩国语属于黏着语，形态发达，致使结构主要以分析型和形态型为主。在这些特征的局限下，韩国语词汇使动的相关研究发展较为缓慢，两种语言的词汇使动对比研究更为少见，与汉语隐性词汇使动的平行研究也呈现出不均衡状态，但同样作为词汇使动形式，汉韩隐性词汇使动在形式功能、句法结构、语义特征以及语用功能上的异同点仍然值得我们关注和探讨。

基于以上问题，我们认为有必要对这一普遍的语法现象进行更加系统、深入的分析，重新对其概念、范围及分类进行梳理和探讨，并从句法、语义及语用等各层面进行系统性分析，为构建系统的汉韩词汇使动网络体系提供一定的依据和资料支撑。

（二）本文的创新点

综合以上论述以及在目前研究中存在的不足，我们认为在句法结构、语义特征以及语用功能等方面的系统研究，既可以考察语言的类型学特征，又能够为语言对比分析提供一定的依据，也能够为在言语交际过程中选择恰当的使动结构提供一定的参考。因而，本文将对既有研究进行延伸并发展，且在以下几个方面做出创新。

首先，对汉韩隐性词汇使动的概念及范畴进行重新探讨，拓宽了隐性词汇使动的研究范围。通过对语料的整理与分析，从形式与语义相结合、隐性词汇使动与显性词汇使动相区分、他动句与使动句相区别等角度，探讨了隐性词汇使动的概念范畴及成立条件，并对隐性词汇使动作了界定。立足于谓词与论元的关系以及构式整体性，将汉语隐性词汇使动分为兼用式、动结式、倒置式；将韩国语隐性词汇使动分为兼用式、动结式、致使移动式、命令允让式，并且从形式、语义及构式相结合的角度对句法结构的可能性作了进一步探讨。韩国语隐性词汇使动的语料及构式形式，为后续词汇使动的整体研究、语言类型学的考察以及相关对比研究提供了一定的参考。

其次，以"重解释"理念为指导，从认知语言学角度对汉韩隐性词汇使动的互动融合进行系统性探讨。立足于构式语法理论的研究，不再"重描写、轻解释"，而是将层级观与互动观相结合，对构式的网络系统、构式成分的压制、具体层面与抽象层面的融合等作深入探讨与对比分析。以此为基础，探讨隐性词汇使动各类型的形成机制，并进一步对使动范畴进行分析。

最后，从句法、语义以及语用角度对汉韩隐性词汇使动进行对比分析，尝试建立较为完整的汉韩隐性词汇使动体系。以往研究主要聚焦于汉韩分析型使动以及致使结构的整体研究，而汉韩隐性词汇使动的相关对比研究较为少见。研究成果也主要涉及形式、句法和语义层面，语用层面的相关研究较少，仍呈现出不尽全面的现状。因此，本文立足于系统观，将汉韩隐性词汇使动从形式与语义相结合的构式角度进行分类，在探讨框架式、共现特征、语义压制、语义融合等层面的前提下，将构式置于动态中并分析其在特定语境条件下的具体应用，实现句法结构、语义特征以及语境层面的系统性互动与融合。

第三节　研究对象与方法

一、研究对象

Comrie（1981，1989）将世界语言的致使结构分为词汇型、形态型与分析型三种，并将词汇使动定义为"由一个谓词将原因事件和结果事件整合在一个句法结构内的形式"。隐性词汇使动无明显使动标记，在特定的语境条件下较为常用但具有不易察觉性。在符合词汇使动形式与语义条件的前提下，我们将汉语词汇使动中不带有"使"字、语素"使"、"- 化"等标记的形式视为隐性词汇使动，将韩国语词汇使动中不带"- 시키다""- 화""- 도록""-（으）라고 하다"等标记的形式视为隐性词汇使动。

汉语隐性词汇使动的语料收集方式主要有以下三种：第一种是以《汉语动词用法词典》为主，对具有使动义的谓词进行检索并整理；第二种分别将"v 了 n""v 着 n""vn"[①] 等作为关键词在北京

---

① v 指动词，n 指名词。

语言大学语料库（BCC）中进行检索，并分别取前一千条语料进行分析；第三种将前贤论文及口语语料中的相关使动词及句式进行整理。基于以上搜集结果，按照本文提出的隐性词汇使动成立条件及原则，共判定出 278 个隐性使动词。

韩国语隐性词汇使动的语料收集方式主要有以下四种：第一种是以《현대 한국어 동사 구문 사전》为基础，对相关动词及构式进行检索，将所搜集到的动词输入至《우리말샘》和《표준국어대사전》在线词典并验证其致使义，将其中呈现为使动义且不带使动标记的词汇形式进行收集与整理；第二种是以 "- 에게""- 한테" 等使动相关成分作为关键词，在 21 世纪世宗语料库上进行检索，分析并选出其中不带使动标记的词汇与句式；第三种以前贤论文中提到的隐性词汇使动形式为依据①，将相关动词输入至《우리말샘》和《표준국어대사전》在线词典验证其致使义，并从中选取与本文相符的语料；第四种是以 Goldberg（2007）所提到的致使移动式的相关移动类动词为对象，在《82 년생 김지영》《국화꽃 향기》《인생》《허삼관매혈기》等文学作品中进行检索，同时也对文学作品中出现的其他隐性使动形式进行整理。基于以上搜集结果，按照本文提出的隐性词汇使动成立条件及原则，共判定出 216 个隐性使动词。

在以上基础上，从形式与语义相结合、他动句和使动句相区分、隐性词汇使动和显性词汇使动相区别的角度，重新界定隐性词汇使动的概念及范围，将隐性词汇使动界定为："构式存在两个具有因

---

① 比如郑杰（2017）提及的 "완료하다" 等动词，两个汉字词语素 "완" 和 "료" 之间形成动补关系；유혜원（2012）提及的 "증대하다" 等动词，相关句式与 "증대시키다" 句同义；박은석（2013）提及的 "명령하다" 等动词，将两个分句整合在一个构式内并呈现为命令允让义。

果关系的事件，一个事件的主体为 X，另一个事件的主体为 Y，谓词 V 连接 X 与 Y 且 X 对 Y 产生影响；构式不存在使动形态与使动标记，谓词 V 具有单一性质。"依据此观点，将形式与语义相结合，立足于谓词与论元结构的整体性，将汉语隐性词汇使动分为兼用式、动结式、倒置式；将韩国语隐性词汇使动分为兼用式、动结式、致使移动式、命令允让式。

本文以上述隐性词汇使动为研究对象，在构式语法层级观与互动观的指导下，探讨隐性词汇使动成立的内在理据。通过语料搜集，系统梳理汉韩隐性词汇使动的框架式，分析其句法特征以及谓词与构式的融合过程。在此基础上，探讨隐性词汇使动的致使义、致使主体以及致使客体的性质，根据 Langacker（1987，2004，2008）提出的图式——例示关系以及典型——扩展关系，着重分析谓词语义角色与致使主体和致使客体的融合互动过程。最后，在形式与语义相结合的基础上，赋予构式具体的语境要素，从语言的经济性、焦点与凸显性以及具体的言语交际等方面，对汉韩隐性词汇使动在具体语境中的动态表达效果进行对比分析，使构式输出为形式、语义以及语境相结合的完型式。综合而言，以构式语法理论所倡导的形式与语义配对体为目标，以层级性和互动性为引导，对汉韩隐性词汇使动的层级性网络系统进行探讨。

二、研究方法

本文在研究与分析过程中，坚持多种研究方法有机结合，具体表现如下：

第一点，内省法与语料库研究法。本文采用"基于使用观"的分析模式，在语料整理与研究基础上，通过内省方式对两种语言的具体特征作对比研究。在语料的整理与汇总过程中，通过对其形式、语义以及构式特点的分析与探讨，进行概念界定与分类。在此基础上，从句法结构出发，对构式论元的压制和融合过程进行探讨，并分析特定语境条件下的使用情况。在整个语料整理及分析的过程中，逐步揭示了具体语料所反映的构式网络层级及使用状况。

第二点，宏观与微观结合法。本文既从宏观角度关注语言内的比较与语言外的对比，又从微观角度探讨隐性词汇使动的融合及压制特征。从宏观角度出发，探讨隐性词汇使动与其他使动形式在句法结构等方面的异同。从微观角度出发，对隐性词汇使动谓词语义角色与构式论元的融合进行分析，明确构式的内在属性及形成机制。宏观与微观相结合的方法，既将隐性词汇使动置于语言类型学的普遍语法范畴，又聚焦于语言内部的具体性质与特征，使得隐性词汇使动的研究更加完善且具体，也能够更全面地反映汉韩隐性词汇使动的语言特征以及社会功能。

第三点，对比研究法。以往的词汇使动研究主要基于单语言层面，对汉语或韩国语致使结构整体以及部分现象作概括性说明或具体分析，而立足于对比视角的研究则较为缺乏。因此，本文对汉韩隐性词汇使动特征进行分析，并从跨语言视角对比其句法、语义以及语用层面的异同。

第四点，描写与解释结合法。以往研究多以语料库中的静态数据为主，对汉韩词汇使动的句法形式、语义特征等进行概括或分类描写，但对构式内部的语义融合，尤其是隐性词汇使动致使义的实现机制缺乏细致的描写与解释。因此，本文将对汉韩隐性词汇使动进行分类，对致使义的实现过程、语义压制及融合互动进行阐释与说明，并对两种语言进行动态对比研究及共时描写分析。在此基础上，探讨汉韩隐性词汇使动在具体使用中的异同点，进一步深化致使结构研究。

第四节　理论基础与框架

"构式"的观念上承古希腊时期斯多葛学派的学者，下启"现代语言学之父"索绪尔。[①]"构式"概念在语言学中的位置以及发展历史源远流长，直至上个世纪八十年代，构式语法研究才算真正兴起，也逐渐引起了学界的广泛关注。传统语法学家发现，构式所具有的特征在语言研究中起着至关重要的作用。[②]随着"构式"观念的日渐成熟，构式语法理论的根基也不断稳固，学者们也从各个角度对构式进行了研究和探讨。根据关注焦点的不同，形成了构式语法研究的不同流派，如 Fillmore 和 Kay 所主张的"伯克利构式语法"、Sag 和 Michaelis 主张的"基于符号的构式观"、Langacker 为主引导的"认知语法"、Lakoff 和 Goldberg 提出并发展的"认知构式语法"等。各个流派对"构式"的认知、研究的侧重点、研究所使用的方法等方面都呈现出不同之处，但他们都认同"构式观"，即认为构式是独立于谓词而存在的，是一个形式与语义的结合体。

在构式语法进入学者们的视野之前，"动词中心"的研究方法占主要地位，Chomsky（1986）、Carter（1988）等学者认为通过词汇语义规则可以阐释所需要的句法结构形式，即将满足规则的动词

① 姜灿中：《现代汉语动结式的句法——语义界面：基于层级和互动的构式语法视角》，博士学位论文，西南大学，2019 年，第 33 页。
② Adele E. Goldberg：《构式——论元结构的构式语法研究》，吴海波译，北京：北京大学出版社，2007 年，第 1 页。

投射至句子结构，就可以赋予其结构形式上的语义。构式语法理论认为"动词中心"的研究方法是不全面的，仅通过句法结构上的语义操作，并不能解释所有的语言形式。当有一些不符合句法规则的例外情况出现时，"动词中心"无法对其进行解释，比如"보고서 작성을 완료한다"表现出了致使义，但我们无法在语言中为"완료하다"单独设定一个使动义，即我们无法对每一个不同的词汇或者构式设定一个单独的语义。构式及构式论元本身是有语义的，谓词与构式相融合生成框架结构式、谓词语义角色与构式论元相融合生成形式与语义兼备的构式。在融合互动过程中，构式对谓词具有一定的选择性，而构式论元对谓词的语义角色也有一定的压制。

　　因此，我们认为构式语法与"动词中心"不同，动词在构式中不起决定性作用，而是与构式既相互联系又相互区别。动词具有自身的独立性，同时构式对动词及其语义角色又具有选择性，这说明动词、构式以及论元成分之间是具有整合和互动关系的。

一、构式的性质

　　构式是构式语法理论中最为强调的部分，也是构式语法理论在发展过程中一直探讨的问题。Fillmore（1988）认为具有一种或多种规约功能的句法形式便是构式。Taylor（2004）认为可以将复杂的构式分解为若干的组成成分。Goldberg（2006）则认为语素、词、句法结构等与语法分析相关的各个层面都是构式。我们赞成Goldberg（2006）的看法，首先任何的词、语素、句法形式等都可以是构式，只不过不同层级的构式具有不同的形式与功能配对体；其次构式基于人的认知，因此构式可以是预测的，也可以是不可预测的；再者构式是一种知识结构，它是语言中的一个基本单位。构式并不仅仅是语法结构形式，它还是集句法、语义、语用为一体的语法表达式，这一观点对我们的研究至关重要，即构式基于句法、语义、语用三个层面的互动，是具有层级性的构式形式，各个层级之间互相关联。

（一）形式和语义的配对体

构式语法理论强调形式和语义的配对体，而且配对体并不仅仅局限于某一层面或者某一部分，对语法研究的各个层面以及所有的语言结构形式都大有裨益。Langacker（2005）、Goldberg（2006）认为一些构式形式与语义之间的关系是透明的，比如可以完全预测的或者心理上较为固化的构式形式。当说话者传递一个具有规则性的构式，而且听话者对此构式完全熟知，只要能够理解其构式成分义，便可以根据构式形式与成分语义的组合解读构式的整体义。因而形式与语义之间是相互匹配的，即构式形式与组成成分之间是相互融合、具有一致性的。比如，韩国语的"철수는 차를 움직였다"，构式形式为"$NP_1+VP+NP_2$"。"철수"既是构式动作的参与者，也是行为动作的主体；"차"既是动作的参与者，也是行为动作的承受者——客体。此类构式形式与语义之间的匹配度非常高，根据形式与语义之间的对应关系和融合程度便可以推知其构式整体义。Goldberg（2006）还提到，也存在一些构式形式与语义之间的关系不具有透明性，即无法由其组成成分或者构式形式推知。如果构式形式是多变的、不完全规律的，即便听话者理解构式成分的语义，也无法完全识解构式的整体义。这正是 Goldberg 阐述的关于构式语法的一个观点，即构式本身是有意义的，构式的整体语义超脱于形式和语义的组合。以汉语的"摔碎"为例，单独的"摔"和"碎"都不能表示致使义，而要将二者组合为一个构式整体，通过构式整

体以及组成成分的融合进行推导。

汉韩隐性词汇使动最终输出的是一个形式与语义的配对体，但其配对融合过程以及方式需要我们去探讨，这也是构式语法理论的应用价值之一，即通过构式各个层级的互动、关联以及融合将形式与语义进行配对，并输出一个完整的构式形式。

（二）构式的抽象性特征

构式语法具有抽象性，也称之为图式性，它是范畴化的一种性质。构式语法的抽象性有强有弱，越是处于构式层级的上位系统，其抽象性越强，反之则抽象性较弱。以隐性词汇使动构式为例，构式需要经过三个层级的相互融合和关联才最终输出为完整的构式型，即谓词与基础构式的融合、谓词语义角色与构式论元的融合、形式与语义相结合的构式与语境的融合。其中，构式对谓词的选择以及谓词对构式的适应性促使基础结构式的生成，这是一个具体的构式；而谓词语义角色与构式论元的融合，促使构式成为形式与语义的结合体，这是一个相对抽象的构式；形式与语义相结合的构式与语境层面的融合是最终的构式层级，所产出的是一个抽象性较强的构式。构式的层级互动与承继，使各层级形成一个连续统，最终输出为具有句法、语义以及语境要素的完整构式形式。比如：

（5）他打碎了花瓶。

及物构式、词汇构式、结果构式、原因构式等各种构式形式通过承继关系形成基本的框架形式"$NP_1+V-R+NP_2$"，谓词是由表示原因的"打"（称作 V）和表示结果的"碎"（称作 R）组合而成的复合形式，NP_1 既是"打"动作的参与者也是动作主体，NP_2 既是"碎"结果的参与者也是受事客体。在基础的框架式中，符合该构式的谓词进入构式框架，形成具体的框架式；谓词的语义角色——

施事"他"以及受事"花瓶"分别与构式的致使主体和致使客体论元相融合；在此基础上，将构式置于特定的语境情景，除了表示具体的陈述、阐释以外，还可以向听话者传递说话者的情感和态度等。因此，构式的融合过程，是一个由具体到相对抽象、再到较为抽象的综合性互动过程。

二、构式语法的主要观点

Goldberg（2003）在对构式语法进行阐述的基础上，概括了构式语法的五个基本主张，分别是构式观、表层概括、联系观、变异观和概括性、基于使用的语言观。这些不同的语言观念在构式生成以及输出的过程中互相作用，隐性词汇使动的生成过程也不例外。因此，我们在本部分将对隐性词汇使动融合过程中的几个观点进行阐述。

（一）构式的联系观

构式自身虽然有独立于动词的意义，但是构式与动词之间并不是毫无关联的，它们之间是具有互动性的，互动关系的形成需要依靠某些节点的联结。构式也不是孤立的，而是多个构式之间相互关联、相互作用，共同形成一个构式网络系统。正因如此，在构式的形成以及最终输出过程中，动词与构式、构式与构式之间的互动关联显得尤为重要。

动词在句法结构式中具有与自身相关的语义角色，Kiparsky（1987）、Bresnan & Kanerva（1989）认为与词条相连的题元角色通过整合形成了与句法表达有关的动词义，所形成的动词义通过联接规则又输出为构式所要表达的动词义。换句话说，谓词与构式之间是相互关联的，谓词本身的语义进入构式以及构式对谓词语义的选择和压制，促使谓词最终输出为一个符合构式的语义形式。此外，谓词与构式的融合还需要其他相关构式的共同参与，以致使结构为例，相关构式包括原因构式、词汇构式、结果构式等，它们之间互相关联、互相作用。所形成的框架式可以用来解释副词和添加语的适用与否、构式的不同类型、构式的替代过程等以及与句法结构相关的各种特征和性质。谓词的语义角色与构式的融合过程也是如此，谓词语义角色与构式论元相互关联，谓词的施事角色可以直接融合为致使主体，而其他非核心语义角色则需要在框架结构中凸显为语义上与致使主体相关联的形式，在此基础上，所凸显的成分才能融合为致使主体。谓词及其他构式所形成的基础结构式与构式语义相互融合，最终在语境等因素的作用下，形成一个形式与语义的配对体。在构式的整个形成和输出过程中，还需要具有一定的世俗知识和文化知识的背景框架，缺少了这一框架，可能无法明确得知构式义。而且，构式在语义相互整合的过程中，并非只有一个固定的、不变的语义。语义与形式的配对过程、抽象化的层级联结过程、语境层面赋予的意义等都促使构式成为一个具有多义性的句法语义形式。不论谓词本身是否具有多义性，在谓词与构式的互动过程、构式各层级的承继关系等共同作用下，最终输出的构式语义与其下一层级更具体的构式之间均具有相应的联系和区别。

　　隐性词汇使动的形成需要经过三个抽象程度不同的构式层级。不同层级的构式抽象程度以及复杂程度不一，但都通过一个网络节点联结构式网络并通过承继关系进行关联。Goldberg（1995）提出了四种承继关系：多义联结（polysemy link）、整体——部分联结（subpart link）、例示联结（instance link）和隐喻扩展联结（metaphorical extension link)。[①] 构式具有不同的语义，多个语义之间相互关联，所形成的便是多义联结关系，如韩国语致使移动构式"영수는 철수를 차 안으로 밀었다"具有移动义和致使义之间的关系；两个构式之间还形成整体与部分之间的关系，即其中一个是另一个的一部分且独立存在，它们之间所形成的关系便是整体——部分联结，如韩国语自动句"차가 움직였다"和他动句"그는 차를 움직였다"，前句为后句的结果构式并且前句可以独立存在；例示联结指一个构式是另一个构式的具体例示，比如使动构式是及物构式的一个例示；两个构式之间如果存在隐喻映射关系，那么所形成的便是隐喻扩展联结，如 Goldberg（1995）提到可以把状态变化看作是向某个新处所进行移动，即将变化类隐喻为虚拟的致使移动类，隐喻角度的承继关系也是我们探讨和界定隐性词汇使动概念和范畴的一个重要参考条件和依据。

构式语法的联系观对汉韩隐性词汇使动的研究大有裨益。汉韩隐性词汇构式的句法分布不一且较复杂，有一些特定的隐性词汇构式对论元结构带有一定的选择倾向性。这种倾向性也侧面反映了构式的语用功能以及构式的语义差异。构式语法的联系观，可以使我们将不同构式或者相同构式的不同层级联系起来，通过互动关联对构式作进一步的探讨。

（二）构式的层级观

语言知识本身是一个具有结构化体系的构式网络系统，在这个网络系统中，各个构式层级相互联系、融合、承继，并使构式得以表征（Croft & Cruse，2004；Hoffman，2017）。构式语法理论认为

---

① 姜灿中：《现代汉语动结式的句法 — 语义界面：基于层级和互动的构式语法视角》，博士学位论文，西南大学，2019 年，第 40 页。

具体构式是最低层级；次抽象性构式是对具体构式的概括，位于中间层级；抽象性构式是对次抽象性构式的进一步概括，位于最高层级。根据构式的层级观，隐性词汇使动的最终输出形式也来自于三个层级的相互作用：谓词与各个构式相互关系而形成的基础框架式，为最低层级（具体化形式）；谓词语义角色与构式论元语义的融合，为中间层级（次抽象化形式）；语境等要素与构式的整合，为最高层级（抽象化形式）。隐性词汇使动的基础框架式是不同构式相互整合的结果，例如"哥哥打碎了盘子"是 VP 构式、NP 构式、动结式、词汇构式等的多重继承（multiple inheritance relation）。整合过程中不同构式之间又是具有层级性的，如词汇构式和动结式之间、NP构式和动结式之间等等都会存在承继关系。由具有多重承继关系的动态层级构成的基础框架式，又在与语义层级和语境层级的互动关系中输出为最终的范畴化形式。

　　这样看来，在构式层级的整个互动过程中，位于同一层级或者不同层级的相关构式之间通过承继关系进行互动，最终输出一个语义与形式相配对并与语境情形相结合的完型构式。因此，构式的形成是不同构式之间层级性关联的结果，是抽象化、范畴化的具体体现。

（三）构式的互动观

　　构式理论认为构式具有层级性，各构式之间的相互联系即形成互动关系。互动关系主要有两种表现形式：一种是位于同一层级的构式之间进行互动，以及构式内部进行形式与语义的互动；一种是位于不同层级的构式之间具有互动关系。不同层级之间的互动贯穿了我们对隐性词汇使动研究的始终，具体构式与位于上一层级的次抽象构式（语义层级）以及更高一层的抽象构式（语用层级）互相联系，通过层级与层级的互动，达到形式与语义配对形式的完美结合。

互动关系主要包含承继、融合和压制三种。承继关系包含整体与部分联结、典型与例示联结、隐喻扩展联结等；融合关系主要反映的是"自下而上"的视角，如谓词语义角色与构式语义的融合；压制关系则主要反映的是"自上而下"的视角，如构式对谓词的限制和选择性。基于构式的层级性，我们将隐性词汇使动的分析框架构建为如下：

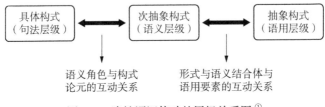

图 0-1　隐性词汇使动的层级关系图 [①]

综上所述，本文将以 Goldberg 的构式语法为理论基础，在构式各层级的互动关系中，探讨汉韩隐性词汇使动在具体表达形式、谓词语义角色及构式论元的融合和压制、不同语境中的具体使用等三个方面进行详尽的阐释并作对比分析。

---

① 具体构式的句法层级是由谓词与构式的融合而形成的。

第一章　隐性词汇使动的范畴及分类

第一节　既有概念和分类的回顾与梳理

针对汉韩隐性词汇使动在句法、语义及语用等层面进行研究，其前提是要明确隐性词汇使动的概念范畴，真正把握其内涵及外延。通过前文的回顾可以看出，学者们大多以多元化的研究视角、多样化的研究方法以及丰富的理论基础，对汉韩词汇使动作了具体分析，研究成果颇丰、新观点新思路层出不穷。然而，较少有学者以隐性词汇使动为专题进行本体或者对比研究。汉语词汇表达手段丰富，使动形式以词汇型和分析型为主，研究内容倾向于对两种使动类型或者某一类型的句法语义性质进行探讨；韩国语形态功能发达，使动形式以形态型和分析型为主，对词汇使动的关注程度有限，因而研究主要集中于词汇使动的成立可能性及其语义特征等。诸如此类的局限性，恰好反映了当前研究对隐性词汇使动缺乏全面而深入的认识。因此，本文将对既有概念与分类进行回顾与梳理，在此基础上，从形式与语义相结合、隐性词汇使动与显性词汇使动相区分、他动句与使动句相区别等角度，对隐性词汇使动的成立条件及原则进行探讨，并对隐性词汇使动进行界定和分类。

一、既有概念和分类的整理

Comrie（1989）指出，词汇使动的典型特征是通过独立谓语表达致使义。隐性词汇使动不存在明显的使动标记，因而具有不易察觉性，汉韩语学界很少对其概念及范畴作专门界定。汉语学界按照约定俗成的原则，视"兼类词"或"动结式"等形式为隐性词汇使动，但较少对隐性词汇使动作整体性界定或者分析。韩国语的词汇使动研究仍处于缓慢发展阶段，尚未提及显性使动与隐性使动之分。这也正说明汉韩隐性词汇使动还存在一定的研究与探讨空间。因此，我们将对既有概念和分类进行梳理并加以分析，以期为正确而全面地把握隐性词汇使动的概念和范畴提供导引。[①]

表 1-1　汉语隐性词汇使动的界定与分类

研究者	定义	分类
范晓（2000）	致使义隐含在动词或者动词结构中，此类句子为隐性致使句。	"使令"句、"V得"句、"使成"句
陈昌来（2001）	致使动词是能使某人或某物产生新的状态或动作的动词，由致使动词和相关成分组成的句子为致使句。	$Np_1+Vp+Np_2$（Vp是致使动词）、$Np_1+Vp_1+Np_2+Vp_2$（Vp_1是致使动词）[②]
何元建、王玲玲（2002）	使役动词是零形式的句子为役格句（不含使役动词，但谓语动词有使动用法）。[③]	作格动词、V得形式、V-V形式
宛新政（2005）	不及物动词和形容词等谓词带宾语并表示致使义。	兼语类、连动类

续表

研究者	定义	分类
邢欣（2008）	用隐性空语类轻动词表达致使义的句子为隐性词汇使动句。	兼语式、特殊补语"得"字句、形容词/不及物动词带宾语句、动词短语宾语句
张豫峰（2012）	使动句是使役动词带宾语作谓语并表致使义的句子。	形容词类、状态动词类、动补语素类
刘培玉、刘人宁（2015）	致使义表达的隐性形式是指致使关系隐含在致使句的某个成分里，或者说致使义以零形式存在某个成分里。①	未作分类（主要分析的兼类词）
孙天琦、郭锐（2015）	"后果宾语"由隐性的补充谓词允准，所构成的句子为隐性述结式。	"产生"义和"粘附"义两类隐性述结式
蔡军、张庆文（2017）	动词不以显性形式出现，而以隐性形式出现的句子为隐性事件致使。②	未作分类（主要分析的倒置式）
刘培玉（2017）	方式动词 V_1 构成的从属结构 VP_1 通过隐动词"使"与 VP_2 扣合在一起，VP_1 在附加语位置与隐动词"使"构成的主体结构合并，这样的句子为使令句。③	未作分类（主要分析的使令句）

① 刘培玉、刘人宁：《从"动词核心"看隐性使动句》，《汉语学报》第 1 期，2015 年，第 58 页。

② 蔡军、张庆文（2017）认为这种致使可以被理解为省略拷贝动词和施事的一个活动事件，而非表面上的实体性致事。

③ 刘培玉：使令句句法结构对致使事件的压制及相关问题，湖南师范大学社会科学学报，2017 年，第 130 页。

续表

研究者	定义	分类
房战峰、张建理(2017)	主动宾总是表述因果事件，其构式义为"致事致使得益事件发生，使事兼施事因默认而被隐含"，称此类句子为得益型隐性致使构式。	未作分类（主要分析的得益型隐性致使构式）
김은주（2017）	형태적 사동법과 통사 사동법 이외에 형태적이나 통사적 형태 없이 어휘 자체가 원래의 사동사 구실하는 경우가 있다. 이러한 어휘를 어휘 사동사라고 하고 어휘 사동사로 형성된 문장은 어휘 사동문이라고 한다.	보충형 어휘 사동, 영파생 어휘 사동, 복합어 어휘 사동, 도치식 어휘 사동.
박연옥（2018）	어휘 자치에 사동의 의미를 함축하고 있다.	"气"류 사동문, "结束"류 사동문, 兼类词.

以上部分概念和分类曾提及隐性词汇使动，比如房战峰、张建理（2017）对某一特定隐性使动类型的分析，范晓（2000）对整个致使结构隐性形式的探讨，这些相关概念和界定为我们提供了思路和参考。

表 1-2　韩国语隐性词汇使动的界定与分类

연구자	정의	분류
김병일（1986）	어휘 그 자체가 사동성을 띤 단일한 어휘를 쓰는 방식으로 어휘적 사동 (lexical causative) 이라고 한다.	분류 안 했음 （사동사: 보내다, 시키다）.

연구자	정의	분류
류성기 (1992)	기본의미 사동사는 사동사의 가장 기본적인 의미, 곧 제1차적 의미의 사동사를 말한다.	분류 안 했음 (기본의미 사동사 : 기르다, 갖추다, 거두다).
Park Jeong woon (1994)	사동사건과 피사동사건이 하나의 동사 속에 융합되어 있는 구문이다.	'하다'에 대응하는 '시키다', '되다'에 대응하는 '시키다', '내리다' 등의 동형적 어휘 사동, '가다'에 대응하는 '보내다'.
김형배 (1996)	어휘적 사동법이란 단순 어휘 자체에 사동의 의미를 갖는 어휘 사동사에 의해 사동법을 실현하는 방법이다.	분류 안 했음 (어휘적 사동법을 실현하는 어휘 사동사로는 '시키다, 조종하다, 보내다, 주다/끼치다, 없애다' 등을 들 수 있다).
김성주 (1997)	어휘적 사동문이란 일정한 사동 형식 없이 특정한 어휘에 의해 사동이 실현되는 사동문을 말한다.	분류 안 했음 ('보내다, 기르다, 적시다' 등 어휘적 사동사로 설정할 수 있을지 주로 토론하였다).
김성주 (2003)	어휘 사동이란 원인 사건과 결과 사건 사이에 형식적인 관계가 없이 하나의 동사에 두 사건이 동시에 표현되는 사동을 말한다.	'영파생 어휘 사동'과 '보충법적 어휘 사동'.

연구자	정의	분류
박은석 (2012)	실의사동동사문을 '사동 사건 과 피사동 사건이 독립된 서술 어로 표시되며 사동 사건을 명 령, 허락, 방임, 초래 등의 의미가 있는 실의 서술어로 나타 내며 두 서술어의 논항구조가 독립되어 있는 사동문'이라고 정의하였다.	한국어 실의사동동사문 : 명령 사동의, 허락 사동의. 중국어 실의사동동사문 : 명령 사동의, 허락 사동의, 방임 사동의, 초래 사동의.
김봉민 (2012)	어휘적 사동은 사동의 의미를 갖는 동사에 의해 사동을 실현 하는 방법을 말한다.	분류 안 했음 (사동사 : 시키다, 보내다, 끼치다, 없애다, 부리다, 일으키다, 돌이키다)
박은석 (2013)	사동 원인 표현 형식과 사동 결 과 표현 형식 사이에 어떠한 규 칙성도 없어서 어휘적으로만 처리할 수 있고 생산적인 과정 으로 처리할 수 없는 사동을 어 휘 사동이라고 불렀다.	보충형 어휘 사동과 동형형 어휘 사동.
박연옥 (2018)	어휘 자체에 사동의 의미를 함 축하고 있다.	'보내다'류 사동문, '움 직이다'류 사동문.

　　表 1-2 均为词汇使动的相关概念和分类，其中一些界定方式、概念、分类标准以及谓词形式为本文的概念界定和分类提供了一定的参考。

二、既有概念和分类的分析

既有研究成果立足于多样化视角对概念和分类作了界定，包括与显性形式的比较以及对二者之间转换形式的分析。汉语学界对词汇使动的概念界定主要在于以下几个方面：一是致使义隐含在谓语中，比如范晓（2000）；二是动词或者形容词带宾语，比如张豫峰（2012）；三是使动词为隐性形式，无使动标记，如蔡军、张庆文（2017）；四是致使关系隐含在致使句的某个成分中，比如刘培玉、刘人宁（2015）等。韩国语学界对词汇使动的概念界定主要依据以下几个方面：一是谓语，包括单一谓语带使动义（김병일，1986）和谓语本身隐含致使义（김성주，2003）；二是谓语对致使事件与被致使事件的整合作用，比如 Park Jeong woon（1994）；三是有无使动标记，比如김성주（1997）。

从汉韩语学界对使动概念的界定可以看出，受"动词中心"思想的影响，多数学者认为动词是一个句法结构的核心和关键。然而致使义的实现不仅依赖于动词，还受到构式各成分之间相互作用的影响，比如"5 월 7 일 고인을 인천 고잔 성당에 모셨다"符合 Goldberg（2006）对"伴随类"致使移动式的解读，通过格助词"-（으）로"将致使构式与移动构式整合为一个句法结构形式。因此，应将隐性词汇使动置于构式内，探讨谓词、论元以及各成分之间的相互作用，并综合考虑各因素作概念界定。

学者对词汇使动的研究倾向性以及所持的语言观念，较为直观地反映在词汇使动的分类方面，汉语学界则将词汇使动分为使动式、V 得类、动结式（复合类、V-V）、倒置式等，部分学者不区分使动式和动结式，也有学者对"V 得"和"动结式"能否作为词汇使

动提出了质疑；韩国语学界主要将词汇使动分为同形型和补充型[①]两种。除此之外，韩国语还存在"감소하다"构成的动结式，以及"밀다"等构成的致使移动式，这些构式在谓词与论元以及其他句法成分的相互作用下，均在一定程度上呈现为致使义。

综合以上分析，在对隐性词汇使动进行界定与分类时，应立足于形式与语义相结合的构式整体角度进行探讨，不能仅依据动词或某一个成分进行判定。比如从语义角度，谓词将致使事件和被致使事件融合在一个句法结构内，且二者之间具有因果关系；从形式角度，谓词为单一的词汇形式，不带明显的使动标记；从构式整体角度，添加格助词以及其他成分，可以将不同构式整合为具有致使义的形式。这些都是在概念界定时所需思考和探讨的问题，也说明汉韩隐性词汇使动仍有进一步的研究空间。因此，本文持形式与语义相结合并立足于构式的观点，探讨汉韩隐性词汇使动的不同构式及分类的可能性，力求对隐性词汇使动有一个更全面的把握，使研究更加具体、更加系统。

第二节　隐性词汇使动的成立条件及原则

从语言类型学角度来看，词汇使动属于世界语言的普遍范畴，体现了人们的综合性思维和认知方式。词汇使动作为致使结构的下位范畴，是建立在人们对原因事件和结果事件的认知基础之上的。致使是人类认识事物的一个基本手段，也是一个基础的思维方式，

---

① 学界对两种分类的称呼不一，前者有的称为"补充型""异干交替型"等，后者有的称为"同型形""零派生型"，本文将两者分别称为"补充型"和"同型形"。

致使行为在各个语言中也呈现出多样性。汉韩隐性词汇使动作为人们对世界认知的一种具体反映，既体现了人们对语言形式的高度概括，也反映了在言语交际过程中所体现出的社会功能。对隐性词汇使动成立条件与原则的探讨，是对隐性词汇使动进行全面系统研究的前提，也是一种深入认知致使结构的方式。

一、形式与语义相结合

转换生成语法与构式语法的根本分歧之一，在于形义分离还是形义结合（王寅，2011a：8）。[①]乔姆斯基认为先有人的语言能力，才有人的认知能力，语言可以通过一系列的形式组合构建而成。从这种观点来看，语言的句法形式是独立于语义而呈现的，无需考虑语用等具体的环境要素。Goldberg 的构式语法则认为构式的生成依赖于句式、语义以及独立于句式之上的增值义，各方面共同协作后最终呈现为构式整体。构式语法的这一观点源于认知语法，即句法与语义是相互作用、相互配对的，语义在一定程度上决定了句法结构，句法形式又对语义进行约束和限制，在二者的相互作用与配合下，构式整体可能会产生独立于句法和语义之外的语言效果，即符合认知语言学"整体大于部分之和"的完形原则。

Goldberg（2003）将"构式"定义为："C 是一个构式，当且仅当 C 是一个形式和意义的匹配体 <Fi，Si>，而其形式 Fi 也好，意义 Si 也好，所具有的某些特征不能全然从 C 的组成成分或先前已

[①] 吴庸：《汉语隐性比较构式的认知研究》，博士学位论文，西南大学，2015 年，第 67 页。

有的其他构式所推知。"[①] 构式语法的这一观点强调形式和语义的不可分离，即在保持语义整体性的同时，要强调语义形式的组合性。根据以往的研究经验，汉韩隐性词汇使动相关研究既可以选择从形式入手，也可以着眼于语义，但从认知角度出发，以形式与语义相结合的视角对其进行考察并作出认知释解也不失为一种好的方式。例如：

（1）a. 자동차가 움직였다.

　　　b. 철수가 자동차를 움직였다.

Dixon（2000）认为致使结构的基本形式要素是使动句在非使动句基础上增加了一个致使主体论元。（1a）是谓语"움직이다"只带一个主语论元的非使动句，（1b）为带有主语论元和宾语论元的使动句。前句主语在后句中以宾语论元出现，而后句在前句的基础上增加了一个主语论元"철수"。致使主体"철수"通过谓语"움직이다"的作用力，使致使客体"자동차"产生状态的改变，即原因事件"철수가 자동차를 움직였다"的结果正是"자동차가 움직였다"。由此看来，（1b）在形式上呈现为论元的增加，在语义上具有因果关系导致的致使义，是形式与语义相结合的完美体现。

（2）a. 因为那件事情，我感到了温暖。

　　　b. 那件事情，使我感到了温暖。

　　　c. 那件事情温暖了我。

（2a）包含两个子事件，原因事件"那件事情"和结果事件"我感到了温暖"，两个子事件之间具有因果关系。原因事件"那件事情"映射到不同的句法层面可构成（2b）和（2c）。（2b）凸显两个子事

---

① Adele E. Goldberg：《构式 - 论元结构的构式语法研究》，吴海波译，北京大学出版社，"中文版序言"，第 2 页。

件之间的致使关系，是使令句式，致使关系用"使"表示，两个子事件都以小句的形式出现，前句是后句的原因。（2c）也凸显两个子事件之间的致使关系，致使关系通过谓词"温暖"体现，结果子事件不再以小句的形式出现，整体呈现为具有致使义的单句形式。（2b）和（2c）形式上为"使"字和谓词"温暖"构成的致使形式，前者为复句形式，后者为单句形式；语义上呈现具有因果关系的致使义，是形式和语义相结合的体现。

通过例句（1）和（2）可以看出，致使义的形成过程中，有一个关键要素是两个事件结构之间具有因果关系。人们通常受主观认知的影响，以因果关系来确定是否具有致使义，但也有很多学者把因果关系基本等同于致使。Shibatani（1976）在判定致使时就以原因和结果事件的先后顺序为标准：在时间上原因事件先于结果事件发生，并且结果事件完全依附于原因事件。[①]박정운（2003）认为韩国语表达致使概念的机制具有多样性，比如"눈이 와서 차가 못 왔다""비 때문에 시합이 연기되었다"等都可以表达致使概念。然而，致使关系与因果关系是既有联系又有区别的一组概念，致使关系的实现必定依赖于因果关系，但含有因果关系的语法形式不一定都表现出致使。张豫峰（2007）将因果关系看作是逻辑概念，将致使关系看作是语法概念，他认为只有表达某个主体作用于某个事物对象，并促使这个事物对象产生某种结果意义时才呈现出致使义。通过考察二者之间的联系与区别，他认为致使结构具有以下几个特征：每一个致使事件都隐含着逻辑上的原因与结果，原因在前，结果在后；每一个致使事件都有致使力的传递，

[①] 陈忠：《认知语言学研究》，济南：山东教育出版社，2006 年，转引自张豫峰：《关于现代汉语致使态的思考》，《汉语学习》第 6 期，2007 年，第 26 页。

致使力的发出者为致使主体，致使力的承受者为致使客体，致使客体在作用力的影响下产生一定的致使结果；致使主体常作用于致使客体，这也就决定了致使主体和致使客体并不相同；致使主体、致使力和致使客体结合在一起表示原因事件，致使客体和致使结果结合在一起表示结果事件。[①] 根据学者们的观点，我们重新审视以上三个例句，（2a）为只存在因果关系的句法结构形式，（2b）和（2c）为致使句。（2b）"那件事情"是"我感到了温暖"的原因，是"使"字句。（2c）"那件事情"是致使主体，通过"温暖"传递出致使力并作用于致使客体"我"，"我感到了温暖"则是致使客体所呈现出的状态。因此，在判定是否为致使句时，除因果关系外，还要满足致使结构成立的四个要素，即致使主体、致使力、致使客体、致使结果。四个要素之间相互作用，使整个句子呈现出具有因果关系的致使义。

致使关系成立的四个要素不是任意的、也不是没有任何约束性的，各成分在句中既呈现出自身的特性，又相互制约。构式语法认为语言中存在与构式相连且不受约束的词汇独特性，但这些独特性会使构式整体受到某种程度的削弱，因此需要一些语义来加以限制，以避免词汇的任意性。[②] 传统意义上的狭义使动，是指致使主体直接接触致使客体并使客体处于某种状态或者进行某种行为，致使主体与致使客体都为有生命体。随着语言的发展演变，致使结构也在不断变化发展，许多学者注意到致使主体和致使客体不再仅局限于有生命体，致使语义的范围也进一步扩大。陈昌

---

① 张豫峰：《关于现代汉语致使态的思考》，《汉语学习》第6期，2007年，第27页。
② Adele E. Goldberg：《构式-论元结构的构式语法研究》，吴海波译，北京：北京大学出版社，第163页。

来（2001）将致使主体的致事①和施事②作了区分，他把致使结构"NP₁+ 使 +NP₂+VP"的 NP₁ 称为致事，致事是致使动词的主事动元，是致使行为产生的原因，正是致事使 NP₂ 产生某种新状态或进行某种行为。他认为致事与施事并不等同，致事不是直接实施行为或者发号施令的主体，而是可能导致某件事情出现或者某种行为产生的原因，即抽象性的事物或者事件都有可能是致事。如：

（3）<u>李承晚集团出动大批警察</u>包围了国会，并且在"国会"周围<u>断绝了交通</u>。

此句的致事"李承晚集团出动大批警察"是具有事件性质的抽象性动词短语，作为"交通断绝了"的原因，并没有直接实施动作行为。在一些致使构式中，即便是具有施动能力的有生命体充当致事，也可能是促使客体产生某种状态或者行为的原因。比如"我们范家大队也端正了路线，人换思想地换装。"并不是"范家大队"直接发出"端正"的动作，而表示通过某种方针政策或者思想使"路线"端正了。可见，致使主体无论是否为生命体，所表现的主要为被致使事件发生的原因，致使客体所呈现的新状态或发出的动作行为，可能是致使主体的有意识行为，也可能是客观条件使然。因此，致使客体受到的影响可以是具体的，也可以是抽象的，即产生新的性状或有了新的动作。例如：

（4）a. 他们<u>打伤了高官</u>，火烧了邸宅。

　　　b. 泪水<u>模糊了他的视线</u>。

（4a）原因事件"他们打高官"促使结果事件"高官受伤"的

---

① 根据陈昌来（2001），致事为致使动作行为产生的原因，可以不具有施动能力和施事性。

② 根据史有为（1991），施事分为施动、施令和施行等。

发生，"高官"的"伤"是受"打"影响的具体结果。如果将句子改为"他们打了高官"，"高官"虽然受"打"的影响，但具体结果并未在构式中体现。（4b）"泪水"促使"他的视线"产生了新的状态，即"模糊"，而且这个结果是抽象性的，并不是具体的。由此看来，致使主体和致使客体并不局限于有生命力体，而要将其置于构式中，根据表达致使力的谓词、构式整体以及各论元的之间的相互作用及相互影响，对其具体语义特征进行判定。

早期的类型学研究认为致使结构必然存在蕴含关系，从 Shibatani（1976）对致使结构的定义便可看出，他还强调致使结果不具有已然性的句子不是致使句。[①] 然而，很多学者在实际研究中并未将蕴含关系看作致使结构的必要条件。Song Jae Jung（1996）将蕴含关系作为致使结构类型的区别性特征之一，他将致使结构分为紧致型、目的型和并列型，其中紧致型和并列型都具有蕴含关系，而目的型有无蕴含关系则因具体语言和结构而异。박은석（2013）以否定结果事件后句子是否成立为依据，对原因事件和结果事件之间的蕴含性进行判定。若否定结果事件后句子依然成立，则表示不具有蕴含关系；如若不成立，则具有蕴含关系。例如：

（5）a. 아이가 울음을 그쳤다.

b. * 아이가 <u>울음을 그쳤</u>지만 울음이 그치지 않았다.

c. 점장은 일찍 출근하여 점원들에게 상점 내 청소를 지시하였다.

d. 점장은 일찍 출근하여 점원들에게 <u>상점 내 청소를 지시하였</u>지만 청소를 하지 않았다.

---

① Shibatani（1976）认为致使结构包含致使和被致使两个事件，致使事件比被致使事件的发生时间要早，并且致使结果依赖于致使事件的发生。

（5a）为"그치다"构成的使动句，对结果事件进行否定后句子不成立，因此可以判定具有蕴含关系，即原因事件的成立一定会导致结果事件的发生。（5c）为"지시하다"构成的使动句，对结果事件进行否定后句子依然成立，因而不具有蕴含关系。由此可知，致使结构内原因事件与结果事件之间的蕴含关系并不是必然存在的。

李静波（2016）认为致使结构的蕴含关系与句法结构无关，主要取决于致使动词，他将致使动词分为强力动词、弱力动词、微力动词、无力动词[①]四类，其中强力动词具有蕴含关系；弱力动词趋于无蕴含关系；微力动词和无力动词则无蕴含关系。他还进一步指出，词汇使动的原因事件与结果事件已经融合在一个构式内，二者几乎同时发生，因此词汇使动的原因事件一般蕴含着结果事件。例如：

（6）a. 武松打死了老虎。

b. * 武松打死了老虎，但老虎没死。

（7）a. 철수는 영희를 집으로 초대하였다.

b. 철수는 영희를 집으로 초대하였지만 영희는 가지 않았다.

（6a）结果事件"老虎死了"蕴含在构式中，因此（6b）不成立。（7b）否定结果事件后句子依然成立，因而不含蕴含关系。例（7）动词"초대하다"所构成的是致使主体的发话行为，致使客体只有接受主体的发话行为，致使结果才有可能会实现。在致使关系的传递过程中，致使主体与致使客体一般是可以发出或者接受指令的有

---

① 李静波（2016）：以英语为例，强力动词为 make, do 等；弱力动词为 send, give 等；微力动词为 call, say 等；无力动词为 let, allow 等。

生命体，蕴含关系的成立与否需要考虑致使客体对指令的接受程度以及自身的意愿程度。根据 Talmy（2000），致使结果的实现主要受两个因素的影响，即致使主体的意图性和致使客体的自控力。意图性是致使主体向致使客体发出的力（设定为正值），自控力为致使客体所具有的自我控制力（设定为负值），如若致使客体接受致使主体的指令，积极实现致使结果，则意图性 > 自控力，为正值；如若致使客体消极对抗致使主体的指令，则意图性 < 自控力，为负值。因此，只有当致使客体积极接受致使主体的指令且不进行消极抵抗时，致使结果才会实现。例（6）"打死"一类的动词，致使主体的控制力较为绝对，因此致使结果的实现更具有保证性。（7）"초대하다"等词表示命令或邀请义，无法保证客体是否接受指令并产生相应的变化或出现相应的行为，即致使主体的意图性较弱，无法保证致使结果的实现。石村广（2016）认为兼语式[①]所具备的致使性比动结式要低，二者之间的最大区别在于兼语式的受使者为施事者，保留了有较高的自控度。例如：

（8）a. 老师<u>叫</u>学生擦黑板，可是<u>他们没有擦</u>。

　　　b. 他<u>逼</u>我打扫房间，可是<u>我就是不打扫</u>。

　　　c. 上级<u>命令</u>他执行任务，可是<u>他没有执行</u>。

　　　d. 大夫<u>嘱咐</u>她好好儿休息，可是<u>她没有休息</u>。

石村广（2016）认为使令动词从严格意义上来说，并不表达致使情景，致使动词一般包含句子里第二动词所表示的结果。他进一步指出，上述例句的第一动词不能看做具有致使义的动词，是因为"使、令、叫、让"等词语后接表示状态或心理活动（即非意志性

语义特征）的成分时才表达致使情景，因而否定结果事件后句子依然成立。具体来说，只有当"使、令、叫、让"等动词表示致使主体促使致使客体产生某种新状态或发生某种感知事件时，句子本身含有的结果事件才得以实现，例如"*张三使李四很不高兴，但是李四没有不高兴"。不过也有学者指出，"使、令、叫、让"等动词可以选择性地配合"了"，以表示致使或者指令的完成，如"老师叫学生擦了黑板"，表示致使结果的已然实现。然而，这样一来，致使结果的实现与否并不是原因事件导致的，而是构式中存在过去时标记"了"[①]。以学者们的研究为基础，我们将以否定结果事件为标准探讨以下致使句是否具有蕴含关系，同时考量这一标准是否可以作为词汇使动的成立条件。

（9）a. 관계 기관에 대책 마련을 <u>지시하였다</u>.

　　　b. 사람들이 배를 <u>움직였다</u>.

　　　c. 충격을 <u>감소하였다</u>.

　　　d. 그는 필요한 자재들을 현장으로 <u>이동하였다</u>.

如果对（9a）进行否定，为"관계 기관에 대책 마련을 지시하였지만 마련하지 않았다"，句子依然成立，不蕴含致使结果。对（9b）—（9d）进行否定，分别为"*사람들이 배를 움직였지만 배가 움직이지 않았다""*충격을 감소하였는데 감소하지 않았다""*그는 필요한 자재들을 현장으로 이동하였지만 자재들은 현장에 없었다"，句子均不成立，说明具有蕴含关系。根据所整理的语料，发现只有表示"命令、邀请"类的致使动词不具有蕴含关

---

① 目前，很多学者对"了"是否可以作为时态标记进行了探讨，也有学者认为其属于半时态标记，本文暂且将其视为表示完成义的"过去时标记"，相关内容将在后续作具体探讨。

系，因为需考虑客体对指令的接受和意愿程度。"命令、邀请"类词汇本身具有很强的致使义，即便不依据蕴含性条件，也可以通过形式与语义要素将其判定为致使句。박정운（2003）提到，"-（으）로 하여금"在句中作为致使客体的标记而出现，因此只要句中出现"-（으）로 하여금"，就可以判定为使动句。他将此观点视为"实义致使动词句"①的判定标准之一。因此，具有致使义的惯用形式"-（으）로 하여금"以及格助词"- 에게 /- 한테"等，也可以作为辅助判定"命令"义构式是否含有致使义的标准。其他动词构成的句法结构式，在通过形式与语义要素进行判定的前提下，可以通过是否具有蕴含关系进行检验。换言之，在满足形式与语义条件的前提下，具有致使义的原因事件蕴含着结果事件，那么就可以断定此句为致使句。综上，我们将隐性词汇使动成立的形式与语义条件归纳为如下：

必要条件：

形式上：①隐性词汇使动由词汇手段表达，而不由语法或者形态手段引导；②使动句比非使动句增加了一个致使主体论元，非使动句的主语论元作为使动句的客体出现。

语义上：①隐性词汇使动具有致使主体、致使客体、致使力、致使结果四要素；②两个事件结构之间形成具有致使义的因果关系，致使主体促使致使客体达到某种状态或者进行某种行为；③致使主体与致使客体的语义特征不局限于有生命体，而是依据构式整体、致使力以及各论元之间的关系进行判定。

---

① 박은석（2011 : 30）：실의사동동사문은 '사동사건과 피사동사건이 독립된 서술어로 표시되며 사동사건을 명령, 허락, 방임, 초래 등의 의미가 있는 실의 서술어로 나타내며 두 서술어의 논항구조가 독립되어 있는 사동구조이다.' 예를 들면, 나는 그에게 옷을 입도록 명령하였다.

参考条件：

形式上：构式中带有"-（으）로 하여금""- 에게 /- 한테"等体现致使义的惯用形式或者格助词。

语义上：除"命令"义构式外，其他词汇使动的原因事件蕴含着结果事件。

二、使动句与他动句的区分

他动句与使动句[①]之间的关系对应于原型理论范畴内典型与成员之间的关系。经典范畴理论主要包括三个显著特征，即范畴特征的二元对立、清晰的范畴边界以及范畴成员地位平等。[②]原型范畴理论增加了人们认知的多维路径，突破了对事物认知的二元对立。王寅（2011）认为范畴的基本层次源于人们的基本感知，并通过向上或者向下扩展为其他层次。基本层次上的认知更为精确，与其他层次和成员的共有属性最多，也最具典型性。在更高或者更低层次上，典型与非典型成员之间的共有属性或多或少，都不是最为精确的分类和认知反应形式。对使动句与他动句关系的探讨研究中，许多学者就将其视为同一范畴的不同层次，其中박은석（2014）认为他动句为使动句的上层范畴，并通过下列例句对二者之间的转换关系作了说明。

（10）a. 态度端正了。（形容词句）

　　　 b. 他端正了态度。（使动句、他动句）

---

① 他动句即汉语所说的及物句，本文兼顾韩国语的语言习惯，一律称为他动句。此外，与使动句相对立的称为主动句，与被动句相对立的称为能动句。

② 钟书能、邓嘉怡：《汉英翻译范畴越位认知研究》，《外国语言与文化》第 4 卷第 1 期，2020 年，第 124 页。

（11）a. 张三死了。（自动词句）

　　　b. 李四杀张三了。（使动句、他动句）

（12）a. 张三吃饭。（单纯他动句）

　　　b. 李四让张三吃饭。（使动句、他动句）

（13）a. 我给张三一个苹果。（双重他动句）

　　　b. 李四让我给张三一个苹果。（使动句、他动句）

박은석（2014）认为形容词句、自动词句、单纯他动句、双重他动句都可以转换为使动句，这些使动句又全部为他动句。他还提出"所有的使动句均为他动句，但他动句不一定为使动句"①的观点。例如：

（14）a. 我抄了这封信。

　　　b. 这封信抄了我半天。

（14a）虽然是他动句，但不存在致使义，因而无法看作是使动句。原本作为客体论元的"这封信"在（14b）承担致使主体角色，构式为使动句，同时也是他动句。根据以上观点，他动句与使动句位于同一个范畴内的不同层次，即他动句为使动句的上位范畴。范畴是一个连续的、边界比较模糊的语言认知概念，上位范畴与基本范畴或者下位范畴之间也存在界限上的不易区分性，因此，如何区分他动句与使动句是本文亟待解决的重要问题。

　　一般来说，说话者在陈述某观点时，可以根据侧重点或表达效果的不同，将事件中心置于句法结构的不同位置。通过主体、内容以及客体之间的相互作用，事件中心既可以出现在句首，也可以出现在谓语及其他语法表达式上。由此，句子谓语及其论元之间形成

① 박은석（2014：91）：현대 중국어에서 사동문은 모두 타동문이라고 할 수 있지만 타동문이 모두 사동문인 것은 아니다.

了不同的语义关系，这些语义关系最终呈现为"自动"与"他动"、"能动"与"被动"、"主动"与"使动"之间的语法关系上。

自动 ◄──► 他动， 主动 ◄──► 使动

能动 ◄──► 被动

图 1-1 语法关系对应图

由图 2-1 可以看出，"他动"与"自动"相对应，"使动"与"主动"相对应。[①] 自动和他动最大的区别在于行为只涉及主体自身，还是涉及至客体。行为涉及至客体，是指主体将行为作用于客体，可能会引起客体处于某种状态或者产生某种结果。主动和使动则根据主体对行为的参与度而区分，主动是主体直接参与行为，而使动是主体促使客体实施某种行为，主体所发出的动作或者指令是诱发被致使事件的原因。换言之，他动是单纯事件结构内行为主体和行为客体之间的关系；而使动是指两个事件结构内，诱发原因事件的行为主体和实施结果事件的行为客体之间的相互作用。这一区别可以通过以下图示进行说明：

① 行为主体→→→→→→→→→→→客体对象

他动行为

② 致使主体→→→→致使客体→→→→致使结果

致使行为 被致使行为

图 1-2 使动与他动的事件关系图 [②]

上述图示中①表示行为主体将某一行为传递给客体对象，整个

---

① 本文主要着眼于他动与使动之间的联系与区别，因此主要探讨"自动——他动""主动——使动"之间的语法关系。

② 김은주, 현대 중국어 어휘 사동문 연구 - 형태, 통사, 의미적 특징과 형식 기제를 중심으로 -, 고려대학교 박사학위논문, 2017, p30.

他动过程即为结束。②表示致使主体的致使行为促使客体达到某种状态或者促使客体实施被致使行为。他动句具有行为主体与客体对象之间的直接作用力关系，而使动句则由致使主体、致使客体、致使力、致使结果四个成分之间的相互作用而形成。由此可见，从形式上来看，基础的他动句具有一个事件结构，而基础的使动句则具有两个事件结构，一个是致使事件，一个是被致使事件，两个事件结构之间呈现因果关系。以上述分析为基础，我们将继续探讨如何从语义上对他动句和使动句进行区分。

周红（2003、2006a、2006b）认为现代汉语以"使"字句为代表的抽象递系式是典型的致使句。判断其他句法形式是否具有致使义的重要依据，正是能否将其转换为抽象递系式。例如：

（15）a. 人们打破了窗子。→ 人们打窗子 + 窗子破了

b. 炉火温暖了房间。→ 炉火使房间温暖了

c. 风刮得人人步子打飘。→ 刮风 + 使人人步子打飘

她认为以上几种类型均可以转换为"使"字句形式，呈现出明显的致使义，因此可以确定几类形式全部为致使句。张豫峰（2008）认为"使"字句是现代汉语最典型的致使结构形式，能够转换为"使"字句的句法结构形式都可以视为致使句。刘培玉、刘人宁（2015）也认为"使"字句是汉语致使结构的最底层框架形式，其他致使结构都可以经过语义分解转变为"使"字句。"使"字是连接致使事件和被致使事件的桥梁，"使"字之前是致使事件，"使"字之后是被致使事件。他认为使动句①是在底层基础结构"使"字结构的基础上通过作格动词 V_2 和插入致使动词 V_1 等操作手段生成

---

① 这里所指的"使动句"是自动词或者形容词在句中带宾语作使动用的形式，即本文所说的兼用式。

的。[①] 例如：

（16）a. 我们健全了农村基层组织。

b. 近海休渔断了货源。

"使"字句转换为（16）两个例句的过程如下："我们（V_1NP_2）使农村基层组织健 $_2$ 了→我们（V_1NP_2）使……健全 $_2$ 了农村基层组织 t_2 →我们（V_1NP_2）健全 $_1$ 了农村基层组织 t_2 →我们健全 $_1$ 了农村基层组织"，"近海休渔使货源断 $_2$ 了→近海休渔使……断 $_2$ 了货源 t_2 →近海休渔断 $_1$ 了货源 t_2 →近海休渔断 $_1$ 了货源"。[②]

郑杰（2015）将作格动词分为反身性和非反身性两种，其中反身性作格动词又分为致使性作格动词和非致使性作格动词。[③] 他认为致使性作格动词是指该作格动词在进入他动句时呈现出致使义，可以将他动句添加表示致使义的语法形式"- 게 하다"进行判定，如果添加"- 게 하다"后语义上无差异[④]，则可以判定作格动词带致使义。例如：

（17）a. 철수가 영희를 움직였다.

b. 철수가 영희를 움직이게 했다.

（18）a. 경찰이 차를 멈추었다.

---

① 刘培玉、刘人宁:《从"动词核心"看隐性使动句》,《汉语学报》第1期,2015年,第50页。

② 刘培玉、刘人宁:《从"动词核心"看隐性使动句》,《汉语学报》第1期,2015年,第50页。

③ 在韩国语学界,이상억（1972）首次采用"作格（능격）"这一术语,此后一直广泛沿用,其中不乏有연재훈（1996）提出的"原因格（원인격）"等,但前者更为常用。

④ 郑杰（2017：34）认为"作格动词的他动句改写为"- 게 하다"的使动句时,两个句子具有同义关系"。此处的"同义关系"应指同样具有致使义,转换之前与转换之后在致使语义的直接性上呈现出差异。

  b. 경찰이 차를 멈추게 했다.

（19）a. 철수가 손목을 삐었다.

  b.* 철수가 손목을 삐게 하였다.

（20）a. 철수가 얼굴을 데었다.

  b.* 철수가 얼굴을 데게 하였다.

  他认为（17）与（18）转换为"- 게 하다"句后，语义不发生改变，因此"움직이다"与"멈추다"为具有致使义的作格动词，两句为具有致使义的他动句。（19）与（20）则无法转换为等义句式，因此"삐다"与"데다"为不带致使义的作格动词，两句仅为他动句。我们认同将他动句转换为"- 게 하다"句并判定致使义的方式，但转换前后的两个句法结构之间并不是完全同义的，而是存在直接致使和间接致使的区别。

  根据学者们的观点，我们尝试将符合使动形式与语义要素的他动句改写为具有明显使动标记的形式，进一步判断是否具有使动义。在不改变论元结构的基础上，如若改写后句法结构同样呈现出致使义，则将其视为使动句；如若改写后句子不成立，则不视之为使动句，而是单纯的他动句形式。

  （21）a. 我能把秫秸杂草堆得高过自己的脑袋，然后留心<u>推车上坡</u>，拐个弯，再推下坡，车不翻。

   b. 那种气势<u>逼迫</u>妈妈闭上了嘴，妈妈失望的表情，我至今仍然历历在目。

   c. 기술자가 이선을 저 선에 <u>연결했다</u>.

   d. 영호는 은희에게 이혼을 <u>강요했다</u>.

  我们分别将（21）转换为"使"字句和"- 게 하다"句，具体情况如下：

（21′）a. 使车上坡。

　　　b. ……迫使妈妈闭上了嘴，……

　　　c. 기술자가 이선을 저 선에 연결하게 하였다.

　　　d. 영호는 은희에게 이혼을 강요하게 하였다.

（21a）改为"使"字句，使动义不发生变化，呈现出"上坡"这一结果，但无法体现作用力的方式，可以将其改为"把车推上坡"，用具有明显致使义的"把"字句式进行转换。（21b）改为"使"字句后，整体上句义不产生变化，但无法体现致使力的强弱程度。"逼迫"为本身蕴含致使义的动词，这类动词主要凸显致使方式，隐含地表达致使义。因此可以在保留"逼"这一方式的前提下，将"逼迫"换成"逼使""迫使"等更具有显性致使义的词。（21c）和（21d）通过"- 게 하다"形式转化后，依然是具有致使义的他动句，但是语义发生了变化，（21′c）的行为主体不再是"기술자"直接进行的动作，而是"기술자"指使别人进行的行为；（21′d）也不再是"영호"要求"은희"与其离婚，而是"영호"要求"은희"与她自己的爱人离婚。Dixon（2000：74）认为致使类型与语义机制之间不是简单的直接致使与间接致使的关系，他们之间存在着密度等级（scale of compactness）[1]：即在"分析型——形态型——词汇型"的连续统中，语义的紧密度也呈现由低至高的演变状态。韩国语一般将具有明显使动标记的"- 게 하다"形式作为分析型使动，将"- 시키다"和"- 이 / 리 / 히 / 기"等形式引导的句式作为形态型使动，将由词汇表达手段引导的句式作为词汇型使动。[2] 因此，作为分析型使动标记的"- 게 하다"形式，一般表达紧密度较低的间接致

---

[1] 黄成龙：《类型学视野中的致使结构》，《民族语文》第 5 期，2014 年，第 11 页。

[2] 박연옥, 중한 사동문 대조 연구, 경희대학교 박사학위논문, 2012 년, p57.

使行为，也就导致（21c）'和（21d）'在转换为"-게 하다"使动句后，在语义上产生了一些变化，但仍然具有致使义。我们也可以将其转换为更接近于词汇使动的形态型使动形式，即带有"-시키다"标记的使动形式，或者直接转换为更具明显使动义的词汇形式。由此，我们可以将（21c）和（21d）转换为"기술자가 이선을 저 선에 연결시켰다"和"영호는 은희에게 이혼을 명령하였다"，转换后仍为具有致使义的他动句。我们再看以下几个例句：

（22）a. 他打球。

　　　b. 할아버지는 돼지를 잡으셨다.

依据上面提到的语义转换规则，将（22a）改写为"＊他把球打了"或者"＊他使球打了"，句子均不成立。在形式上，（22a）为带有主语论元"他"和宾语论元"球"的句子，只存在一个事件结构，不存在呈现因果关系的两个事件。因此，不将其视为使动句，而仅为行为动作涉及至客体的他动句。（22b）从形式上来看，存在行为主体"할아버지"和行为客体"돼지"，但句子只存在一个事件结构，即主体作用于客体，不存在原因事件和结果事件，形式上不符合致使句的成立条件。从语义上看，将句子改写为"할아버지는 돼지를 잡게 하였다"后，由原本的行为主体直接参与事件，变成行为主体促使其他客体进行这一动作，构式呈现为致使义，但语义上也产生了变化。综合来看，我们不将以上两句视为使动句，而仅视为单纯的他动句。需要注意的是，我们所说的语义转换，不是指转换前后构式语义完全对等，而是同样具有致使义。Shibatani（1973，1988）和 Yang（1972，1976）对韩国语形态型使动和分析型使动是否同义进行过激烈的探讨。박정운（2003）在此基础上，探讨了形态型使动与分析型使动的语义要素，即根据具体语境的不同，二

者在直接致使和间接致使、蕴含性、致使主体的意图性和控制度、致使客体的自主性等方面呈现出语义上的差异。鉴于其他语义要素与句子的动态语境相关，对句子改写前后的使动义影响较小，因此我们只考虑直接致使和间接致使对不同使动形式的语义影响程度。也就是说，由于词汇使动转换为"使"字句、"-게 하다"句等分析型使动之后致使语义的直接性和间接性必然产生变化，因而我们仅将转换形式作为判断构式是否具有致使义的参考条件。通过以上探讨，我们将使动句与他动句的区分标准总结为如下：

形式上：他动句包含一个事件结构，主体的行为动作涉及至客体；使动句主要包含两个事件结构，二者之间具有因果关系，致使主体的行为或指令影响客体并使客体产生状态变化或发出动作行为。

语义上：①他动句为使动句的上层范畴，所有的使动句都视为他动句，但他动句不一定带有致使义。②他动句的基本形式由行为主体、行为客体、行为事件三部分组成；使动句具有致使主体、致使客体、致使力、致使结果四个要素，以及原因和结果两个事件结构。③他动句无须考虑行为客体的参与度；使动句则由致使客体实施结果行为。④使动句可以改写为具有明显使动标记的形式或者具有明显使动义的词汇，如"-게 하다""-시키다""使"字句、"把"字句等；他动句与此类形式进行转换后，句义产生较大差距或者句子不成立。

三、隐性词汇使动与显性词汇使动的区分

乔姆斯基（1986，1995，2000）的生成语法观着重关注语言的核心部分而排斥边缘现象，即主要关注语言的核心句法结构形式，将不规则的形式视为边缘成分而不加以释解，这种语法观并未实现

描写与解释的充分性。而 Goldberg 的构式语法观则强调构式的整体性，既关注核心句法结构形式和普遍的语言现象，也关注不规则或者半规则的边缘结构形式。Kay & Fillmore（1999：30）认为对边缘现象的研究能够加深对核心现象的探讨，二者相辅相成。构式语法的这种观点便是将核心与边缘相结合，辩证看待、共同分析，与唯物辩证法普遍与特殊之间的关系相一致。这种研究方法不仅不是对以往理论的反叛，而且在理论研究以及实践应用上具有创新性和可操作性，能够更好地针对某一语法现象进行深入浅出的细致分析。汉韩词汇使动研究也存在厚此薄彼的现象，即重视核心成员（显性词汇使动）而忽视边缘成员（隐性词汇使动）。因此，从构式语法视角去对待和处理这种现象显得尤为重要，以期实现汉韩隐性词汇使动研究的充分性和广泛性。

在以往的研究中，有的学者虽对词汇使动的边缘成员——隐性词汇使动有所关注，但并未对其作深入细致的探究；有的学者则不将其视为词汇使动的一部分；还有一部分学者注意到其他致使结构的显性与隐性之分，也同样关注到致使义的表达是构式各成分相互作用的结果。比如：

（23）a. 抓一个俘虏带路。

　　　b. 推他进屋。

牛顺心（2004）注意到"抓"字和"推"字本身并不具有使令义，在（23a）和（23b）的致使构式中才赋予其使令义，并认为此类句子的使令义主要由致使结构承担。刘永耕（2000b）认为隐性使令动词在数量上要比显性使令动词多，但是只有在与 V_2 结合的情况下，才能够容易区分并作句法结构的分类。他还认为"请""命令"等词本身带有使令义，在句法结构中的使令功能更具有强制性，

70

因此称之为显性使令动词。牛顺心（2004）认为显性使令动词是最具典型性、最为核心的使令动词，而隐性使令动词则处于使令动词的边缘地位。她还指出，随着语言的发展变化，很多隐性使令动词本身的动词义弱化、使令义逐渐加强，隐性使令动词等边缘成员也可以逐渐具有核心成员的性质，比如"抓"和"推"等动词逐渐趋向于具有"让"和"给"等语义。这些研究说明学界已经关注到致使结构的显性与隐性形式，也从侧面说明隐性使动在使动范畴研究中的必要性。刘培玉、刘人宁（2015）认为现代汉语的致使义可以表现为显性和隐性两种形式，显性形式主要通过致使动词"使"、语素"使"和词缀"化"表示[①]。例如：

（24）a. 她用一块浸湿了的手帕轻抚了一会儿脸，并拍打了几下，<u>使</u>脸色红润起来。

　　　　b. 这时雅纳向这个人扑过去，<u>逼使</u>他不断后退，他不敢碰她。

　　　　c. 这把凿子又在他的鼻梁上刻了三四刀，本来是为了<u>美化</u>鼻子，结果还没有等磨平弄滑就罢手了。

（24a）致使义由"使"表示，是单纯的词汇形式。(24b)语素"使"和表示方式的V"逼"一起构成谓语，V具有多样性，比如"指、迫、促、驱"等都可以与"使"字组合，分别呈现为"指使、迫使、促使、驱使"等。范晓（2000）认为"使"是句法结构中表达致使语义的显性标志，因此动词"使"和语素"使"都是以显性形式呈现的。(24c)动词或者形容词与"化"相组合表示致使方式和致使义，动词或者形容词表现为致使的方式，词缀"化"本身表示致使义，

---

① "化"类似于词缀形式，具有相应的形式和功能，本文暂且将其称为"词缀"。

根据组合形式便可以相对明确地推断出构式的致使关系，因此属于显性形式。[①] 韩国语也具有明确表达致使义的词汇形式，这些词汇形式凸显了原因事件和结果事件之间的致使关系。例如：

（25）a. 선생님은 지각한 학생들에게 청소를 <u>시키셨다</u>.

　　　b. 우리는 그에게 이 사실을 <u>인식시켜</u>야 한다.

　　　c. 물질문명의 발달이 인간의 정신을 <u>세속화한다</u>.

（25a）"시키다"带有明显的致使义，随着致使义的不断增强与发展，"-시키다"已经稳固为表示致使义的词缀形式，且具有能产性，如（25b）。（25c）"세속화-"与汉语的"-化"具有相同的性质，致使义相对明显。这些显性的使动形式作为词汇使动的核心成员，受到了学者的广泛关注，研究深度与广度也在不断拓展。除以上显性形式之外，致使义的表达还具有隐性形式，刘培玉、刘人宁（2015）认为致使关系隐含在致使句式的某个成分里，或者说致使义以零形式存在某个成分里，[②] 当然致使关系也可能隐含在构式成分的相互作用之中。

综上，韩国语的"-시키다"、词缀"-화"，以及汉语的词缀"-化"等，作为使动的显性标记本身具有能产性，逐渐由词汇形式往形态形式发展演变。因此，我们将以下具有明显词汇使动标记的形式称为显性词汇使动，将不具有以下标记且满足使动成立条件的形式称为隐性词汇使动。

汉语的显性词汇使动形式："使"字句，语素"使"构成的使动句，

---

① 周红（2003）认为汉语的致使标记除了"使"字外，也有一些类似形态变化的致使标记，即后缀"化"，"化"的意思是"使……变得"。

② 刘培玉、刘人宁：《从"动词核心"看隐性使动句》，《汉语学报》第1期，2015年，第58页。

词缀 "- 化" 构成的使动句;

韩国语的显性词汇使动形式: "시키다" 句、词缀 "- 시키다" 构成的使动句, 词缀 "- 화" 构成的使动句。

第三节　隐性词汇使动的概念界定

致使范畴 (causative category) 是人类语言中普遍存在的一个语义范畴。[①]Comrie (1989) 认为 "A 事件导致 B 事件出现" 或者 "A 事件使 B 事件产生", A 与 B 两个微观事件之间的关系即为致使关系。[②]Shibatani (1976) 认为 "B 事件是紧接着 A 事件, 并且依赖于 A 事件发生的"。最早对韩国语致使范畴进行研究的是최현배 (1937), 他认为致使结构是致使主体通过形式上的指令让他人做出某种行为, 而不是自身直接做出行为动作。이익섭 & 채완 (2002) 将使动归为态 (voice) 的一种, 认为使动是由致使主体发出一定的行为, 使致使客体进行某种动作或者处于某种状态。汉语使动研究初期, 吕叔湘 (1942) 认为使动是 "使止词有所动作或变化"。郭锐、叶向阳 (2001) 认为致使事件对被致使事件具有一定的作用力, 但因果关系中并不一定存在这样的作用力, 即致使关系与因果关系可从是否具有作用力角度进行区分。虽然学者们的具体阐述不同, 但一致认为形成致使关系须具备两个条件: 一是包含 A 和 B 两个事件, 二是两个事件之间有因果关系, 即 A 事件导致 B 事件的产生。

---

① 牛顺心:《汉语中致使范畴的结构类型研究》, 博士学位论文, 上海师范大学, 2004 年, 第 3 页。
② 牛顺心:《汉语中致使范畴的结构类型研究》, 博士学位论文, 上海师范大学, 2004 年, 第 3 页。

一、致使关系链的传递及致使义的形成

认知语言学的体验主义观（experientialism）认为，人类的基础体验（embodiment）在对世界的概念化过程中占有关键地位。[①]我们对某一语言现象或者某一事件的理解直接关联于自身的经验。Lakoff（1987）指出，概念系统的成立依赖于结构，而结构则源于我们的认知经验。就使动范畴来说，使动概念的形式和使动范畴的确立源于我们在交际过程中的语义认知行为，典型的使动形式是使动概念的源泉。使动范畴在将人们的认知经验概念化之后，又释解出不同的表现形式，这些形式虽然各具特色，但均在句法结构中传递致使力，即致使主体将致使力传递给客体，促使客体产生某种状态或者发生某种变化并最终达到某种结果。整个致使力的传递过程通常包含四个要素：致使主体、致使客体、致使力、致使结果，四个成分在致使关系的作用下互相关联，致使力的发出即为致使事件的开始，而力的到达则触发了致使结果。Croft（1991）根据能量动力学原理提出了动词的驱动链模式（Causal Chain Model），即在整个过程中，各参与者之间存在一条传递致使力的关系链，致使关系链存在三个环节：作用（CAUSE）、始变（BECOME）和状态（STATE）。[②]作用环节意味着致使主体将力传递给致使客体，始变环节表明客体接受致使力并开始产生变化，状态环节是指客体受致使力影响下的最终行为或者状态。该过程可以抽象化为：

---

① 骆蓉：《认知构式语法视阈下的致使移动句研究》，博士学位论文，浙江大学，2015 年，第 82 页。

② 周红：《现代汉语致使范畴研究》，博士学位论文，华东师范大学，2004 年，第 23 页。

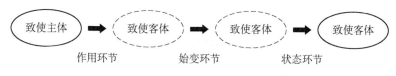

图1-3 致使关系链的三个环节 [1]

致使主体将致使力传递给致使客体，致使客体接受力并开始发生变化，随着变化的产生及发展，在最终环节呈现出致使客体的最终状态。在整个致使力的传递过程中，致使力的四个要素以及作用、始变、状态三个环节缺一不可，如若缺少某一要素或者某一环节则无法完整地表达使动义。Lakoff（1977，1987）认为不应将使动看作是无法分离的语义要素，而应看作是由各个成分相互作用共同组成的一个集合性概念（cluster），他认为最原型、最典型的使动句应满足以下各项条件（Lakoff 1987：54—55）：

a. 有进行某种行为的主体；

b. 有历经状态变化的客体；

c. a 与 b 构成单一事件并在时间与空间上重叠，主体和客体有直接接触行为；

d. 主体的行为或者状态部分先于客体的变化；

e. 主体是作用力的始发点，客体是作用力的到达点，作用力由主体向客体转移；

f. 有单一、明确的主体和单一、明确的客体；

g. 主体为有生命体；

h. ① 主体有意识地进行某种行为；

② 主体对所进行的行为有控制度；

③ 主体对行为和产生的变化承担主要责任；

---

[1] 中间的虚线图形表示被致使者接受致使力，并且产生变化的过程。

i. 主体可以使用手、身体或者工具等；

j. 主体直面客体并且可以感知客体的变化。

以韩国语 "테니스 선수가 공을 상대방 코드로 쳤다" 为例，具有直接致使义的此类使动形式完全满足以上的十个条件，是典型的使动句。构式所越缺乏的条件越多，则距离原型使动越远。比如 "아이를 시켜 쓰레기를 버리게 하였다" 作为间接使动句，不满足以上的条件 c，因而不能将其视为原型使动。典型的使动句是致使范畴中最典型、最恰当的形式，离原型越远的成员，其家族相似性越弱。因此，远离使动句的原型范畴至何种程度仍然能够被看作是使动，是我们对隐性词汇使动范畴进行界定的关键。语言学家通过对使动的概念、范畴以及分类的探讨，对使动范畴、词汇使动范畴的界定，以及使动形成的条件提出了不同的见解。Shibatani（1976）通过以下两个条件，对使动进行了形式和语义上的界定。

① 在构式的两个事件结构关系中，被致使事件于致使事件之后发生。

② 被致使事件完全依赖于致使事件，假设其他外部情况全部相同，如若致使事件不发生，那么被致使事件也一定不会发生。

我们可以将其观点概括为：致使事件先于被致使事件发生，被致使事件对致使事件具有完全依赖性。Shibatani（1976）认为他动句与使动句的区别在于，使动句的致使事件蕴含着被致使事件。Song（1996a）则认为具有意图使动的语言中，致使事件与被致使事件不一定具有蕴含关系，反驳了 Shibatani（1976）的观点。김성주（2003）认为语言学界对使动的界定一般是在绝对主义范畴[①]之

---

① 绝对主义范畴观和原型理论范畴观可以参照 Taylor（1989）。

下进行的，对使动本身的特点没有一个明确的探讨。为了弥补这一
不足，他将使动置于原型理论范畴之下进行讨论，在对使动句特点
进行把握的同时，提出了使动句成立的几个必要条件：语义条件是
使动句必须包含致使义，句法结构内有两个事件结构，二者之间具
有因果关系；形式条件是必须有能够表达使动的特殊形式（即使动
形态或者语法形式），并且要有与使动词在语义和形式上相关联的
原动词[①]。通过以上的形式和语义条件，他将使动定义为：

如果一个事件的主体为 X，另一个事件的主体为 Y，X 通过因
果关系对 Y 产生影响；如果将 X 对 Y 的影响事件称为 a，Y 实施的
行为事件称为 b，使动不是 X 直接产生 b，而是 X 通过 a 让 Y 产生 b。[②]

由此可见，学者们一致认为使动成立的最基本要素是满足形
式和语义条件。使动范畴作为语法范畴之一，广泛地存在于世界
各语言中，但因语言习惯和表达方式的不同，使动形式的表达手
段也不一。总体来说，目前学界将世界语言的使动形式分为分析
型、形态型和词汇型三种。分析型使动一般采用复杂谓语或者复
合句的形式，形态型使动和词汇型使动与一般的动宾结构相同[③]，
形态型使动通过在谓语上添加词缀手段而形成，词汇型使动则指
通过单纯的词汇表达手段连接原因和结果两个事件结构的使动形

---

① "原动词"指与使动词相对应的非使动词。
② 어떤 사건의 주체를 X 라고 하고, 다른 사건의 주체를 Y 라고 할 때, X 가 Y 에
게 영향을 주어서 어떤 사건 b 가 일어날 때, X 가 Y 에게 준 영향 (사건) 을 a 라
고 하고, Y 에게 일어난 사건을 b 라 하면, 사동은 X 가 b 를 직접 하지 않고, Y 를
시켜 b 를 일으키는 행위이다.
③ 牛顺心：《汉语中致使范畴的结构类型研究——兼汉藏语中致使结构的比较研
究》，天津：南开大学出版社，2014 年，"前言"。

式①。韩国语作为黏着语，主要依靠助词和语尾表达语法关系，词汇表达手段并不丰富；汉语作为孤立语，主要依靠语序变化和论元的交替来表达语法关系，因此词汇表达手段丰富、表达方式具有多样化。词汇使动也存在不同的表现形式，Comrie（1981、1989）将使动词与原动词在语义上相互对应、形式上毫无关联的形式称为最原型、最理想的词汇使动。除此之外，还存在具有明显使动标记和隐含使动义的形式，这些不同的表达方式共同构成了词汇使动的集合性概念。

二、隐性词汇使动的意向图式及概念界定

上文从形式与语义相结合、他动句与使动句相区分以及隐性词汇使动与显性词汇使动相区别等方面，对隐性词汇使动的成立条件及原则作了探讨。在此基础上，我们将通过以上判定标准对下列例句进行分析，讨论其是否符合隐性词汇使动的成立条件，并归纳总结隐性词汇使动的概念。例如：

（26）a. 아무런 적의 움직임이 눈에 띄지를 않자 소대장은 이동을 명령했다.

　　　　b. 형은 화가 났는지 창밖으로 기타를 던져 버렸다.

　　　　c. 그 아이는 울음을 그쳤다.

　　　　d. 교육부가 대학 입시 본고사를 10년 만에 부활했다.

（27）a. 他的话温暖了我。

　　　　b. 他打碎了酒杯。

　　　　c. 这碗面吃了他一头汗。

---

① 김은주（2017：51）에서는 어휘 사동이란 어휘적 수단을 통해 원인과 결과 두 사건을 동시에 표현하는 사동을 말한다고 하였다.

（26a）动词"명령하다"带有强烈使令义，整个构式由发出命令的行为主体"소대장"、指令义、接受命令的客体、致使结果"이동"四部分组成。"소대장은 명령했다"是导致后面"이동"产生的原因，前后形成了具有致使义的因果关系，并且不带明显的致使标记，因此属于本文所讨论的隐性词汇使动。（26b）动词"던지다"与其论元成分构成该构式，主要有行为发出者"형"、动作"던지다"、行为接受者"기타"、行为动作的结果以及移动场所"창밖"等五个部分。整个句子可以拆分为原因句"형은 기타를 던져 버렸다"和结果"기타"移动到"창밖"，形成了具有致使义的因果关系，构式存在移动路径成分且不具有明显的使动标记，是具有移动义隐性词汇使动句。（26c）比"울음이 그쳤다"增加了主语论元"그 아이"，构式由不具明显致使义的动词"그치다"①及其论元成分实现，主体"그 아이"发出动作促使客体"울음"达到停止的状态，完成了因果关系链的传递。如果将上述句子改为"그 아이는 울음을 그치게 하였다"，同样具有致使义。（26d）构式包含行为发出者"교육부"、行为"부활하다"、行为对象"대학 입시 본고사"三个成分，如将此句改写为"교육부가 대학 입시 본고사를 10년 만에 부활시켰다"，则同样具有致使义。

（27a）由行为主体"他的话"、行为动作"温暖"、行为对象"我"三个成分组成，致使事件"他的话温暖了我"和被致使事件"我感觉到了温暖"之间存在因果关系，同时前者在语义上蕴含着后者。（27b）由行为发出者"他"、作用力"打"、行为对象"酒杯"、结果状态"碎"组成，形成了具有致使义的因果关系，句中不存在

---

① "그치다"无须形态变化，便可直接用于使动句与非使动句，因此本文认为其属于不带明显标记的使动形式。

明显的致使标记。（27c）意为"那碗面，使他吃了一头汗"，原本作行为客体的"那碗面"上升至主语位置，动作行为的发出者"他"则处于宾语位置，通过语序的变换实现致使义。

通过探讨隐性词汇使动的成立条件并分析上述例句，我们将通过意向图式对隐性词汇使动的形成过程进行抽象性概括。意向图式是一种以人们的普遍经验为基础，对经验所反映的客观事实进行抽象性概括的呈现方式，是概念化的外在体现，Johnson（1987）认为意向图式是概念化系统形成的基础结构式。我们通过致使结构的四个要素以及致使力形成的三个环节，将隐性词汇使动的致使义实现过程图式化为：

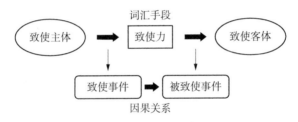

图 1-4　隐性词汇使动句的意向图式 [①]

通过以上图式，整个隐性词汇使动的实现过程可以阐述为：致使主体发出一定的致使力，促使致使事件发生；致使力作用于客体，形成被致使事件；致使力由词汇手段引导，致使事件与被致使事件之间存在因果关系，整个致使过程不存在明显的使动标记。通过对

---

① 意向图式中的作用力既可以是直接接触的具体行为，也可以是对客体产生影响的抽象行为。例如：

（1）拽他进学校。

（2）他的话温暖了我。

（3）他命令我回家。

例（1）—（3）分别呈现为具体作用力、对致使者产生影响的抽象作用力、通过话语促使客体实施某种行为的抽象作用力。

隐性词汇使动的意向图式与隐性词汇使动成立条件的探讨，我们将隐性词汇使动理解为如下：

（1）必要条件

形式上：①构式包含两个事件结构，由单一谓词连接，而不以语法或者形态手段引导；②使动句比非使动句增加了一个致使主体论元；③构式不含"使"字、语素"使"、词缀"-化"、"시키다"、"-시키다"、词缀"-화"等明显的使动标记。

语义上：①必须包含致使义，具备致使结构的四个要素和两个事件结构：致使主体、致使客体、致使力、致使结果以及致使事件和被致使事件；②两个事件结构之间具有因果关系。

（2）参考条件

①使动句可以转为带有明显使动标记的形式，如"-게 하다"句、"-시키다"句、"使"字句、"把"字句等；②致使主体和致使客体的语义特征不局限于有生命体，而是依据构式整体、致使力以及各论元进行判定；③除"命令、允让"类外，其他词汇使动句的原因事件和结果事件之间具有蕴含关系；④他动句为使动句的上位范畴，他动句无需考虑客体的参与度，而使动句的被致使事件则须由客体实现。

综合以上探讨，我们将隐性词汇使动界定为如下：构式存在两个具有因果关系的事件，一个事件的主体为 X，另一个事件的主体为 Y，谓词 V 连接 X 与 Y 且 X 对 Y 产生影响；构式不存在使动形态与使动标记，谓词 V 具有单一性质。

第四节　隐性词汇使动的分类

Comire（1981，1989）将词汇使动分为异干交替型（补充型）

和非能产非异干交替型（同形型）两类，异干交替型的使动词与非使动词之间无形式上的规律可言，如英语的"kill"和"die"；非能产非异干交替型的使动词和非使动词在形式上完全相同，如英语的"break, melt"。Song（1996a）将词汇使动分为零派生型（zero-derivation）和补充型两种。虽然学者们对词汇使动类型的称呼不一，但这种分类方式得到了语言学界的普遍认可。总体来看，分类标准建立在使动词与非使动词的区别与联系之上，但很多动词在进入构式之前不带有致使义，因此应着眼于形式与语义相结合的构式整体进行探讨。这也是本文所强调的重点，即仅以动词为中心难免存在分析不够全面、不够系统等问题，词汇使动研究要注重构式与各成分之间的互动关联，将谓词置于构式内作整体性探讨。

一、汉语隐性词汇使动的分类

汉语学界根据研究视角以及侧重点的不同，对词汇使动作了多样化的分类。彭利贞（1995）依据外部形态将汉语致使结构分为语法结构式、形变式、零形式三种；沈阳、何元建、顾阳（2001）将汉语致使结构分为使动形式、词汇使动用法与"V得"形式；何元建、王玲玲（2002）将致使结构分为使动式[①]和役格句两种；陆俭明、沈阳（2003）从范畴的观点对致使结构的谓词进行分析，认为无论动词是否具有自主性都可以在一定条件下进入致使结构，并将致使结构分为"积极"和"消极"两类；范晓（2000）根据致使义的显著性程度将致使结构分为显性致使和隐性致使两类，前者是指具有"使"或者可以自然地转换为"使"字句的形式，后者则反之。

---

① 即一般所说的"使令句"。

这些分类或多或少都提到了隐性词汇使动，有的将其称为零形式（彭利，1995）；有的称之为隐性使动（范晓，2000）；有的根据动词本身的性质称为役格动词（何元建、王玲玲，2002）等。以学者们的研究为基础，我们将立足于形式与语义相结合、综合考虑构式整体性的视角之下，将汉语隐性词汇使动分为兼用式、动结式、倒置式三类。

（一）兼用式

现代汉语的部分形容词或自动词，在句中可带宾语论元表示使动，即在不改变词汇形式的前提下，形容词或动词在构式中呈现出致使义。何元建（2002）认为此类动词在句法结构中表现为零形式，致使义的实现过程并没有违背"题元阶层"和"题元原则"。在句法结构中，致事的位置往往高于其他论元成分，施事或客事改作致事时，需要移到致事的位置。[①] 此观点强调了句法结构对致使义产生的作用，我们将通过以下例句分析形容词和动词在构式中作使动的用法。

（28）a. 你别<u>黑</u>我了

　　　 b. <u>活动</u>了一个螺丝。

（28a）"黑"是使动化了的形容词，在句中带宾语，基础框架式为"$NP_1+VP+NP_2$"，构式整体呈现为具有致使义。（28b）"活动"本身为自动词，表示致使主体通过"活动"促使致使客体"一个螺丝"产生最终的"活动"状态，整体呈现为致使义。以上两个例句均不存在明显使动标记，并且"黑"和"活动"在非使动句和使动句中的形式完全相同，如果将其改为具有明显使动标记的形式，则

----

① 宛新政：《现代汉语致使句研究》，博士学位论文，复旦大学，2004年，第17页。

分别为"你别黑化我了"和"使螺丝活动了"。

汉语词汇表达手段丰富，因而形容词或者自动词作使动用法的形式较为常见。范晓（2000）认为"转换、回复、丧失、减亡、结束、实现、出台"等词常用作使动形式。郭姝慧（2004）以《动词用法词典》为对象，统计了149个呈现为致使义的动词，其中不乏形容词或自动词作使动用，这也是汉语隐性词汇使动中最为常见的一种形式。

（二）动结式

姜灿中（2019）认为动结式是汉语最具特色的构式之一。他认为，整个致使义的实现过程是将原因事件和结果事件组构成一个单一的复杂宏事件，使因事件由动词编码，结果事件则由动词或者形容词编码，二者并置形成一个复杂述谓构式（complex predicate construction）。[①] 动结式的两个语素虽然分别指向原因事件和结果事件，但句法功能与单一动词并无本质区别，因而我们将其归入词汇使动范畴。

（29）a. 他<u>哭肿</u>了眼睛。

b. 他<u>撕碎</u>了衬衫。

c. 哥哥<u>打哭</u>了妹妹。

（29a）复合谓词"哭肿"在句法结构式"$NP_1+V-R+NP_2$"中表达致使义，V 表示动作或者手段等原因，R 表示相对于原因的结果事件。缪锦安（1990）将动结式分为受事补语和受事行事补语两种，前者是指受事者的变化，后者是指依从者受命所实施的动作。缪锦安（1990）认为（29b）"他撕碎了衬衫"是由"他撕了衬衫"和"衬

---

① 姜灿中：《现代汉语动结式的句法 — 语义界面：基于层级和互动的构式语法视角》，博士学位论文，西南大学，2019 年，第 1 页。

衫碎了"两个句子组合而成，前一个句子具备主语述语宾语，后一个句子具备主语述语，前者的宾语与后者的主语相同。王玲玲（2000）也注意到了动结式的致使义，她认为动结式（原文称为"致使型套合结构"）的 V 与 R 语义指向不同。牛顺心（2002）称之为复合式，并对其范围进行了缩小，通过结构形式以及各组成成分的语义关系，将"他喝醉了酒"一类的句法结构形式排除在外。

学界对动结式的致使义来源具体有以下两种不同看法：一是认为来自于谓词的复合形式，比如何元建、王玲玲（2010）等；二是认为来自于句法结构，比如 Sybesma、沈阳（2006）等。我们将动结式置于构式整体性角度进行理解，由具有动补关系的谓词和宾语组合后整体产生致使义，只是与其他隐性词汇使动形式相比，表示原因的语素和表示结果的语素融合为一个复合谓词。

（三）倒置式

倒置式是指句法结构成分的语序位置发生了转换，行为者以经验者的身份出现在对象宾语位置，而原来的对象客体则出现在主语位置，整个句子呈现为致使义。[①]Li Yafei（1999）、Gu Yang（1992）将此类形式称之为"反转使役结构（inverted causative structure）"。郭姝慧（2004）称为"倒置致使句"，句法结构反映了客体与主体位置的互换。郭锐（2009）将此类形式称为"隐性结果式"或者"结果宾语式"，他认为形式上由一个谓语表示致使义，语义上被致使事件带有一个隐性补语。

何元建、王玲玲（2002）在对施事役格句和非施事役格句进

---

① 有关倒置式相关的概念，最初源于 Perlmutter 和 Postal（1994）。Blake（1994）对英语、德语、意大利语、西班牙语、法语等语言中心理动词构成短语（phrase）时，"经验者作为宾语出现，客体作为主语出现"这一倒置式结构进行了探讨。

行讨论时，注意到除了施事可以改作致事之外，客事也可以改作致事。如：

（30）a. 医生等急了我。

　　　b. 医生等我，医生急了。

　　　c. 我等医生，我急了。

他们认为（30b）为宾格句，（30c）为役格句，两者结构不同。由于宾格句和役格句的表层语序相同而深层结构不同，因此容易产生歧义。需要注意的是，役格句的致事主语是客事成分改作的，即原来要作客事的成分移位到了致事主语的位置上。另外，宾格句和役格句中的"等急"不能理解为同一个词。我们已经知道，只有作格动词才能用为使动，因此，宾格句中的"等急"应是宾格动词，而役格句中的"等急"是作格动词，或者说词库里有两个"等急"，一个是宾格动词，一个是作格动词。因此，我们不将此类易产生歧义的形式作为研究对象，而着重分析以下倒置形式。

（31）a. 那碗面吃了他一头汗。

　　　b. 这封信抄了我半天。

宛新政（2005）认为（31b）"信"所带来的结果或者变化不明确，因此不将其看作是使动句。然而我们认为，（31a）中正是"吃那碗面"这件事情导致"他"出现了一个"一头汗"的结果。同样"抄这封信"这件事情导致客体"我"呈现出"花了半天"的结果状态。因此，两个句子均存在致使主体、致使客体、致使力和致使结果以及原因事件和结果事件，符合隐性词汇使动成立的形式与语义要素。

二、韩国语隐性词汇使动的分类

김성주（2003）、박은석（2013）等学者将韩国语词汇使动分

为补充型和同形型两种，前者如"보내다"等，后者如"그치다"等，但此分类方式只能关注到少量的"补充型词汇对"以及"自他两用动词"①，像"밀다"等构成的致使移动式以及"지시하다"等构成的命令允让式则很少受到关注。因此，我们将以构式整体为中心，在形式与语义相结合、构成与成分相影响的视角之下，以谓词与论元的组合形式为关注焦点，探讨韩国语隐性词汇的不同表达式。

（一）兼用式②

韩国语有一部分谓词具有自他两用性质，即以相同形式用于自动句与他动句，고영근（1986）称此类动词为"能格动词"；연재훈（1989）称其为"中立动词"，并以"- 게 하다"句的等义替换③作为鉴别中立动词的一种方式；이은령 & 윤애선（2005）也称其为"中立动词"，认为这类动词无须形态变化便能直接用于自动句和他动句。④很多学者意识到部分两用动词出现在他动句时表现出致使义，比如 Park Jeong Woon（1994）认为"내리다，흐리다，끼다，달리다，그치다，멈추다"等词与 Comrie（1981，1989）提出的同形型词汇使动具有相同的用法。他进一步指出，虽然自他两用动词的发展演变与形态变化相关，但作使动用时并未在自动词的基础上产生形态变化，故而将其纳入词汇使动范畴。因两用动词具有兼用性质，故我们称其构成的带有致使义的他动句为兼用式。

---

① 补充型词汇对是指使动词和非使动词之间形成一个补充对形式，比如"보내다"和"가다"；自他两用动词在韩国语中的称呼较多，如"两用动词""中立动词""作格动词"等，比如"움직이다"。

② 兼用式的动词，在不同的句式中兼有不同的性质。

③ 연재훈（1989）认为两者属于同义替换，事实上存在直接致使与间接致使的差异。

④ 이은령，윤애선（2005）：중립동사란 형태적으로 '동사 가운데 접사가 붙지 않고 그대로 자동사 또는 타동사로 양용되는 것 '을 일컫는다.

关于兼用式的使动属性问题，很多学者持不同的看法，总体来说有以下两种：一是按照谓词的历时性演变规律将其纳入形态型使动范畴，比如郑杰（2017）；二是认为谓词无须形态变化便可以直接用于自动句和他动句，因此将其纳入词汇使动范畴，比如박연옥（2018）。我们认为形态型使动的谓词是在原动词基础上添加"이，히，리，기，우，구，추"等表示使动义的词缀而形成的，而兼用式的谓词则以完全相同的形式出现在使动句和非使动句中，没有经过任何的形态变化，因此认为兼用式属于词汇使动范畴。比如：

（32）a. 철수가 차를 멈추었다.

b. 차가 멈추었다.

c. 정부는 차량 10 부제 운행을 부활했다.

d. 차량 10 부제 운행이 부활했다.

（32a）存在致使主体"철수"、致使客体"차"、致使力"멈추다"三个成分，而且"철수가 차를 멈추었다"的致使结果正是（32b）"차가 멈추었다"，前者蕴含了后者。谓词"멈추다"在自动句和他动句中的形式完全相同，符合隐性词汇使动的形式与语义要素。（32c）同样存在致使主体、致使客体、致使力、致使结果四要素以及致使和被致使两个事件结构，并且保证了致使结果（32d）"차량 10 부제 운행이 부활했다"的发生。综合来看，自他两用动词在他动句与自动句中未产生形态变化，在形式与语义上符合隐性词汇使动的判定标准。

（二）动结式

动结式由"N_1N_2 하다"类动词构成，两个汉字词语素 N_1 与 N_2 之间形成动补关系，即 N_1 表征原因，N_2 表征结果。对此类动词进行深入研究的代表性学者有강은국（1993）、김문오（1996）、유

혜원（2012b）等，尤其对"N₁N₂ 하다"与"N₁N₂ 시키다"之间的交替关系作了详细探讨，在句法结构与语义的关系方面，主要分为以下三类：一是句法结构和语义相同；二是句法结构或者语义相同；三是句法结构和语义可能相同，也可能不同[①]。

（33）a. 세금 부담을 <u>감소하였다</u>.

　　　b. 용의자 검거에 수사력을 <u>집중하였다</u>.

（33a）致使主体通过"감소하다"将作用力传递给致使客体"세금 부담"，促使致使客体产生结果状态。动结式比非使动句"세금 부담이 감소하였다"多了一个致使主体论元，且没有任何明显的使动标记，满足了隐性词汇使动成立的形式和语义要素。动词"감소하다"由表征原因的"감"和表征结果的"소"构成了动补关系，因而致使原因和致使结果隐含在构式之中。（33b）通过"집중하다"将作用力由致使主体传递给致使客体，前一个语素"집"表示原因行为，后一个语素"중"表示结果状态。

N₁ 与 N₂ 之间动补关系的形成受造词过程中语言借用的影响，汉字词语素在发展过程中逐渐融合至韩国语语法体系，并组合形成了具有自身特色的词汇结构。石广村（2019）认为典型的动结式是通过"致动用法的双音化"，即"VR+O"语序产生的。韩国语的动结式表现为"O+VR"语序，V（N₁）描写或说明动作程度，R（N₂）表示动作结果或情状的态。动结式虽然由两个汉字词语素复合而成，但与"- 하다"结合为一个独立谓词后，表征的是由原因事件和结果事件构成的"单一复杂"宏事件（macro-event），因此属于隐性

---

① 유혜원（2012b）：'명사 - 하다'와 '명사 - 시키다'의 문형 정보와 의미가 같은 유형，'명사 - 시키다'와 '명사 - 하다'의 문형 정보나 의미가 달라지는 유형，1 유형과 2 유형 모두 가능한 유형.

词汇使动形式。

（三）致使移动式

致使移动式将致使构式和移动构式融合为一个整体，构式除了满足致使结构的四个基本要素和两个事件结构外，还存在一个移动路径论元，移动路径论元凸显了致使力的传递方向及传递过程。

（34）a. 낡은 책상을 소각장에 내버렸다.

      b. 듣자 하니 신행수께서는 수십년 손때 먹여서 수하에 두고 있던 서사놈 하나를 혀 잘라서 성밖으로 내쫓았다는 소문입디다그려?

（34a）由两个微观事件，即原因事件"낡은 책상을 소각장에 내버렸다"和结果事件"낡은 책상→소각장"组成一个具有移动致使义的宏观事件。致使主体通过动词"내버리다"的作用力，使致使客体"낡은 책상"产生位移，即在作用力的引导下致使客体由原来的位置移动至另一位置。（34b）致使主体"신행수"通过作用力"내쫓다"使致使客体"서사놈"由现在的位置移动到"성밖"。以上两个例句都比其他词汇使动形式增加了一个移动路径论元，体现了致使客体的实际位移路径以及位移过程。

白雪飞（2018）认为位移可分为真实位移和虚拟位移，"真实位移"指的是空间位置变化，"虚拟位移"指的是说话者的视线移动或心理移动。分类的标准即是根据位移动词的主语有无真实位移，前者是对客观事实的真实描述，后者则是对静态客体进行的虚拟加工。[①] 鉴于致使移动式的情况复杂且相关因素众多，我们在本文仅对致使客体的实际位移情况进行探讨，即致使主体通过作用力使致

---

① 白雪飞：《汉韩虚拟位移对比研究》，博士学位论文，上海外国语大学，2018年，第36页。

使客体沿着一定的方向移动，可以是致使主体与致使客体的实际接触行为，也可以是通过抽象作用力使客体进行移动的行为。

（四）命令允让式

命令允让式是指致使主体通过一定的指示或命令，促使客体进行某种行为活动的使动形式。朴恩石（2011）将韩国语与汉语表示"命令、指使"的"使令式"或"使令句"称为"实义致使动词句"，并定义为"使动事件和被使动事件在句中分别由独立的谓语表示，使动事件由带有'命令、允许、放任、招致'等语义的实义谓语表示，两个谓语具有独立的论元结构"[①]。他根据致使事件和被致使事件的独立性将此类使动形式视为分析型，我们将通过以下例句分析此类结构的致使义以及使动属性问题。

（35）a. 그는 치료를 거부하는 어머니에게 <u>입원을 종용했다</u>.

　　　 b. 지휘관은 훈련 중에는 사병들에게 <u>면회를 허락하</u>
<u>였다</u>.

朴恩石（2011）在文中，认为"나는 그에게 떠나도록 강요하였다"存在两个谓词"강요하다"和"떠나다"分别表示致使事件和被致使事件，且谓词具有各自的论元结构，因此不将其视为词汇使动，而是分析型使动的典型形式。然而除此之外，还存在（35a）和（35b）等形式，谓词"종용하다""허락하다"将原因事件与结果事件整合在一个句法结构内，符合词汇使动的形式和语义标准。以（35b）为例，致使主体"지휘관"对致使客体"사병들"的"면회"行为作出允许，致使客体在接受允许命令后，便可实施行为活

---

① 朴恩石（2011）："사동 사건과 피사동 사건이 독립된 서술어로 표시되며 사동 사건을 명령，허락，방임，초래 등의 의미가 있는 실의 서술어로 나타내며 두 서술어의 논항구조가 독립되어 있는 사동문"이라고 정의하였다.

动。因此，我们将此类形式视为隐性词汇使动的一个分类，即命令允让式。

命令允让式的致使主体一般为可以发出命令或者指示的有生命体，致使客体也一般为可以接受指令的有生命体。命令允让式的致使事件与被致使事件之间不具有蕴含关系，被致使事件是否实现，要具体考虑致使主体的意图性与致使客体的自控力，如果前者大于后者，则致使结果实现的可能性较大；如果前者小于后者，则致使结果可能无法实现。如果对（35b）的致使结果进行否定，则为"지휘관은 훈련 중에는 사병들에게 면회를 허락하였지만 사병들은 면회하지 않았다"，可见否定后句子依然成立，因而说明原因事件的发生不保证结果事件的出现。

第五节　小　　结

隐性词汇使动作为词汇使动的边缘成员，其地位远不及显性形式，不过语言总是在发展变化的，这些边缘成员在日渐发展过程中也慢慢会趋向或者成为核心成员。本文将隐性词汇使动纳入使动范畴，并从形式与语义相结合、使动句与他动句相区分、隐性词汇使动与显性词汇使动相区别三个方面对其成立条件进行了探讨。在此基础上，界定了隐性词汇使动的概念并对其进行分类。

总体来看，隐性词汇使动的概念判定原则包括必要条件和参考条件两部分。必要条件包括形式和语义两个方面，形式上：①构式包含两个事件结构，由单一谓词连接，而不以语法或者形态手段引导；②使动句比非使动句增加了一个致使主体论元；③构式不含"使"字、语素"使"、词缀"-化"、"시키다"、"-시키다"、词缀"-화"

等明显的使动标记。语义上：①必须包含致使义，具备致使结构的四个要素和两个事件结构：致使主体、致使客体、致使力、致使结果以及致使事件和被致使事件；②两个事件结构之间具有因果关系。参考条件：①使动句可以转为带有明显使动标记的形式，如"- 게하다"句、"- 시키다"句、"使"字句、"把"字句等；②致使主体和致使客体的语义特征不局限于有生命体，而是依据句子整体、致使力以及各论元进行判定；③除"命令、允让"类外，其他词汇使动句的原因事件和结果事件之间具有蕴含关系；④他动句为使动句的上位范畴，他动句无需考虑客体的参与度，使动句的被致使事件则由客体实现。

在此基础上，将隐性词汇使动界定为如下：构式存在两个具有因果关系的事件，一个事件的主体为 X，另一个事件的主体为 Y，谓词 V 连接 X 与 Y 且 X 对 Y 产生影响；构式不存在使动形态与使动标记，谓词 V 具有单一性质。从形式与语义相结合，并且综合考虑构式的角度，将汉语隐性词汇使动分为：兼用式、动结式、倒置式；将韩国语隐性词汇使动分为兼用式、动结式、致使移动式、命令允让式。隐性词汇使动作为致使结构的一个成员，也是我们不容忽视的一个重要部分。汉语与韩国语分属于不同的语言体系，语法表达手段的不同也体现在了隐性词汇使动上。总体来说，隐性词汇使动的不同分类，主要受以下几个方面的影响。

首先，王力（1984）提出形合和意合两个概念，并指出这是语言的两种基本组织手段。形合是依赖于形式将语言符号由"散"到"集"的一种语言组织手段；而意合则通过内在的逻辑关系组织语言，二者各有侧重、各具特色。他进一步指出，汉语多用意合形式，句法结构之间的连接成分不是必需的；而很多西方语言多采用形合

形式，句法结构中间的连接成分是必不可少的。以"他撕碎了衬衫"为例，汉语讲究意合，因而不用关联词来衔接，体现了汉语显著的隐性关联，这使得文章言简意赅。韩国语"영수는 철수를 차 안으로 밀었다"则用相应的衔接手段来处理，注重句子形式、结构完整，体现了显著的显性关联。这也是汉语能够进入隐性使动的谓词较多，而韩国语使动更侧重显性表达、隐性形式相对较少且受关注也较少的一大原因。

其次，汉语作为孤立语，不依赖于形态变化，词汇表达手段丰富，常用虚词和语序作为表达语法意义的手段。语言的特性导致了以复杂述谓形式"VR"出现的动结式，由两个不同性质的谓词复合而成并表达原因和结果两个事件，从句法功能来看与单一谓词并无二致。这是汉语使动研究中一个经久不衰的老话题，也是现代汉语最具特色的构式之一。倒置式则依靠语法成分的位置变化来实现，即行为客体上升至行为主体，而行为主体作为宾语出现在客体位置。韩国语作为黏着语，主要依靠助词和语尾表达语法关系，因而词汇表达手段并不丰富。不同的句子成分常用不同的助词或者语尾形式表示，比如"재길이가 하준의 어깨를 잡고 뒤로 끄집어당겼다"一句中，通过格助词"-(으)로"使致使构式和移动构式得以整合并产生移动路径论元，由此形成了韩国语的致使移动式。

通过以上对隐性词汇使动成立条件、概念以及汉韩隐性词汇使动分类的分析与探讨，本文将以此为基础，从构式语法理论的层级观和互动观视角切入，对隐性词汇使动的句法——语义——语用三维界面进行对比研究。

第二章　汉韩隐性词汇使动的句法功能

以往对致使结构句法功能的研究存在观点之争，争点主要在于研究立场是倾向于"动词中心"还是"构式中心"。"动词中心论"试图通过组成成分的句法语义操作进行解释，视为谓词在句法结构中的投射；"构式中心论"则处理为谓词及其语义角色与构式的融合。本文持"构式中心论"思想，按照 Goldberg（2007）的构式语法观，认为构式有独立于其组成成分的句法语义性质，是一个具有可塑性和完型性的形式。需要注意的是，构式有独立于谓词以及各组成成分的句法语义性质，也与谓词及其组成成分密不可分。总体来说，隐性词汇使动是具有互动性的，各个层级通过继承、融合和压制最终呈现为完型构式。

根据 Goldberg（2007）的层级观和互动观，本文将隐性词汇使动的形成过程分为以下三个层级：第一层级是谓词与构式的融合，即本章所要探讨的句法功能；第二层级是谓词语义角色与构式论元的融合，即第三章所要探讨的语义功能；第三层级是形式与语义结合的构式与语境等要素的融合，即第四章所要探讨的语用功能。这样使整个过程形成了一个层层递进、互相关联、缺一不可的完整隐性词汇使动构式链。

对句法功能的探讨，是我们从语义层级和语用层级对融合互动过程进行阐释的基础。因此，本章将主要探讨汉韩隐性词汇使动的句法功能，重点分析谓词与构式的融合以及构式对谓词的压制，包括能够进入构式的谓词、谓词与构式论元成分的共现以及扩展式等。具体来说，句法结构的功能规定了哪些谓词可以与构式进行融合，以及谓词所表示的事件类型以何种方式进行融合。

第一节　汉语隐性词汇使动的句法功能

汉语隐性词汇使动的相关表达较为常见，研究也更加多样化，早期的词汇使动研究多以动词为中心，探讨动词在句法结构中实现致使义的方式及具体的句法操作过程。刘培玉、刘人宁（2015）以"动词核心"为主要观点，认为隐性使动句是在"使"字结构的基础上通过作格动词提升和致使动词插入等操作手段生成的，即隐性使动句的致使义从根本上来自于底层结构的单纯致使动词"使"。致使义的实现除了谓词之外，还需考虑谓词与构式以及构式论元的相互融合，因此我们立足于构式观，将隐性词汇使动看作是形式与语义相结合、构式与谓词相互动的结果。

一、兼用式

谭景春（1997）认为兼用式是汉语的一种习惯性用法，范晓（2000）认为汉语的使动词由形容词和不及物动词演变而来，即临时的使动用法慢慢演变成了使动词。郭姝慧（2005）认为这类词或兼属形容词，或兼属不及物动词，极个别的兼属一般性的及物动词，而且从词义到构词基本无规律可循。范晓（2000）认为还有一些词不是真正意义上的使动词，只是在一定的语言环境中临时表示致使义，比如"我们要善于休息军队"中的"休息"就是一种临时活用法。这些观点都说明了兼用式的特点，即谓词既兼作使动也兼作其他功能。

（一）句法结构式及构式对谓词的压制

Goldberg（2006）认为，动词义与构式义是相互区别又相互联系的，应该将论元结构的构式义与实现该构式的动词义区分开来。李泉（1997a）认为可以用作使动的形容词全都是单纯性质形容词，复合形容词和非谓语性形容词均不可以带宾语作使动用。王启龙（2013）统计了 53 个可带直接宾语的双音节形容词，并将"安心、讲究、可怜、超脱、固执、明白、顺从、稀罕"等心理活动形容词排除在外。郭姝慧（2005）对《动词用法词典》所列出的 1328 个动词进行了检索，整理出带宾语作使动用的动词共 149 个[①]，还有一些致使动词常与宾语以双音节词的身份高频率出现，比如下棋时经常用到的一些术语"跳马、飞象、上士"等。在学者们的研究基础上，我们以兼用式的谓词性质为基准，将谓词分为形容词类和自动词类，分别探讨能够进入构式的谓词性质，总结兼用式对谓词的限制条件。

1. 形容词类

古代汉语就已经出现形容词带宾语作使动用的形式，比如"春风又绿江南岸（《王安石·泊船瓜洲》）"[②]，谓词"绿"字作为形容词本身不带宾语，进入构式后带宾语"江南岸"，构式整体呈现为致使义，即意为"使江南岸绿"。

（1）a. 这些描写，在总体上丰富了人物的性格。

b. 为了缓解市中心区交通容量不足、机非混杂相互干扰

---

① 郭姝慧：《现代汉语致使句式研究》，博士学位论文，北京语言大学，2004 年，第 32 页。

② 郭姝慧（2005：30）列出了以下古代汉语形容词用作使动用法的例证：

君子正其衣冠。（《论元·尧日》）

是以君子远庖厨也。（《孟子·梁惠王上》）

故国不以山溪之险。（《孟子·公孙丑下》）

（大厉）坏大门及寝门而入。（《左传·成公十年》）

春风又绿江南岸。（《王安石·泊船瓜洲》）

所导致的交通拥堵，<u>方便</u>"骑车一族"出行，本市将对252个、全长约160公里的路段进行梳理。

   c. 农工商公司从外地调进300个车皮的农副产品，<u>满足</u>城乡人民生活、生产需要。

   d. ……通过多个板块轮流跳动，<u>稳定了</u>浮动筹码并推动大盘回升。

  以上例句的形容词"丰富""方便""满足""稳定"均在构式中带宾语，分别呈现为"使人物的性格丰富""使'汽车一族'出行方便""使城乡人民生活、生产得到满足""使浮动筹码稳定"等致使义。转换为"使"字句后，句义未产生变化，从侧面证明了形容词在构式中带宾语呈现致使义。

  （2）a. 石继志这才明白是排教所为，再一听他们如此势利，不由<u>寒了</u>一半心，把头一低，泪流满面……

   b. 他说："事情虽小，但处理不好容易<u>坏了</u>规矩 。"

   c. ……一位家长情绪失控了，现场一片混乱<u>苦了</u>学生和家长！

   d. 还好这世界上有个女人深爱着我，默默为我留着一盏灯，<u>暖着</u>一床被子。

  单音节形容词"寒""坏""苦""暖"分别在句中作谓词，表示致使义。通过形容词带宾语论元的方式，分别呈现为"使心寒了一半""使规矩遭到破坏""让学生和家长受苦""使一床被子变暖"等致使义。

  由此可看，无论是单音节形容词还是双音节形容词，都可以与构式融合并呈现致使义，其基础句法结构式为"$NP_1+VP+NP_2$"。根据学者们的统计，双音节形容词带宾语作使动用占多数，마문나

（2012）统计了 135 个可以兼作使动用的形容词，其中，单音节形容词共 49 个且大部分为性质形容词，双音节形容词占 86 个。김은주（2017）认为作使动用法的形容词多是状态性较强的双音节形容词。

认知语言学认为，语言研究建立在人们对世界的认知经验基础之上。通过抽象的认知过程和认知方式将信息从语言中分离出来，用获得的信息阐释语言现象。这种基于经验的认知观，可以对词语的意义研究提供更自然、更丰富的内容。[①] 这也正是学者所提出的"经验主义（experientialism）"。人们在交际过程中倾向于使用双音节形容词，而双音节形容词又是带有状态性的（李劲荣、范开泰，2005），兼用式对形容词谓语的要求正是要有强烈的状态性，即状态性越强的形容词越容易进入构式作使动用。这也说明，人们对语言形式的概念化源自于生活经验。

2. 自动词类 [②]

吕叔湘（1987）指出，不及物动词和形容词的使动用法是古汉语常见的语法手段，现代汉语的动词使动用法较为广泛，而形容词作使动用却是近三四十年才出现的。

（3）a. 曾在 19 世纪贵为波兰工业中心的洛兹，此时只剩下断垣残壁，当地人也都暮气沉沉、丧失活力。

b. 如今，暖冬一词逐渐渗透于社会的各个角落，这个新兴概念在被人们普遍接受的同时也麻痹了人们对天气变化的敏感。

c. 当时的情景，深深的感动了我。

---

① 绍军航、余素青：《认知语言学的经验观、凸显观、注意观及其一致性》，《上海大学学报（社会科学版）》第 3 期，2006 年，第 124 页。
② 即非及物动词。

    d. 有的客人即使投诉了最后还是和你愉快地<u>结束</u>了对话。

（3）分别为自动词"丧失""麻痹""感动"和"结束"构成的符合"NP$_1$+VP+NP$_2$"框架式的使动句。范晓（2000）认为可以作使动用的自动词有"转换、丧失、结束、实现"等，认为使动词是他动词的一个下位范畴。박미정（2002）认为仅带使动宾语，而不带双主体、客体、工具、对象、目的、原因、场所等的使动词有"暴露、变化、减少、结束"等。谭丽（2009）认为如果某个谓语在句中的结构式为"（NP$_1$）+V+NP$_2$"，并且可以与"NP$_2$+V"和"（NP$_1$）+ 使 / 让 / 叫 +NP$_2$"进行转换的话，那么带有"（NP$_1$）+V+NP$_2$"结构式的句子为使动句，句中谓语为使动词。这些研究正说明部分自动词可以带宾语作使动用，并且指明了此类句法结构式可以与"使"字句等显性形式进行自如的转换。

（4）a. 伯爵瞪着她，想来她又在故意<u>气</u>他。

    b. 每天，孙东娥都是从家中拿两张烙馍，备些凉开水当饭食，生意好时一天能挣个十几块钱，遇上下雨天就很<u>愁</u>人。

    c. 真见鬼，你还是调你的酒吧，少<u>烦</u>我！

以上例句的"气""愁""烦"分别为单音节动词在构式中作使动用，如果与显性的"使"字句转换，则分别为"使他气""使人愁""使我烦"，转换后语义上并无差异。

石村广（2016）认为无论是单音节动词还是双音节动词，使动用法都是利用"动 + 宾"语序来表示致使义的。[①]他还认为，从历时性角度来看，单音节的使动用法在某些结构中逐渐消失，逐渐倾向于使用双音节形式，整个历时性演变过程也反映在汉语谓词系统

---

① 石村广：《动结式的致使意义和使动用法的双音化》，《当代语言学》第 3 期，2016 年，第 339 页。

的不及物与及物对立上。从这角度来说，双音节自动词比单音节自动词更容易进入构式带致使义。

此外，一些形容词或者自动词虽然在形式上满足基础框架式"NP₁+VP+NP₂"，但在句中并未呈现出使动义。比如：

（5）a. 荷叶上<u>滚着</u>亮晶晶的水珠。

b. 树<u>上黄</u>了几片叶子。

c. <u>幸福</u>着你的幸福，<u>快乐</u>着你的快乐。①

（5a）和（5b）形式上符合形容词作使动用的构式框架，如果转换为显性使动句则为"？使亮晶晶的水珠滚着""？使几片叶子黄了"，这样一来原句的处所主语"树上"和"荷叶上"分别成为了致事，违背了题元配置原则。（5c）满足句法结构形式"NP₁+VP+NP₂"，但是形容词"幸福"与宾语"你的幸福"之间构不成使动义，如果将其转换为"使"字句则为"*使你的幸福幸福着"，句子不成立。按照解读，句义应该是"我因为你的幸福幸福，因为你的快乐而快乐"，不具有使动义。因而，我们在判定形容词或自动词带宾语是否为使动结构时，除了满足基础结构式之外，还要考虑是否具有致使义。

이수진（2011）同样认为上述句子不表示致使义，因为宾语位置的论元未体现状态变化的结果或者终结义。Levin & Rappaport（1998）认为根据谓语在句子层面的语义可以表征为以下几种形式：

① 行为类动词：[xACT<MANNER>]

② 状态类动词：[x<STATE>]

③ 达成类动词：[BCOME[x<STATE>]]

---

① 出自网络用语，类似的句子还有"感动着你的感动""悲伤着你的悲伤"等。

④ 完结类动词：[xCAUSE[BECOME[y<STATE>]]] or [[xACT<MANNER>]CAUSE[BECOME[y<STATE>]]]

根据谓词在句子层面的语义表征以及兼用式的句法特征，能够将原因事件与结果事件融合为一个整体进行表达的是"完结类动词"，其结构中的 <x，y> 论元与使动句的论元结构也相符。이수진(2011)认为，能够进入兼用式的谓词须是表达完结状态的形容词，因此例(5)不成立。然而，仅依据动词进行判定是不够的，比如例(4)的 "气""愁""烦"同样不属于完结类动词，但照样可以带宾语作使动用。正如郭姝慧（ 2005 ）所言，兼属一般性及物动词的致使动词，无论是有致使功能还是没有致使功能，都可以带宾语，因此判定它们出现的时候究竟是致使义还是非致使义，需要借助恰当的语境和一定的上下文背景。石村广（ 2016 ）指出："动词的使动用法是造句法的问题，而不是构词法的问题。"因此，无论是动词还是形容词，能够在兼用式中表示使动义，不是动词本身具有使动用法，而是由动词与构式以及各论元的相互融合作用实现的。比如：

（6）a. * 他破了水杯。

b. * 孩子湿了枕头。

上述例句不成立，是因为"破"和"湿"属于非意志性动词和形容词，"水杯破了"以及"枕头湿了"是由于某些原因导致的客观现象。而（4）所列出的"想来她又在故意气他""真见鬼，你还是调你的酒吧，少烦我！"的结果事件分别为"他生气"和"我烦"，谓词"气"和"烦"带有意志性，因而可以进入构式并呈现出致使义。

综上，兼用式的句法结构式为"NP$_1$+VP+NP$_2$"，构式对谓词的压制主要表现为以下几点：一是双音节的状态形容词比单音节的性质形容词更容易进入构式；二是双音节自动词比单音节自动词更容易进入构式；三是非意志性动词和形容词无法进入构式。

（二）时体标记"了""着"的制约

隐性词汇使动体现因原因事件而导致的结果状态或者变化，这一性质使得构式成分常与表示完成的时体标记"了"共现。关于汉语是否有时态标记以及"了"是否表时态，不同学者给出了不同的看法。朴珉娥、袁毓林（2019）认为汉语的动态助词"了"也可以满足时态语言的要求：1）"了"作为时态标记，出现在动词之后，把事件锚定在时间轴上；2）它可以把"先时/非先时"区分开来；3）虽然不是所有动词都能与"了"搭配使用，但是随着事件的变迁，它逐渐打破了这一限制。[①] 也就是说，不带终点的状态类、活动类动词也能跟"了"搭配使用，这也侧面验证上文提及的不应只关注"完结类动词"的观点。由此可见，虽然"了"还没完全虚化为一个时态标记，但它的时态功能也在不断强化。换言之，"了"已经开始发生从体标记到时态标记的转变。

（7）a. 我无心的一句话却<u>红了</u>他的脸。

　　b. 这件事<u>急了</u>当事者，却<u>乐了</u>旁观者。

形容词"急"和"乐"本身不带有完结义，因此在句中需要与表示过去时态的标记"了"共现，这样一来整个句子就呈现为因致使事件而导致的状态变化。（7a）因为"我无心的一句话"，导致"他红了脸"，（7b）因为"这件事"导致"他着急了"。时体标记"了"的出现与使动句的结果状态正相符合。

我们发现兼用式除了可以与时体标记"了"共现以外，还与"着"标记连用。"着"在现代汉语一般用作持续体标记或者进行体标记，

---

① 朴珉娥，袁毓林：《汉语是一种"无时态语言吗"？》，《当代语言学》第3期，2019年，第438页。

也有很多学者严格区分了两种功能，并且具体探讨了两种功能的不同演化路径（陈前瑞，2009；梁银峰，2010），但多数学者并不严格区分两种用法或者演化路径，或者对此语焉不详。彭睿（2019）认为持续体标记"着"来源于动词"着"，也是进行体"着"的直接源头，三者构成了一个复合语法化链。

（8）a. 岳锐坐在院中的石凳上，用力<u>沉静着心神</u>。

　　　b. 父母的离世<u>痛苦着他</u>。

（8a）"岳锐用力使心神沉静"，与持续体"着"共现，表示"沉静"的状态一直维持。（8b）"父母的离世使他痛苦"，"痛苦"的状态一直持续着，即结果事件达到某一状态并且状态一直延续。仔细观察可以发现，以上例句如果改为"*沉静了心神""*痛苦了他"，则句子不成立。

Vendler（1967）建立在动态性、延续性、终结性或有界性等时间概念基础上区分了四种体，即"状态、活动、达成、实现"。汉语关于体的研究也多围绕这种思路展开，比如郭锐（1993，1997）、杨素英（2000）、陈前瑞（2005）等。Croft（2012）认为，仅基于时间维度无法充分地概括体范畴，因此他将时间维度和事件的状态维度相结合，基于框架语义学，提出了分析体类型的几何模型，即将整个过程分为起始、过渡、变化、完成等不同的阶段。因此，（8b）"痛苦着"本身表示的是"父母的离世"这个原因事件导致"他痛苦"这个结果事件，结果事件在使动的整个过渡、变化、完成阶段一直持续着"痛苦"的状态。如果将（7）的体标记"了"改为"着"，则分别如下：

（9）a. *我无心的一句话却<u>红着</u>他的脸。

　　　b. 红着脸。

c. *这件事<u>急着</u>当事者，却<u>乐着</u>旁观者。

d. 急着运动。/ 娱乐着观众。

（9a）与（9c）不成立，是因为"我无心的一句话使他的脸红了"以及"这件事使当事者急了，使旁观者乐了"，表示的都是完结义，因此不能跟表持续性的"着"连用。如果"红"在构式中与"着"连用，一般表示为主体的持续性状态，而不存在致使义；"急"与"着"共现则表示状语修饰后面的动词；"乐"无法与"着"共现，只能以双音节形式出现。

综上，兼用式对体标记的限制为：一是时体标记"了"出现在表示完成义的构式中；二是持续体标记"着"一般与表示状态义的双音节形容词共现。

二、动结式

一般而言，动结式有广义和狭义之分，前者将所有的黏合式述补结构均看作是动结式，后者将动结式局限于具有因果关系的黏合式述补结构。① 本文的动结式是指复合谓语的两个语素之间具有因果关系，又称"动结式""连动式""V-V 式""结果补语式"等。关于动结式的使动属性，学者们也持不同的见解。比如施春宏（2008a）认为动结式兼具三类致使结构的特征，无法判定具体属于哪一类；牛顺心（2014）认为动结式从功能上看属于词汇型，从组成结构上看又体现了分析型的特点；김은주（2017）将"V-V"结构式看作是词汇使动的一种。动结式由两个独立的谓语复合而成，复合谓语在构式中的作用与单一动词并无二致，从这个角度上来说

---

① 施春宏：《汉语动结式的句法语义研究》，北京：北京语言大学出版社，2008 年，第 5 页。

我们将其归为词汇使动范畴。

（一）句法结构式及构式对谓词的压制

Goldberg（2006）认为不同构式之间在语义上相互关联且不存在冲突时，便可以自由地组合。动结式正是不同构式相互整合的结果，比如及物构式、VP 构式、词汇构式等。谓词及其语义角色与构式进行融合，而构式对谓词及其语义角色也产生一定的制约。因此，为了产出一个完整的构式，有必要对其句法特征及谓词性质进行探讨，我们将复合谓词的前一个语素称为 V，表示原因，后一个语素称为 R，表示结果，句法结构式为"$NP_1+V-R+NP_2$"。

从谓词的性质来看，范晓(1985)认为表原因的 V 大多数是动词，但也可以是像"冻坏"一类的形容词，表结果事件的 R 多数为形容词，但也可以是动词。根据王红旗（1995）对《汉语动词用法词典》（孟琮等，1987/1999）的统计，可用作结果的动词共有 116 个，而形容词则有 235 个。曾立英（2006）认为表示致使义的 V-V 型双音节动词有 142 个，如"败坏、澄清、改进"等。关于 V 与 R 之间的组合关系，学者们也表达了不同的看法，张豫峰（2014）认为两个语素之间的关系可以分为通过任意性结合而形成的"动补式动态短语"和通过固定组合形式而构成的"动补式静态短语"，前者如"抓紧、提高、说明"等，后者如"煮熟、写完、打碎"等。范晓（1998）认为"喝醉"一类的复合词，是由表示原因的动作谓语和表示状态的结果谓语两部分组成。姜灿中（2019）将动结式分为及物动词和不及物动词、不及物动词和不及物动词、及物动词和及物动词、不及物动词和及物动词四种情况作了阐述。我们根据动结式的句法构造和谓词的语义特征，将 V 与 R 之间的关系分为动作性＋状态性、动作性＋动作性、状态性＋状态性、泛义性＋状态性四类，并逐一探讨。

1. 动作性＋状态性

动作性＋状态性是动结式最为常见的一种形式，即表示原因的 V 与表示结果状态的 R 构成复合谓语。姜灿中（2019）认为两个谓词的整合须体现致使力传递的三个阶段，即过渡、变化和完成。V 指称原因，事件结构包含起点和变化，即由初始状态到变化阶段的过渡部分和变化阶段两个流程，也可能包括由变化部分至最终完成的过渡阶段。R 指称结果，事件结构包括变化阶段向终点过渡以及最终的完成阶段。因而，姜灿中（2019）认为能够进入动结式，并且谓词与构式能够完美融合的 V 必须是活动类谓词，R 必须是状态类谓词，这也是此类形式能产性最高、最为常见的原因。根据构式对谓词的压制以及谓词论元的语义指向，我们将"动作性＋状态性"分为三种情况并分别进行探讨。第一种情况 V 的宾语论元与 R 的主语论元指向相同，比如：

（10）a. 他在客厅玩球，一不小心打碎一只花瓶。

　　　b. 当她走到柳家的时候，却见大门紧闭，那两个铜环，垂在上面，一点也不动一动，吵醒人家，恐怕人家会不高兴吧？

例（10）V 分别为动作动词"打"和"吵"，R 分别为表示结果的状态动词"碎"和"醒"。张豫峰（2014）认为表示结果的状态动词 R 一般有"醉、倒、碎、醒、漏"等。（10a）原因事件"他打花瓶"的宾语论元与结果事件"花瓶碎了"的主语论元一致，（10b）原因事件"她吵人家"的宾语论元和结果事件"人家醒"的主语论元也一致。因此，V 的宾语论元与 R 的主语论元具有同指性质。

第二种情况是 V 的主语论元与 R 的主语论元指向相同，比如：

（11）a. 有些没什么大问题的上访人，来北京后吃馋了、呆懒了、玩惯了，其中少数人借上访之机行窃、行骗或干别的买卖，这些人被称作"上访痞子"或"上访油子"。

   b.2007年,纪明成立了铁岭水稻全程机械化专业合作社,当天晚上,父子俩喝醉了。

  （11a）两个事件分别为"有些上访人吃东西"和"有些上访人馋了"，主语均为"有些上访人"。（11b）原因事件"父子俩喝酒"和结果事件"父子俩醉了"，主语也都为"父子俩"。因此，此类形式 V 的主语论元与 R 的主语论元同指。

  第三种情况 V 的论元与 R 的论元指向均不同，比如：

  （12）a.唱干了喉咙也要为群众演出。

   b.《宝贝》中的母亲，过分疼爱儿子，踢球怕他踢坏了腿；学游泳，又怕他发生危险，只让孩子在浴缸中去练习。

  （12a）原因事件为"唱歌"，结果事件为"喉咙干"，二者的主语论元指向不一致。（12b）原因事件为"儿子踢球",结果事件为"腿坏了"，原因事件的主语和宾语论元以及结果事件主语论元指向均不一致。

  2. 动作性 + 动作性

  V 表示动作行为，R 以动作行为表示状态，即后一个动作行为发出的瞬间即表示结果事件的达成以及状态的持续。换句话说，致使结构的结果状态主要呈现为两种：一是状态的持续；二是行为动作的持续。"动作性 + 动作性"所呈现的结果状态正是后者。V 与 R 的论元指向主要分为两种情况，一种是 V 的宾语论元与 R 的主语论元同指，比如：

  （13）a.他赶跑了贝蒂。

   b.妈妈终于哄睡了孩子。

（13a）表示原因的 V 和表示结果的 R 都是动作动词，V 带两个论元，分别为"他"和"贝蒂"，R 带一个主语论元"贝蒂"。（13b）同样由表示原因的动作动词"哄"和表示结果的动作动词"睡"组合而成。具有"NP_1+V+NP_2"结构的原因事件和具有"NP_2+R"结构的结果事件明确分布在构式中，V 的宾语论元均与 R 的主语论元同指。

第二种情况是 V 的论元与 R 的论元不同指，例如：

（14）一个孩子可以<u>哭跑</u>许多宿在避风角落里的孩子。

（14）原因事件"一个孩子哭（自己）"与结果事件"许多孩子跑"构成了整个致使构式，但前后两个事件的论元指向均不相同。张豫峰（2014）认为虽然此类使动句 V 与 R 之间的因果关系不强，但在构式中以组合形式出现后，明确地体现了原因事件与结果事件。

3. 状态性 + 状态性

V 表示动作行为引发的状态或者谓词本身呈现的状态，R 表示因前面状态引起的另一种状态变化。此类形式的 V 与 R 紧密性较强，以习惯性搭配为主，组合的任意性程度较低，构式数量比其他类型要少。

（15）a. 阿眉<u>羞红</u>了脸。

　　　　b. 我们去访问时，正碰上落春羔，<u>忙坏</u>了<u>主人</u>，也<u>乐坏</u>了<u>主人</u>。

（15a）"阿眉"因为一些事情或者原因产生"害羞"状态，继而引发"脸红"这一结果。在论元指向上，因"羞"与"红"的紧密性较强且又具有因果关系，整体语义为"阿眉害羞"导致"阿眉脸红了"，呈现返身致使效果。（15b）表示"落春羔"这件事情使主人呈现"忙"和"乐"的状态，状态继续演变为更深的"坏"，即语义上呈现为"落春羔"使主人"忙""乐"并且"忙"和"乐"的程度达到了极致。可以看到，此类动结式 V 与 R 之间的因果关系不是很明确，致使义由构式深层原因结构所带有的隐现性结构而形成（张豫峰，2014）。

4. 泛义性 + 状态性

泛义动词是指代指具体动作的动词或者是指示类动词（刘端明，1992；史艳凤，1997；杨丽君，2002），具有适用范围广、语义丰富、出现频度高等特征，也称"万能动词"（徐流，1996）。田明秋（2010）认为泛义动词就是指能够取代某些表意具体而且准确的动词，或者在语用环境中无法找到词义精确的词语，或者说话人不愿意使用意义精确的词语时，使用的意义宽泛而不定的动词。[①] 常见的泛义动词有"放、加、弄"等。

（16）a. 我们决不允许癌人<u>弄脏</u>人类的谱系，……

b. 按摩和局部应用红花油按摩等手段<u>加快</u>病情的恢复。

上述例句的"弄""加"不强调致使事件的具体原因或者方式，也不强调动词本身的语义，而是以"使"字义呈现在句中，即"使人类的谱系脏""使病情恢复快"。泛义动词更能明确地体现致使义，组合性较强、能产性也较高，但 V 的语义弱化且 V 与 R 的组合形式较为固定，更趋向于兼用式的"NP$_1$+VP+NP$_2$"形式，因而不具有动结式的典型性。

典型构式要求 V 是表示致使方式的动作性动词，R 是表示致使结果的状态性动词，因此四类动结式的典型性程度如下：动作性 + 状态性 > 动作性 + 动作性 > 状态性 + 状态性 > 泛义性 + 状态性。

---

① 田明秋：《也说泛义动词——以"打"和"弄"为例》，《郑州大学学报（哲学社会科学版）》第 3 期，2010 年，第 139 页。

张国宪（1997）认为典型的动结式 V 槽位上只允许动作性强的动词，并且 R 体现的是被致使事件的结果状态，因而不同类型在典型性程度上呈现出差异。除满足以上结构类型外，V 与 R 之间必须具有因果关系，比如"喜欢、讨厌"等词虽然满足"状态性＋状态性"的句法结构，但并不体现致使义（施春宏，2008a）。

（二）时体标记"了"的制约

汉语没有明显的时态标记，因而学界一直对"汉语是不是一种无时态语言"进行争论和探讨。前文提到，朴珉娥、袁毓林（2019）认为即使不带表示终点的状态类、活动类动词，也能跟"了"搭配使用，即"了"表时态的功能正在不断加强。

（17）a. 他<u>改掉</u>了以前的坏习惯。

　　　b. <u>苦坏</u>了孩子，<u>累坏</u>了我。

　　　c. 这么热的天，真是<u>闷死</u>人了。

薛红（1992）认为结果补语作为词汇语义可以表达某种状况，但并不是所有的结果补语在作独立动词或者形容词时都能表达具体的语义，她认为"住、走、好、完、见、成、了、着、透、坏、死、动"等结果补语，虽然本身为动词或者形容词，但在具体使用时，其实际意义呈现弱化或者消失。玄明（2010）也提到，此类结果补语式在与前面的动词相结合时，不彰显自身的语义，主要呈现为动作行为或状态的"完结义"，称为"虚词化结果补语"。比如（17）"掉、坏、死"在构式中弱化了本来的词汇语义，而作为对"改、苦、累、闷"进行补充的成分出现。此外，不能因为 R 不表示实际的结果义，而将其视为构式中的无用成分，正因为 R 构式才体现出动作行为的完结义。与其他动结式不同，此类动结式的致使义主要由 V 承担，即使将 R 作省略处理，构式依然会呈现出致使义。

（17'）a. 他<u>改了</u>以前的坏习惯。

　　　b. <u>苦了</u>孩子，<u>累了</u>我。

　　　c. 这么热的天，真是<u>闷人了</u>。

以上例句在省略掉 R 之后，构式义并无较大变化，这正是结果补语 R 虚词化的结果，在原因事件与结果事件相复合的结果补语句中，不表示终点的动词 V 与结果补语 R 结合并向终点前行（王芳，2009）。刘晓琳、王文斌（2010）指出，结果补语除了不及物动词、形容词外，还可以是体标记形式。正因如此，构式更容易与时体标记"了"共现。

此外，也有很多动结式并不与时体标记"了"共现，我们以谓词"打破"为例，探讨未出现时体标记"了"的句法结构特点。

（18）a. 他<u>打破蛋奶酥</u>，闻到一阵药草味，接着舀了一匙黑色的蔬菜酱放入松软的洞里。

　　　b. 布丽不自在地<u>打破僵局</u>，试探地把最后一片抹了黄油的面包递给诺拉。

　　　c. 他接着说，"你一定乐意做神话中的仙女，替孩子们<u>打破难关</u>。"

　　　d. 男孩正准备离开，老人却再度说："明天我们会<u>打破绿洲里不许武装的约定</u>"。

（18a）和（18b）句法结构的焦点不在于"打破蛋奶酥"和"打破僵局"，而在于后句部分，即构式强调的并不是"打破"所导致的完成或者结束义，而是通过"打破"事件，引出下文的强调部分。因此，构式本身不强调"完结义"，也不与时体标记"了"共现。（18c）和（18d）根据整个句法结构的语义来看，"打破难关"与"打破绿洲里不许武装的约定"表示的并不是过去的完成事件，而是对将要发生事件的阐释与说明，因此无法与完成体标记"了"共现。

综上，动结式对时体标记"了"的制约情况如下：一是结果补语为表示"完结义"的虚词形式时，常与"了"共现；二是构式强调的重点在于动结式的完成时，可以与时体标记"了"共现；三是构式的重点不在于动结式本身，而在于后句所表达的事件或者对将来事件的阐述时，不与"了"共现。

三、倒置式

倒置式是汉语致使结构的一种特殊形式，是指违反 Grimshaw（1990）题元层级假设的一种构式。Li Yafei（1999）、顾阳（2001）将此类形式称为"反转使役结构（inverted causative structure）"，郭姝慧（2004）称之为"倒置致使句"。即原本参与活动的施事者以经验者的身份出现在使役结构的宾语位置，而原本活动的对象即客体，则以使因的身份出现在主语位置（顾阳，2001）。[①]

郭锐（2009）认为倒置式（原文称为"隐性结果式"）存在一个包含被致使事件的隐性补语。比如"这件事急（出）了我一身汗"和"这顿饭吃（掉）了我五十块钱"都可以将隐含的补语完善出来，构成一个语义相对明确的完整形式。박은석（2010）认为并不是所有的倒置式都隐含结果补语，比如"那篇文章改（？）了他半天"以及"那个实验做（？）了他整整一个晚上"，均无法还原结果补语。

郭姝慧（2004）指出，从形式看倒置式有"V+了""A+了""V/A+得"三种，但从句法结构和语义来看，"A+了"和"V/A+得"结构的主宾语位置互换后在语法上不合理。比如"这活儿累了我

① 顾阳：《隐性使役动词及其句法结构》，2001 年，转引自郭姝慧：《现代汉语致使句式研究》，博士学位论文，北京语言大学，2005 年，第 100 页。

一上午"和"伤口疼得他嗷嗷直叫",倒置后为"*我累活儿"和
"*他疼伤口"。김은주(2017)同样认为"A+了""V/A+得"不
是典型的倒置式,仅对"V+了"结构作了探讨。熊学亮、魏薇(2014)
将倒置动结式①分为词汇和构式两种,词汇形式是指复合谓词本身
倒置并呈现出致使义,构式形式的致使义则由倒置构式压制产生。

"V+了""A+了"本质上都是因主宾倒置而成的致使句,"这件事
儿累了他一上午"表示的是"做这件事儿使他累一上午"。而"V/
A+得"形式既可以是倒置式,如"这碗面吃得他满头大汗",也可
以是一般致使式,如"痛苦折磨得他吃不好饭、睡不好觉",且"V/
A+得"更倾向于分析型致使,因而不将其作为本文的探讨对象。

根据构式语法的观点,倒置式的谓词本身不带致使义,致使义
是构式赋予的,即谓词及其语义角色与构式进行融合时,产生错位
搭配而促使致使义的产生。因此,我们将在构式语法压制观和互动
观的基础之上,探讨"V+了""A+了"倒置式的句法结构特点。

（一）"V+了"对补语及构式成分的制约

"V+了"倒置式的句法结构较为固定,构式对其相关成分的
制约性也较强。具体来看,主要有以下几种情况:

（19）a.那本书看了我一下午。

b.这篇文章改了我好几遍。

c.那个瓶子摸了他一手油。

---

① 熊学亮、魏薇(2014)所指的倒置动结式是类似于"姐姐洗干净了衣服"一类
的句子,构式框架为"NP$_1$+V+R+了+NP$_2$",句法结构为"主语+述语动词+结
果补语+了+宾语",语义要素为"致事+致使方式+致使结果+役事",即句
子中存在述语动词和结果补语组合为动结复合词。

朱德熙（1982）认为准宾语[①]包括动量宾语、时量宾语和数量宾语，[②]即表示动作量、时间量以及数量的补语成分。（19a）结果补语为时量词"一下午"，即原因事件"我看那本书"导致结果事件"花了我一下午"。顾阳（1997）认为（19a）改为"看那本书花/用了我一下午"是将隐性的致使义改为了显性的致使义，并指出能够进入此类型的动词主要是活动动词（activity verbs）或者过程动词（process verbs）。他认为时量词的出现不是由动词决定的，而是在整个构式中强制出现的，这与构式语法的观点非常契合。构式语法认为，并不是动词"看"决定了时间量词"一下午"，动词"看"在一定情况下可以与表示瞬间性的时量词连用，比如"看了一眼"，但在倒置式中"*那本书看了我一眼"无法成立。构式本身决定了"看书"这件事情的结果是"花费时间"，所花费的时间量对于客体"我"来说是一种主观上的相对大量，即是一段较为宝贵的时间。如果将结果补语换成客观小量"看了一眼"，对客体来说不会感到时间逝去的惋惜，整个构式也不会呈现消极义，自然无法成立。

　　（19b）"改了我好几遍"为动量补语成分，"好几遍"表示"改"动作的反复进行，对于客体来说是一个主观上的大量[③]。（19c）补

[①] 关于倒置式后面的成分比如"一下午"是宾语还是补语，不同学者持有不同的看法，其中支持宾语说的学者李临定（1983）认为是"结果补语"，马庆株（1983）认为是"消极的名词结果宾语"，陆俭明、沈阳（2003）认为是"假性双宾语结构"，郭锐、叶向阳（2001）认为属于"结果宾语式"；支持补语说的主要有孟琮等（1987）；郭姝慧（2004）认为为了避免"数量名"结构对句中主要动词的配价产生影响，采用"旁语说"。我们在本文为了理解方便，将其视为动词的结果补语成分，引用时仍使用原来的称呼。

[②] 郭姝慧：《现代汉语致使句式研究》，博士学位论文，北京语言大学，2004年，第102页。

[③] 指做这件事情花费的时间或者产生的状态比预想的要多或者严重。

语为数量词"一手油"。李临定（1983）指出，倒置式所出现的不是普通的数量名短语，因为"*那个瓶子摸了他一滴油"是不成立的，而应该用表示周边的词语"一身""一脚"。我们认为之所以无法用普通的数量名短语，比如"一滴油"，是由构式决定的，"摸瓶子"的结果补语须表示客体的"失去义"。"一滴油"本身表示客观少量，对于"他"也是一个主观小量，因而无法呈现"失去义"，自然"*那个瓶子摸了他一滴油"无法成立。

正是由于构式对结果补语的压制，与结果补语相关联的动词也同样受到构式的制约，即无法在构式中使用"获得"类动词。这一观点与顾阳（1997）的看法一致，他认为倒置式的动词不能是成就动词（achievement verb）和完成动词（accomplish verb）[①]。

（20）a. *那盘棋赢了甲队三个钟头。

b. 赢那盘棋花了甲队三个钟头。

c. *李四说服了他一个钟头。

d. 说服李四花了他一个钟头。

（20）表明"V+了"倒置式只能出现表示"花费""失去""损失"等消极义的动词，而不能使用"赢了""说服"等表示"获取"的积极义动词，这正是构式对谓词的限制。孙天琦、郭锐（2015）将"隐性述结式"的"后果宾语"分为"产生义"和"粘附义"两种，并指出可以通过此标准分析表示"失去义"和"取得义"的双宾、隐性致使等结构的论元允准及实现等问题。

（21）a.（这点事儿）跑了我一身汗。

---

① Vendler（1967）将动词按照体的类别系统地分为四类：状态动词（state verb）、活动动词（activity verb）、完成动词（accomplish verb）和成就动词（achievement verb）。

　　b.（这张桌子）摸了我一手油。

　　c.这顿饭吃了我二百块钱。

　　孙天琦、郭锐（2015）认为可以用"出"表示"产生义"的隐性补语，比如（21a）表示为"这点儿事跑（出）了我一身汗"；还可以用"粘附义"表示某种结果转移并附着于相关对象，比如（21b）表示为"这张桌子摸（沾上）了我一手油"。在此基础上，他们将这种理论模型应用于更多的句法现象，比如（21c）"这顿饭吃（掉）了我二百块钱"，"我"和"二百块钱"都是表示"失去义"隐性补语论元。

　　其实，不论是"跑了我一身汗""摸了我一手油"，还是"吃了我二百块钱"，对于客体"我"来说，结果补语表示的都是"消极义"。（21a）隐含"这么点小事儿，却让我跑了一身汗"，结果补语对客体来说呈现的是一个"主观大量"，这个"主观大量"可能会导致后续的消极后果，比如需要重新换衣服等等。因而对于客体来说表示的是"失去义"，而不是"产生义"。（21b）和（21c）同理，呈现的都是相对于"客体"的失去义。此外，无法为每个类型的构式设定一个语义以阐释结果补语，比如"那十几个袋子来来回回搬了我好几趟"，无法视为"产生义"或者"粘附义"，也无法为其设定多个不同的语义项。

　　构式对相关成分的压制还体现在客体本身，倒置式的客体主要由人称代词充当，很少见到用其他名词性成分如专有名词、数量名等形式充当的。

　　（22）a.？那本书看了张三一下午。

　　　　 b.？这篇文章改了那个学生好几遍。

　　　　 c.？那个瓶子摸了一个学生一手油。

（22a）存在原因事件"张三看那本书"和结果事件"花了他一下午"，客体不是人称代词，因而构式的可接受度没有前文高。张伯江、方梅（1996）认为指代词反映的是一种篇章关系，所指代的实体可以在篇章中得到确认，与名词、动词、形容词等有实际意义的词汇是有所不同的。郭姝慧（2005）指出，倒置式的客体一般由代词充当，是因为代词与其他名词短语在句法表现上有所不同。Comrie 指出，语言中常常把第一人称和第二人称代词看成是比其他名词短语更有生命的形式。[①] 陆俭明（1997）指出，当双宾结构的近宾语是非人称代词时，远宾语得是数量名结构。这些现象说明人称代词与其他名词短语是有所不同的，构式将客体限制为人称代词，与语言的经济性也密切相关，即言语交际的需求促使我们选用更简短、更省略的形式。

综上，我们将"V+了"倒置式的句法框架式归纳为"NP$_1$+V+了+NP$_2$+R"，构式对成分的压制主要总结为：一是 V 的结果补语对客体来说表示的是"失去义"；二是结果补语一般为时量短语、动量短语、数量短语等；三是客体一般以人称代词形式出现。

（二）"A+了"对补语及构式成分的制约

"A+了"倒置式的出现频率较低，能够进入此类构式的形容词也相对受限。"A+了"倒置式的谓词与原因事件无关，可以是独立存在的，而"V+了"倒置式的原因事件与谓词紧密关联，谓词促使了原因事件的发生。

（23）a. 赵振涛板着脸说："像昨天晚上的事，你太没有组织原则了。累了我一宿不说，弄不好要出大乱子的！"

[①] 郭姝慧：《现代汉语致使句式研究》，博士学位论文，北京语言大学，2004 年，第 106 页。

　　b. 这件事<u>急了</u>我一身汗。

　　c. 这件大喜事<u>激动了</u>他整整一天。

（23a）因为"这件事"导致"我"产生"累了一宿"这个结果，结果补语"一宿"为时量短语。（23b）同样是"这件事"导致"我"出现"急出一身汗"的结果，结果补语"一身汗"为数量短语。构式对结果补语的压制还体现在对补语数量成分的要求，不能说"*急出一滴汗"或者"？急出两身汗"，而应既体现对于客体的"失去义"，又符合常理。

　　与"V+了"倒置式不同的是，"A+了"倒置式的结果补语不能为动量短语，这是因为构式本身对谓词的限制是形容词而不是动词，与之相匹配的结果补语成分也不可能为动量短语。此外，二者的区别还在于，"V+了"倒置式全部表现的是"消极义"，而（23c）"激动了他整整一天"对于客体"他"来说，体现的是"积极义"，即结果补语"整整一天"对客体"他"来说也不再是失去，而是获得，即情绪上呈现出"开心、满意"等积极效果。究其原因，"V+了"倒置式的句法结构特征决定了其事件结构为动作行为，即结果补语为做某件事情所需的时间、数量等，因而对于客体来说，这些时间、数量等都具有"失去义"；而"A+了"倒置式的句法结构特征决定了其事件结构为状态性，状态对于客体来说既有积极、也有消极的，因此事件结构所导致的结果可能表示"失去义"，也可能表示"获得义"。

　　综上，"A+了"倒置式的句法框架式为"NP_1+A+了$+NP_2+R$"，构式对成分的压制主要总结为：一是构式对于客体来说可以表示"失去义"，也可以表示"获得义"；二是客体为人称代词；三是结果补语一般为时量短语、数量短语等。

第二节　韩国语隐性词汇使动的句法功能

近年来，韩国语词汇使动逐渐受到学者们的关注，如김성주（1999，2003）、박은석（2011， 2013）、박연옥（2018）等。相关研究侧重于词汇使动的成立可能性、分类以及各组成成分的语义特征及基础框架式等，较少涉及谓词的性质、构式对组成成分的制约，以及句法分布形式和事件类型。因此，本节将从句法功能角度对韩国语隐性词汇使动的各个类型作具体分析，以期对其基础句法结构有一个较为清晰的把握和了解。

一、兼用式 ①

能够进入兼用式的谓词具有自动和他动双重功能，学界一般称为中立动词、作格动词等，比如"움직이다，그치다，정지하다"等。目前关于谓词的属性主要存在两种观点：一是认为属于形态型，即谓词经历了"이"等词缀的添加演变过程，例如郑杰（2017）；二是认为属于词汇型，即自动词未经词缀添加手段便可直接用作他动词，例如박연옥（2018）。김윤신（2001）认为中立动词的部分他动句呈现出致使义，具体表现为：他动句的主语承担致使主体作用；他动句与使动句具有相同的语义功能；他动句与"- 게 하다"使动句可以进行同义转换。

根据学者们的探讨，我们将从形式与语义角度对其属性进行判定：从形式上看，他动句与自动句的谓词完全相同，未产生形态变

---

① 兼用式的谓词为自他两用动词，我们将具有使动义的他动句称为兼用式，意指谓词具有兼用特征。

化；从语义上看，他动句呈现出致使义；从构式整体来看，他动句的宾语为自动句的主语，构式成分具有相关性。因此，兼用式的谓词并未在非使动词的基础上产生形态变化，整个构式属于词汇形式且无使动标记。

（一）句法结构式及构式对谓词的压制

강은국（1993）指出，他动句与自动句 ① 的基础框架式及其语义角色为：

NP₁ 이 +NP₂ 을 +VP　　[致事][受事]　　→　　他动句

NP₂ 이 +VP　　　　　　　　[当事]　　→　　自动句

兼用式的基础框架式为"NP₁ 이 +NP₂ 을 +VP"，从句法结构来看，格助词的交替、论元的增设实现了他动句与自动句之间的转换，谓词与构式的融合以及融合过程中的压制特征则能够加深对结构的认知。

이은령 & 윤애선（2005）以《세종전자사전》为基础，共选出"감소하다，내리다"等 51 个符合形式与语义的中立动词。郑杰（2017）认为作格动词与中立动词内涵相似，是非宾格动词、两用动词、两面动词的下位分类，并对其中的致使性作格动词作了探讨。我们将以学者们的研究为基础，从形式、语义以及构式三个角度探讨能够进入兼用式的谓词以及构式的成立条件。

（24）a. 농업조합이 쌀값을 내렸다 . / 쌀값이 내렸다 .

　　　b. 그는 차를 멈추었다 . / 차가 멈추었다 .

由（24）可以看出，他动句符合"NP₁ 이 +NP₂ 을 +V"的基础框架式，并且比自动句增加了一个致使主体论元，存在主体、客

---

① 即汉语所说的及物句和不及物句，本文兼顾韩国语的语言习惯，一律称为他动句和自动句。此外，与使动句相对立的称为主动句，与被动句相对立的称为能动句。

体、作用力、结果四要素以及致使事件和被致使事件。以（24b）为例，致使主体"그"通过"멈추다"的作用力，促使客体"차"发生状态的改变，即产生致使结果"차가 멈추었다"。致使事件"그는 차를 멈추었다"蕴含被致使事件"차가 멈추었다"，如果将构式与"- 게 하다"形式进行转换，则变为"그는 차를 멈추게 하였다"，句式成立，表明存在致使义。① 因此，从形式与语义角度来看，以上例句满足隐性词汇使动的成立条件，是典型的兼用式。

Goldberg（2007）指出，构式可以通过承继关系进行联接，每一个具体的扩展式都可以通过特定的结构形式与基础框架式相联。扩展式与基础框架式处于同一个范畴，但语义上表现为多义联接与中心义联接。

（25）a. 따라서 무의식적으로 아래턱을 상하 좌우로 움직여 어긋난 교합을 좋게 하려는 동작을 취하게 된다는 게 그의 설명이다 .

　　　b. 나는 자전거를 전신주와 부딪쳤다 .

　　　c. 우리는 수증기를 물분자로 환원하였다 .

　　　d. 사주는 신문사를 방송국에 합병하려고 하였다 .

（25a）通过作用力使"아래턱"往上下左右移动，构式存在一个格助词"- （으）로"表示的移动路径论元"상하 좌우"，框架式为"NP$_1$ 이 +NP$_2$ 을 +NP$_3$ 로 +V"。（25b）行为主体"나"通过作用力使行为客体"자전거"产生状态变化，即通过格助词"와 /과"与句中的"전신주"相碰撞，框架式为"NP$_1$ 이 +NP$_2$ 을 +NP$_3$ 와 +V"。（25c）致使主体通过抽象的作用力使致使客体"수증기"

---

① "차를 멈추었다"与"차를 멈추게 하였다"存在直接致使与间接致使的区别，此处仅根据句式转换，来判断是否具有致使义。

呈现为"물분자"状态，并由格助词"-（으）로"表示，框架式为"NP$_1$이 +NP$_2$을 +NP$_3$로 +V"。（25d）是"합병하다"构成的使动句，将"신문사"合并至"방송국"，存在一个表示范围的格助词"에"，框架式为"NP$_1$이 +NP$_2$을 +NP$_3$에 +V"。根据上述例句，扩展式比基础框架式增加了一个论元成分，但新增的论元并不影响 NP$_1$ 论元和 NP$_2$ 论元之间的致使关系，因此我们将其视为语义上与基础构式相关联的扩展形式。①

构式对谓词的限制，不仅要满足框架式对谓词的形式准入条件，还要满足构式对谓词的语义准入条件，即形式上谓词能够进入框架式使句法结构完整，语义上谓词进入构式后呈现致使义，且自动句与他动句在语义上相互对应。

（26）a. 깃발이 날린다. / 깃발을 날린다.

b. 비가 그쳤다. / ?（하늘이）비를 그쳤다.

c. 철수가 손이 데었다. / 철수가 손을 데었다.

d. 집이 헐었다. / 인부가 집을 헐었다.

e. 그는 다른 사람의 이름을 도용했다. / 이름이 다른 사람에게 도용됐다.

이은령 & 윤애선（2005）认为，并不是所有在形式上满足框架式的动词都属于中立动词，并且动词进入基础框架式后，整个构式不一定呈现为致使义。例如（26a）的"날리다"，"깃발이 날린다"和"깃발을 날린다"虽然均满足自动句与他动句的形式要素，但语义上分别表示被动和使动，且"날리다"本身不属于自他两用动词。（26b）"그치다"也不符合中立动词的语义要求，此句描述的

---

① 이은령·윤애선（2005）：부가된 논항은 NP$_1$ 과 NP$_2$ 의 역할에 변화를 주지 않는다.

是客观自然现象，无法将动作主体具体化为施事者。但是"그치다"能否作为中立动词出现在兼用式表致使义，需要考虑构式与成分之间的关系以及具体的语境要素，比如"울음이 그쳤다／아이가 울음을 그쳤다"既满足了兼用式的形式要素，又满足了语义要求。这也体现出本文的观点，不以"动词"为中心，而是将动词置于具体的构式环境作探讨，从而分析动词与构式以及各论元的互动关系。

（26c）"철수가 손을 데었다"和"철수가 손이 데었다"虽然在形式上与基础框架式相似，但"철수가 손을 데었다"表达的是主体的非意愿行为，即句式可以转换为"철수의 손을 데었다"。如果用"- 게 하다"形式进行转换，则为"＊철수가 난로에 손（이／을）데게 했다"，句子不成立，因此不呈现致使义。（26d）"헐다"似乎满足了"NP$_1$ 이 +NP$_2$ 을 +V"和"NP$_2$ 이 +V"的句式转换条件，然而"헐다"在两个构式中的语义并不一致，前者为"推到"，后者为"旧"。（26e）他动句在形式上与基础构式一致，但是经过语义转换后只能呈现为后句的被动形式，因此也不属于我们的探讨范围。

综上，兼用式对谓词的制约主要表现为：一是形式上，谓词在他动句"NP$_1$ 이 +NP$_2$ 을 +V"与相对应的主动句"NP$_2$ 이 +V"中具有相同的形态；二是语义上，谓词进入他动句后整体呈现出致使义；三是构式上，谓词在自动句和他动句中的语义一致，且他动句的宾语为自动句的主语。

（二）副词、时间状语以及时体的制约

在谓词与构式的融合过程中，构式对谓词的形式及语义产生一定的压制，并且还对其组成成分具有一定的制约作用。这些特征既体现了构式的致使义，又体现了构式语法所倡导的互动观和压制观，

即构式与成分之间既相互关联又相互制约。兼用式对构式成分的压制，主要体现在副词、时间状语以及时体标记 ① 等方面。

副词具有不同的性质，在构式中也指向不同的论元。兼用式作为隐性词汇使动的一个分类，致使主体具有致事性质，因而可以与表示强烈意图的致事指向型副词 ② 连用，比如"열심히，일부러，의도적으로"等。

（27）a. 한국 선수들의 골프화는 오른발 앞쪽이 대부분 벗겨져 있다. 이는 스윙시 오른발을 너무 빨리 의도적으로 회전하다 생긴 좋지 않은 스윙의 증거다.

b. 머리를 질끈 묶고 열심히 몸을 움직였다.

c. 선생님이 종을 일부러 울렸다.

（27a）副词"의도적으로"指向具有生命力的致使主体"한국 선수들"，体现致使主体实施"오른발을 회전하다"行为时所体现出的意图性。（27b）同样体现的是致使主体的意志，即对致使客体"몸"所施加的作用力程度。（27c）通过"일부러"体现致使主体"선생님"实施"종을 울리다"行为的强烈意图性以及态度。Dixon（2000）列举了致使结构的九个语义参项，其中包含致使主体的意图性以及致使客体的自控力。兼用式的致使事件蕴含着被致使事件的发生，因而致使主体对致使客体具有强烈的意图性，即较为绝对的控制力。正因如此，构式允许致事指向型副词的共现，而客体几乎没有实施行为的能力，因此不会出现表示客体意愿性的副

---

① 韩国语的"-았/었/였""-아/어 있다""-고 있다"既是时态标记，也是体标记；汉语的"了""着"等既是体标记，也是往时态标记发展的半时态标记。因此，本文一律将其称为时体标记。

② 即谓词主要指向致使主体，凸显致使主体的意图性。此外，我们认为致使主体具有致事的作用，不仅仅是施事。

词以及相关句型。

韩国语的程度副词很少用来修饰表行为或状态变化的动词，比如"아주，너무，매우"等，但部分兼用式可以与程度副词共现，但是对谓词及相关成分具有一定的限制。

（28）TV 나 사진등등 연예인 얼굴매력을 <u>너무 발산해 주는 것 같다</u>.

程度副词修饰的典型成分是形容词和少部分心理动词。在上述例句中，"너무"修饰动词"발산하다"。具体来看，例句通过事件结构"얼굴매력을 너무 발산해 주는 것 같다"，既表示构式的本义"发散出颜值魅力"，又体现出说话者的心理活动及态度，而且谓词"발산하다"本身带有一定的程度义，因此构式整体可以与程度副词"너무"连用。综合来看，兼用式与程度副词的共现具有以下两个条件：一是动词带有一定的程度义；二是程度副词在构式中既修饰动词，又在具体语境条件下体现出说话者的心理态度。

倪蓉（2009）认为，英语的大多数作格动词都不能与延续性时间状语连用。郭印（2011）认为汉语与英语不同，作格动词可以与延续性时间状语连用，但存在一些限制条件，比如"*张三开门一个小时了"不成立，但"张三开门开了一个小时"则成立。究其原因，"开门"是个瞬间性动作[①]，而"开"可呈现为持续性，因此后者加上拷贝动词"开"之后可以成立，而前者则无法与表示延续性的时间状语连用。

（29）a. ？철수가 <u>한 시간 동안</u> 자동차를 멈추었다.

　　 b. 나는 <u>두 시간 남짓</u> 차를 달려 포천에 도착했다.

---

① 这里的瞬间性动作是指开一次门的时间，当然存在"反反复复开门一个小时"等形式，但是此时"反反复复"不能省略，而且无法与表示过去时标记"了"共现。

　　c. * 아이가 울음을 <u>두 시간 동안</u> 그쳤다.

　　d. 이 아기는 오바마에게 안기자마자 울음을 뚝 그 쳤다.

　　Pustejovsky（1995）指出，动词在事件结构中可以呈现出两种情况：一是侧重凸显前一个事件结构，构式呈现为左事件中心，动词表示完成义；二是侧重凸显后一个事件结构，构式呈现为右事件中心，动词表示达成义。致使结构倾向为左事件中心，动词具有完成义。[①] 致使结构的核心要素是致使力，而致使力的发出在于原因事件，因此位于构式左侧的原因事件更为凸显。김윤신（2001）认为（29a）表示"停止状态已持续一个小时"时，句子是可以成立的，但此时动词表现为侧显右事件的达成义，与致使结构的语义相违背。因此，（29a）在致使结构中只能呈现为"停车过程花费了一个小时"。（29b）"달리다"为持续性的行为动词，因而可以与表示持续义的时间状语"두 시간 남짓"连用。（29c）"그치다"为瞬间性动作，无法与表持续义的时间状语"두 시간 동안"连用，如果换为同样表瞬间义的时间状语，则句子成立，比如（29d）。

　　구본관（2015）指出，韩国语的体主要分为进行体和完成体两种，进行体主要由"- 고 있다₁"表示，完成体主要由"- 아 / 어 있다"和"- 고 있다₂"表示。[②] 박진호（2011）认为"- 고 있다₁"

---

① Pustejovsky（1995）：이러한 구조를 갖는 동사가 선생하는 사건에 중점에 갖게 되면 좌중점 사건이 되어 완성동사로 실현되며 후행하는 사건에 중점을 갖게 되면 우중점 사건으로 달성동사로 실현된다. 사동동사로 사용될 때는 좌중점의 완성동사가 된다.

② 当然也存在其他的体以及体标记，比如反复体（iterative）、起动体（inchoative）、预定体（prospective）等。此外，进行体还存在"- 아 / 어 오다 ""- 아 / 어 가다"等形式。

也可以与表静态语义的动词（static verb）连用，比如"알고 있다，모르고 있다，좋아하고 있다"等形式。此时，"- 고 있다₁"表示的是状态的持续，而不再表示行为动作的进行。Comrie（1976）认为，当进行体的要素进一步语法化，就不仅可以与动作动词连用，还可以与静态动词连用，语义同时会变得更加抽象化，这时称为持续体（continuous aspect），他认为完成体也和一个先前情状的持续相关。[①] 兼用式的动词主要表示行为动作，与"- 고 있다₁"连用时，主要呈现为行为动作的进行及持续。

（30）a. 정신이 번쩍 든 OOO이 이내 오른발을 뻗는 듯하더니 몸을 허공에서 360도 <u>회전하면서</u> 돌개차기로 반격했다.

　　　　b. 중국이 하이브리드 차 등에 쓰이는 희토류를 자원 무기화하려는 의도를 드러내자 일본이 다른 나라에서 수입량을 늘리고, 희토류 사용을 줄이는 등 탈중국 <u>움직임을 가속하고 있다</u>.

　　　　c. 배우는 감독의 지시에 따라 해변에서 <u>말을 달리기 시작했다</u>.

　　　　d. 운전기사는 고속 도로로 진입하자 <u>차를 가속하기 시작했다</u>.

（30a）"- （으）면서"与动词"회전하다"连用，表示主体正在进行"몸을 회전하다"动作，即表示为进行体。（30b）"가속하다"与"- 고 있다"连用，表示"탈중국 움직임"行为的进行。（30c）和（30d）的"- 기 시작하다"本身属于起动体（inchoative），主要描述动作行为的开始。在例句中，"말을 달리다"和"차를 가

---

① 郑杰：《韩国语作格动词研究》，博士学位论文，上海外国语大学，2017年，第60—61页。

속하다"两个事件开始的瞬间，便意味着行为动作已经进行并且呈现为持续状态，因而也是动作行为的进行并持续。

综上，我们将兼用式对副词、时间状语和时体的限制总结为；一是兼用式可以和致事指向型副词连用，和程度副词连用时动词表示出一定程度的致使义，构式呈现出说话者的心理活动；二是表持续义的动词可以与延续性时间状语连用，而表瞬间义的动词只能与瞬间性时间状语连用；三是兼用式与体的共现主要表现为行为动作的进行和持续。

二、动结式

动结式的谓语由汉字词与 "- 하다" 组合而成，形式上呈现为复合谓语，但与单一动词具有相同的性质。关于 "- 하다" 的属性问题，学界主要有三种不同的见解：一是认为属于接尾词，比如최현배（1937）等；二是认为属于形式动词（empty verb），比如서정수（1975）等；三是认为属于词缀形式，比如구창수（1992）等。목정수（2009）认为，根据研究视角的不同，对其属性判定会呈现出差异，比如从形态论角度看属于 "派生词缀"，从句法角度看则属于 "动词"。在本文中，我们不以 "- 하다" 本身的属性作为探讨重点，而侧重讨论汉字词以及与 "- 하다" 结合后在构式中所呈现的性质。

유혜원（2012b）指出，与 "- 하다" 相组合的两个名词可以分别指派论元，这是由于先行名词具有动词和名词两种属性，即可以称为叙述性名词（verb noun）。[①] 她以 "대학국사가 필수에서 선택

---

① 유혜원（2012b：284）：선행명사가 복합 사건 구조를 가졌다는 것을 함의한다. 이러한 특징을 가졌다는 것은 이들이 명사이나 동사의 성격을 갖는 서술성명사라는 것을 말해 주는 것이다.

으로 격하"为例，对其叙述性功能作了说明，认为构式虽然没有出现"- 하다"，但是"격하"自身可以指派受事论元"대학국사"，句子依然成立。[1]郑杰（2017）以《동아 새국어 사전》所记载的汉字词为例，将两个汉字词语素之间的关系总结为并列、主谓、动宾、偏正、动补五种，其中，动补关系由表原因的语素与表结果的语素组合而成，这也正是动结式形成的缘由。他认为绝大部分动结式都具有不及物用法，第二个语素可以使整个结构去及物化，宾语可以作格化。[2]刘晓琳、王文斌（2010）曾指出，动结式由两个语素整合而来，其总体意义大于部分意义之和。学界又将动结式称为使成式，表明其内含"使"和"成"两个语义。因此，我们将在探讨两个汉字词语素内部关系的基础上，分析动结式的句法功能和压制特征。

（一）句法结构式及构式对谓词的压制

谓词在与动结式进行融合的过程中，构式对谓词也产生一定的压制和选择。动结式的最大特征是前一个汉字词语素表征动作行为的原因，我们记为 V；后一个汉字词语素表征原因导致的某种状态或者结果，我们记为 R。[3]V 与 R 一般具有不可分离性，比如"증대하다"无法分离成"* 증하다"和"* 대하다"，在构式中也无法分别指派论元。总体来看，动结式的基础框架式为"NP$_1$+NP$_2$+V-R

---

① 유혜원 (2012b)：'대학국사가 필수에서 선택으로 격하'는 서술성명사만으로 문장을 구성한 예인데，이들은 모두 자연스러운 문장이 되며，'격하'가 서술성명사로 논항을 할당할 수 있음을 알 수 있다.

② 郑杰：《韩国语作格动词研究》，博士学位论文，上海外国语大学，2017 年，第 111 页。

③ 韩国语"- 하다"动结式的两个汉字词语素虽然一般具有不可分离性（即单个语素与"- 하다"组合表征原因或者结果），但我们仍然以汉字词语素之间的关系进行分类及探讨，因为这是动结式之所以成立的最主要因素。

하다"，其中，NP₁ 为致使主体，NP₂ 为致使客体，V 指向原因 ①，R 指向结果，"V-R 하다" 为复合性谓语。在此基础上，我们根据 V-R 的组合规则，将其分为"动作性 + 状态性"和"动作性 + 动作性"两类，分别探讨构式对谓词的压制特征。

1. 动作性 + 状态性

Croft（2012）指出，事件发展的性质状态表现出谓词具体的、特异性的语义，语义的实现过程一般经历起始、过渡、变化三个阶段。就动结式而言，行为动作的发出即为起始，由动作发出至结果的实现历经中间的过渡阶段，最终的结果状态便是所产生的变化。鉴于此，"动作性 + 状态性" ② 应是动结式最常见、最能产的形式，然而此形式在韩国语动结式中并不占主要地位。

（31）a. ... 생명공학 분야에 기술 투자를 증대하여 다가올 동아시아 블록을 충실히 준비하느냐, ...

　　b. 여러 사람의 의견을 합일하는 것은 쉬운 일이 아니다.

　　c. 경제를 부흥하였다.

　　d. 종（種）이 고정된 것이 무엇이 신에게 더 영광될 것이 있으며, 변천한다는 것이 무엇이 신의 능력을 감소하는 것이 될까?

（31a）由表示行为动作的原因"증（增）"引发客体至"대（大）"的状态，即通过两个具有动补关系的汉字词使"기술 투

---

① 石村广（2016）认为 V 表示的是导致动作对象发生变化的外力，姜灿中（2019）认为 V 表示行为动作的方式。"弄死"等动结式的前一个语素"弄"作为泛义动词，无法表示具体的方式，因此我们将 V 视为原因。
② 此处所指的"动作性"是第一个汉字词语素的性质，而不是具体的行为动作。

자"产生"增大"的变化。（31b）通过行为动作"합（合）"使人们的意见最终呈现为"일（一）"的结果。（31c）使经济因为"부（复）"慢慢发展变化至"흥（兴）"的状态。（31d）因为行为动作"감（减）"使客体"신의 능력"呈现为"소（少）"的结果状态。以上例句前一个语素所表示的原因均使客体呈现为后一个语素所表示的结果，并且V"증，합，부，감"均呈现出动作性，R"대，일，흥，소"均表示状态。

2. 动作性 + 动作性

韩国语动结式的"动作性 + 动作性"形式出现频率最高，以《동아 새국어 사전》为例，共有31个表示动结式的汉字词，其中"动词性 + 动词性"占25个，这也是韩国语动结式的一大特征。刘晓琳、王文斌（2010）指出，表示结果的一般为不及物动词、形容词或者体标记，这几类形式分别表示行为状态、性质状态以及完成度状态。刘丹青（2019）指出，"到"具有多种功能，其中可以用在带有名词的动词或者形容词后，"表示动作或性质状态达到某种程度"。[①]因此，汉语的一些谓词经过语法化过程之后，自身的词性减弱，语法性质逐渐增强。韩国语学界也对语法化以及逆向语法化[②]作了相对较为详细的探讨，比如백낙천（2007）认为语法化是指词汇在历史变化过程中，本身的词汇义逐渐抽象化为语法形态，即由句法性

---

① 刘丹青:《"到"字语法化的新去向: 吴江同里话的条件标记及主观大量标记"到"》，《语文研究》第2期，2019年，第1页。

② 양영희（2016：8）： 문법화는 어휘형태가 문법형태로 변하는 과정을 가리키고 역문법화는 문법형태가 어휘형태로 변하는 과정을 가리킨다.

质逐渐转向形态性质[1]，黄明月（2016）则对韩国语动词"들다，나다"的补助词用法作了具体分析。韩国语动结式"动作性 + 动作性"的后一个语素虽然本身表示动作行为，但其动作性质逐渐削弱，趋向于补语语法化。

（32）a. 8족 금속 원소를 이용해 <u>메탄이나 에탄올 등을</u> <u>생성하는</u> 접촉 수소 화법 ...

　　　b. 스위스의 자선가 앙리 뒤낭은 적십자를 창설하는 데 <u>돈과 에너지를</u> 완전히 <u>소진하고</u> 자신이 운영하던 섬유사업체까지 도산한 뒤 생활보호자로 전락했다 ..

　　　c. <u>시약을</u> 몇 방울 <u>적하하다</u>.

　　　d. 현재 속도에서 <u>비행기 고도를</u> 5000 미터로 <u>강하해야</u> 한다.

　　　e. 특히 1992 년 10 월 12 일에서부터 18 일까지 열렸던 제 14 차 전국대표대회에서 중국공산당은 개방·개혁을 위한 장기적인 <u>이론의 정립과 조직정비 작업을</u> 상당 부분 <u>완료했다</u>.

（32a）前一个语素"생（生）"使客体呈现出"성（成）"的状态，"성"虽然是动词形式，但已经在组合中弱化为表示"完成义"的虚词。（32b）通过动作行为"소（烧）"使客体"에너지"最终呈现为"진（尽）"的状态，"진（尽）"本身倾向于表示结果的实现及完成。（32c）"滴几滴试剂"中动作行为"적（滴）"的发出促使致使客体"시약"呈现出"하（下）"的结果。（32d）

---

[1]　백낙천（2007：317）：문법화는 역사적 변화 과정에 근거한 통시적 결과물로서 그 변화의 유형은 어휘 형태소의 의미가 추상화되어 문법 형태소로 되는 것과 통사론적 구성이 형태론적 구성으로 재구조화되는 언어 현상을 가리키는 것으로 그 과정에서 분포와 의미 단위의 변화를 수반한다 .

语义主要由前面的动词性语素"강（降）"表达，语素"하（下）"的动词性语义减弱，倾向于表达完结义的语法化词汇。（32e）动作行为"완（完）"引发最后的状态，并且结果状态由虚词化词语"됴（了）"表示。

通过上述例句可以看出，"动作性＋动作性"的第二个语素一般为"성，진，하，됴"等，这些词汇本身的动词义削弱，呈现为虚词性质，即倾向于补语的语法化。김혜경（2009）、이금희（2011）曾指出，虚词化结果补语表现为"完结义"。动结式"动词性＋动词性"的第二个语素作为虚词化的结果补语，所呈现的正是完成、结束等语义，表示"动作的发出即为状态的到达"，这也是动作性动词在动结式中弱化为虚词的主要原因。

综上，动结式对谓词的压制表现为以下两个方面：一是谓词的两个语素之间须形成动补关系；二是两个语素可以形成"动词性＋状态性"和"动词性＋动词性"关系，后者的第二个语素一般弱化为表"完结义"的虚词。

（二）对时体及共现句式的制约

根据 Pustejovsky（1995），致使结构侧重表达致使事件，因而动词表示完成义。动结式的构成方式决定了致使事件蕴含被致使事件的发生，即结果状态总是呈现的。Vendler（1967）区分了四种体：状态（States）、活动（Activities）、达成（Achievements）、实现（Accomplishments）。韩国语的体标记主要有完成体和进行体两种，完成体主要由"- 아 / 어 있다"和"- 고 있다₂"表示，进行体由"고 있다₁"表示，后者也表示结果状态的持续。

（33）a. 남녀 공학 학교의 남녀 혼성반 운영이 <u>학교 폭력을</u> 크게 <u>감소하고 있는</u> 것으로 나타났다.

b. OOO 우도 면장은 올여름 불턱 복원을 완료하면서 우도를 찾는 관광객들은 꼭 한 번 찾는 명소가 됐다며 앞으로 우도 관내 11 개 자연 마을 전체에 불턱을 복원하겠다고 말했다 .

（33a）"학교 폭력을 감소하다"由动作性语素"감"和状态性语素"소"组合而成，动作的发出意为结果状态的呈现，状态的完成不是一蹴而就的，而是一个持续的过程，谓词与"- 고 있다"共现表现的正是所触发的结果状态仍然持续。（33b）"복원을 완료하다"由动作性语素"완"与"료"结合而成，"료"为带有完结义的虚词形式，与"-（으）면서"共现，视为动作结束后结果状态的持续。因此，不论是动作行为的持续，还是结果状态的延续，都与致使结构中致使力的传递过程相一致，即由初始阶段、过渡阶段到完成阶段是一个不断持续的状态。

动结式作为隐性词汇使动的一个分类，致使主体同样具有致事的作用，因此构式可以与致事指向型句式连用，如"-（으）려고 하다""- 기 위해서""- 겠"等。具体示例如下：

（34）a. 산업 용지로 용도를 바꾸지 못하는 보전 임지가 대폭 확대되고 특히 국민 보건 휴양을 증진하기 위해 보전·관리되는 공익 임지도 크게 늘어난다 .

b. 그들은 일본의 니치렌 정종과 연계된 신흥 종교를 믿으며 불교를 통해 세계 평화와 행복을 증진하겠다는 의지를 보였다 .

c. 패망한 조국을 부흥하려고 젊은이들이 뜻을 모았다 .

（34a）"증진하다"与"- 기 위해서"连用，表示"为了增进国民保健修养"，体现了致使主体的意志和希望。（34b）"증진하다"与表示意志的"- 겠"连用，表示"要增进世界和平与幸福"

的意志。（34c）"부흥하다"与"-（으）려고 하다"连用，表示"为了复兴衰亡的祖国"的愿望和打算。以上构式均通过与致事指向型句式的连用，表示致使主体的期望、希望或者目的以及意志，与Comrie（2000）所指出的"致使主体具有意图性"是一致的。动结式的致使事件蕴含着被致使事件的发生，因而致使主体的意图性大于致使客体的自控力，这也从侧面表明构式无法与表示受事意志的副词或者相关句式连用。

综上，动结式对时体及共现句式的限制主要表现为：一是可以与持续体标记"-고 있다₁"连用，表示动作行为的持续或者结果状态的持续；二是可以与致事指向型句式共现，但无法与受事指向型副词或者句式共现。

三、致使移动式

Goldberg（2007）将致使移动构式定义为：致使者论元直接致使主题论元沿着方向性短语所指定的路径移动，即"X 致使 Y 移向 Z"。基础结构式为：[SUBJ [V OBJ OBL]]（V 是一个非静态动词，OBL 是一个方向性短语）。① 致使主体通过非静态动词使致使客体沿着一定的路径移动，致使客体接受行为作用力并满足一定条件时，最终达到路径的终点。

Fillmore（1971）、Talmy（1976）和 Randall（1983）注意到，致使移动构式的许多动词在独立于此构式时并不是使役动词，但进入构式时却可以被解读为含有因果关系的谓词形式。Gawron（1985，1986）、Hoekstra（1992）指出，致使移动式并不要求动

---

① Adele E. Goldberg：《构式：论元结构的构式语法研究》，吴海波译，北京：北京大学出版社，2007 年，第 150 页。

词设定额外的语义，他们认为可以根据构式成分的组合义推导出来。Goldberg（2007）反对为这些动词设定新的致使移动义，也反对构成成分的组合义便是构式义的观点。她把致使移动义归结于构式，该构式把谓词和移动路径论元结合起来产出一个特定的、约定俗成的解读，即符合构式语法所倡导的"构式义大于各组成成分的组合义"原则。总而言之，Goldberg（2007）认为试图把构式义归结为某一成分的研究方法不能准确、清晰地解释语言现象，因此需要设定一个语法上的构式作整体性解读。所设定的构式如下：

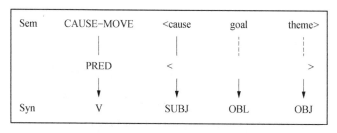

图 2-1　致使移动构式 [①]

通过图 2-1 可以看到，致使移动式由谓词实现两个过程，即致使过程（CAUSE）和移动过程（MOVE）。具体来说，由主体引导的原因事件（cause）向客体发出一个作用力，客体（theme）在接受作用力的同时，向既定目标（goal）产出一个位移路径，路径的最终达到与否取决于致使客体接受作用力后对动作的实现程度。致使移动式由致使构式和移动构式的相互关联以及继承而形成，体现了构式的互动性与层级性。Goldberg（2007）为了解释非使役动

① Adele E. Goldberg：《构式：论元结构的构式语法研究》，吴海波译，北京大学出版社，2007 年，第 158 页。

词能够进入构式并使构式产生致使移动义，设定了一个与致使移动式相联但又不同的构式，即非及物移动构式，以此更加清晰地说明非及物动词也可以在构式出现并表达致使移动义。具体构式网络图如下：

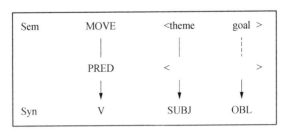

图2-2　非及物移动构式 [①]

图2-1致使移动构式是图2-2非及物移动构式产生的前提和原因，谓词引导的致使力传递至致使客体，客体通过致使力产生移动。两个构式之间具有在共时平面的动态承继关系，即致使移动构式进一步演化以及分化出移动构式，而且典型致使移动构式的语义和基本句法形式被继承了下来，但语义的抽象化程度以及句法形式的组构性发生了变化。整个演化和构式的继承体现了图示化的过程，这个图示化是构式层级性的基础，即构式之间以及构式内部的承继关系是基于层级性的。

（一）句法结构式及构式对谓词的压制

根据 Fillmore（1971）、Talmy（1976）和 Randall（1983）等学者的观点，许多谓词在进入致使移动式之前并不带有致使义，进入构式后整体呈现为致使义。在对构式层级观及互动观的理解基础

---

① Adele E. Goldberg：《构式：论元结构的构式语法研究》，吴海波译，北京大学出版社，2007年，第158页。

上，我们将主要探讨致使移动式的实现过程，并分析能够进入此类
构式的谓词性质。

（35）a. 턱을 아래로 당기고 가슴을 펴라 .

　　　b. 하소용이 갑자기 그녀를 문 뒤로 밀어붙이고 덮치는
바람에 그녀의 가슴이 쿵쿵쿵 요동친 일이 있었다 .

　　　c. 공을 코트 뒤쪽으로 강하세 쳤다 .

（35a）致使主体通过动词"당기다"的作用力，使致使客体"턱"
产生了位移，移动路径为"아래로"。致使客体"턱"作为致使主
体自身的一部分不存在自控力 [①]，因而在主体的作用力下可以产生
移动。（35b）致使主体"하소용"通过作用力"밀어붙이다"使致
使客体"그녀"由现在的位置移动到"문 뒤"。（35c）通过作用力
"치다"使致使客体"공"产生了真实位移，致使客体作为无生命
体，也不存在自控力。

以上致使移动式分别由动词"당기다""밀어붙이다""치다"
构成，根据《표준국어대사전》对动词的定义，分别为："通过一
定的作用力促使客体朝向自身或者一定的方向移动" [②] "朝某一方
向用力推" [③] "用手或者手里的工具等用力撞击" [④]。从以上动词
的基本语义来看，都呈现为隐性的移动义，谓词在进入构式后，较
容易与移动路径论元结合，并促使客体产生一定的位移。

此外，致使移动式比其他隐性词汇使动增加了一个移动路径论

---

① 前文曾有所提及，致使主体强制程度与致使客体的意愿程度互成关系，如果致
使主体的意图性大于致使客体的自控力，则致使结果可以实现；如若致使主体的意
图性小于致使客体的自控力，则致使结果很难实现。

② 물건 따위를 힘을 주어 자기 쪽이나 일정한 방향으로 가까이 오게 하다 .

③ 한쪽으로 세게 밀다 .

④ 손이나 손에 든 물건으로 세게 부딪게 하다 .

元，论元的增加使构式在呈现致使义的同时表示出移动义，即致使主体对致使客体实施作用力，促使致使客体产生实际位移。致使客体接受主体发出的作用力，便可以沿着既定的移动路径达到终点。致使构式与移动构式相互继承和融合，最终形成致使移动构式，致使移动构式也可以分化出移动构式和致使构式，构式之间互相关联、互相融合。关于致使移动式的移动路径，一般来说分为两种：一种是真实的路径，即由某地到某地的实际位移；另一种是非真实的路径，即心理上或者是视线上的移动，即虚拟位移。本文将移动路径限制为实际位移，即致使客体进行的移动是由具体地点到另一具体地点的。

综上，致使移动式的基础框架式为"NP$_1$ 이 +NP$_2$ 을 +NP$_3$ 로 / 에 +VP"。致使移动式对谓词的压制如下：一是谓词本身隐含"移动义"或与"移动义"相关；二是不带致使义或移动义的谓词与论元组合为构式，整体赋予其致使义。

（二）扩展式及构式对谓词的制约

多个相互关联而又存在区别的不同构式通过继承、互动融合形成一个具有整合性的构式。致使移动式是致使构式与移动构式相结合的最佳典范，致使移动式又通过语义与形式上的关联，扩展出不同的下位构式。这些不同构式之间具有形式和语义上的关联性，它们继承了致使移动式的基础框架式及语义，但又与基础构式有所不同。

（36）a. 철수는 영희를 집으로 초대하였다.

b. 생일에 친구들을 집으로 불렀다.

c. 그는 나를 방 안으로 청해 놓고 나서 잠시 말을 꺼내지 못하고 머뭇거렸다.

根据 Goldberg（2007），构式满足谓词所表示的行为或者指令

等相关条件后蕴含 "X 致使 Y 移向 Z", 这一类型包括交际行为的动态作用力动词（Talmy, 1985b）。与基础构式不同, 上述例句的致使主体对致使客体所发出的命令并不一定蕴含着被致使事件的发生, 但是特定谓词指征的相关条件得到满足后（Searle, 1983）, 被致使事件便会产生。

　　隐性词汇使动成立的参考原则之一正是原因事件与结果事件之间的蕴含性。Song Jae Jung（1996）将蕴含关系作为致使结构的区别性特征之一, 但蕴含关系并不一定存在所有的致使框架式中, 有些构式需要考虑客体的自控力程度。以（36a）为例, 如果客体的自控力小于主体的意图性（即命令）, 即客体接受了主体的邀请, 那么致使力得以接受, 客体根据移动路径最终到达 "집", 整个致使过程结束, 移动路径也得以凸显。（36b）与（36c）同样在满足主体发出的命令或邀请时, "집으로" 和 "방 안으로" 的移动路径才能得以体现。当然也存在诸如 "대대장은 부대를 수림가에 철수하였다" 等情况, 此时致使主体具有绝对的控制力, 因而基本可以保证被致使事件的发生。

　　我们将此类扩展式称为 "命令类" 致使移动式, 即主体发出指令, 客体在满足条件后, 接受主体的指令并实现位移, 框架式为 "NP$_1$ 이 +NP$_2$ 을 +NP$_3$ 로 / 에 / 까지 +VP（命令类）", 谓词本身具有指令义或者与论元相结合呈现出指令义。

　　此外, 还存在一种情况, 致使客体在接受作用力产生位移的同时, 致使主体也向既定路径共同移动。

　　（37）a. 그는 버선발로 뜰에 내려 덥석 혜장의 두 손을 잡고 그를 협실로 이끌어 들였다.

　　　　b. 신혼살림이라 할머니는 부득이 잠시 마산 고모네 집

으로 모셨다.

  c. 지호는 공사장으로 골재를 운반했다.

  d. 두환의 당부대로 우리는 결혼식장에 가족을 동반

했다.

  （37a）由致使主体"그"通过作用力"이끌다"使致使客体"혜장"由现在的位置移动到"협실"，位移过程被触发的同时，致使主体与致使客体共同移动。（37b）作用力"모시다"传递的瞬间，即动作行为发出时，致使主体与致使客体"할머니"共同向"고모네 집"方向移动，即产生伴随行为。（37c）致使主体"지호"通过具体的作用力"운반하다"，使客体"골재"移动至"공사장"，即主体发出作用力的同时与客体共同沿着路径方向进行移动。（37d）致使主体"우리"通过"동반하다"促使客体"가족"沿着"결혼식장"方向移动，并且致使主体与致使客体共同位移。

  Goldberg（2007）提到，"X 帮助 Y 移向 Z"是致使移动构式的一个扩展式，含有持续帮助别人向某个方向移动之义，即主体发出一定的行为且与客体共同移动，我们称其为"伴随类"致使移动式，框架式为"NP$_1$ 이 +NP$_2$ 을 +NP$_3$ 로 / 에 / 까지 +VP（伴随类）"。能够进入构式谓词槽位^{①}的须具有"带领、引领、陪同"等或者"搬运、移动"等共同移动义。

  由此可见，致使移动式是由不同构式通过联接、继承等互动关系构建而来，诚如 Wilensky（1991）所言，虽然我们无法对构式进行预测，但构式的多义形式是可以重复出现的。

---

① 即构式相应的谓词位置。

四、命令允让式

命令允让式是指致使主体发出一定的命令或者允许等指令行为，致使客体在接受相应的指令并完成被致使事件后，最终产生致使结果的一种使动形式。박은석（2011）将韩国语与汉语表示"命令、指使"的"使令式"或"使令句"称为"实义致使动词句"，并将其定义为"使动事件和被使动事件由独立的谓语表示，使动事件由具有实义的谓语表示命令、允许、放任、招致等语义，两个谓语的论元结构独立"。①

（38）a. 나는 그에게 <u>떠나도록</u> 강요하였다.

b. 나는 그에게 밥을 <u>먹도록 명령하였다</u>.

（39）a. 그러나 입시의 관문은 그녀의 <u>통과를 허락하지 않</u><u>았다</u>.

b. 곧 전 중대에 <u>휴식을 명령하겠네</u>.

박은석（2011）认为（38）的两个例句在句法结构中存在两个谓词分别表示原因事件和结果事件，符合 Dixon（2000，2012）对分析型使动的定义。然而也存在例（39）的命令允让式，整个句法结构由单一谓词"허락하다"连接两个事件结构，符合词汇使动的判定标准。② 以（39b）为例，谓词"명령하다"将致使事件"전

---

① 박은석（2011：30）："사동 사건과 피사동 사건이 독립된 서술어로 표시되며 사동 사건을 명령, 허락, 방임, 초래 등의 의미가 있는 实义 서술어로 나타내며 두 서술어의 논항구조가 독립되어 있는 사동문"이라고 정의하였다.

② 词汇型使动所说的一个谓词是指在整个句法结构内由一个谓词将原因和结果两个事件融合在一起，但原因和结果事件是否由相同的谓词表达则需要考虑具体的构式。比如"철수를 학교로 보냈다"存在致使事件"철수를 학교로 보냈다"和被致使事件"철수가 학교에 갔다"，两个事件由不同的谓词表示；"영수는 차를 움직였다"存在致使事件"영수는 차를 움직였다"和被致使事件"차가 움직였다"，两个事件由相同的谓词表示。

중대에 휴식을 명령하다"与被致使事件"전 중대가 휴식하다"
糅合为一个整体的句法结构形式。

（一）句法结构式及构式对谓词的压制

命令允让式顾名思义是主体发出一定的指令使客体进行某种行为，因而构式对谓词具有一定的限制，即一般带有"命令、允许"等语义。我们将通过以下几个例句，具体探讨命令允让式的基础结构式以及能够进入构式的谓词形式。

（40）a. 점장은 일찍 출근하여 점원들에게 상점 내 청소를 지시하였다 .

　　　b. 아들의 말을 들어 보고, 한 번 여자의 선을 보고 완고한 영감이, 두말 하지 않고 그들에게 선뜻 결혼을 허락하여 준 것은, 참말, 뜻밖의 일이었다 .

　　　c. 아르헨은 최근 국제 사회에 약 200 억 달러의 자금 지원을 요청하고 있다 .

　　　d. 경영인들은 경기가 호황일 땐 야근을 시키며 노동자들의 희생을 강요하고 불황일 땐 임금부터 삭감하려 드는 감탄고토의 자세를 버려야 한다 .

（40a）致使主体通过"지시하다"向致使客体发出"상점 내 청소"的指令，致使客体在接受指示后履行被致使事件，致使结果便得以实现。（40b）由原因事件"그들에게 결혼을 허락하다"和结果事件"그들이 결혼하다"两个事件组成，致使客体在接受致使主体的允让命令后致使结果方能实现，基础致使结构式为"NP₁이 +NP₂에게 +NP₃를 +VP"。（40c）致使主体"아르헨"通过"요청하다"向致使客体"국제 사회"发出资金支援的请求，致使客体在接受请求后，最终的结果状态即资金支援行为得以实现，致使

结构式为"NP$_1$ 이 +NP$_2$ 에 +NP$_3$ 를 +VP"。(40d)致使主体发出"강요하다"指令，促使致使客体"노동자들"实施"희생하다"行为，致使结构式为"NP$_1$ 이 +NP$_2$ 의 +NP$_3$ 를 +VP"，此句中致使客体与被致使事件之间具有领属关系，即被致使事件是致使客体所要实施的行为，而且行为作用于其自身。通过上述例句可以看到，致使主体对致使客体发出一定的命令或者允许行为，而致使结果是否实现则取决于致使客体，这与我们之前讨论的蕴含性相关。根据 Talmy（2000），致使结果的实现取决于两个因素，即致使主体的意图性、致使力以及致使客体的自控力、意愿性。如果致使客体接受致使主体的指令，积极实现致使结果，则意图性＞自控力，为正值；若致使客体消极对抗致使主体的指令，则意图性＜自控力，为负值。

综上，我们将命令允让式的基础框架式总结为"NP$_1$ 이 +NP$_2$ 에게 +NP$_3$ 를 +VP"，能够进入此构式的谓词一般为表示命令等指令义，致使义的最终实现需要考虑致使客体的意愿度和自控力。

（二）对时体及副词的制约

命令允让式致使结果的实现需要综合考虑致使主体的意愿性以及致使客体的自控力，当致使主体强烈地表达指令义时，会与致事指向型副词连用，此时被致使事件的实现可能性较大。

（41）a. 개혁론자들은 특히 정부로부터의 독립성과 재정 개혁을 강력히 요구하면서 공영 방송의 환골탈태를 요구한다.

　　　　b. 자기가 음치에 근접하다고 인정하는 사람이라면, 이 사회가 얼마나 노래 부르기를 폭력적으로 강요하는지 잘 알고 있을 것이었다.

（41a）通过"강력히"与谓词的共现，体现致使主体发出"요구하다"指令的程度，凸显了致使主体的意图性。（41b）通过"폭

력적으로"与谓词"강요하다"的连用，凸显致使主体"이 사회"
对人们实施"노래 부르기"行为的要求程度，同时也体现说话者
的心理状态与想法。致事指向型副词体现出致使主体对致使客体发
出指令的强弱程度，当命令允让式与致事指向型副词共现时，致使
主体的意图性一般大于致使客体的意愿性，致使结果的实现可能性
也较大。

命令允让式常与进行体"-고 있다"共现，表示"命令"等指
令行为的进行，而不是结果完成状态的持续。

（42）a. 한편 시는 공사 추진을 위해 편입지주들을 대상으로
계속 부지 매입을 <u>설득하고 있다</u>고 말했다 .

　　　　b. 그런데도 정부는 시설에 들어와 있는 사람들의 부
정·중복 수급을 막아 예산 누수를 방지하겠다며 신상 정보의 온
라인 입력을 <u>압박하고 있다</u> .

（42a）致使主体发出的"설득하다"指令与进行体"-고 있다"
共现，表明致使主体发出的指令行为正在进行。（42b）同样由进行
体"-고 있다"表示致使主体"정부"发出的"압박하다"指令行
为仍在持续。由此可见，与"-고 있다"的共现，体现的不是结果
事件实现后的持续，而是致使事件即"命令、允让"等指令行为的
进行，这与致使过程的始发和过渡阶段相一致，即原因事件仍在进
行着。

综上，我们将命令允让式与时体和副词的共现情况归纳为：一
是可以与"강력히"和"폭력적으로"等致事指向型副词共现，凸
显致使主体的意图性以及结果事件实现的可能性；二是可以与进行
体"-고 있다"共现，表示致使主体发出的指令仍在进行，而不是
结果完成的状态持续。

第三节　小　结

本章立足于谓词与论元相结合的构式进行分析，考察了汉韩隐性词汇使动的句法结构式、构式对谓词的压制以及构式对共现成分的制约。据分析，二者在句法功能上既有各自的特色，也有语言类型学上的普遍共性。

首先，汉韩隐性词汇使动都存在兼用式，汉语兼用式的基础结构为"NP$_1$+VP+NP$_2$"，谓词主要为形容词和自动词；韩国语兼用式的基础结构为"NP$_1$+NP$_2$+VP"，谓词为自他两用动词。二者的共同点在于谓词带宾语作他动用时呈现出致使义，并且使动句的结果事件为谓词所构成的自动句，即"NP$_2$+VP"。韩国语的句子结构具有丰富的形态变化，常用各种关系词、连接成分将小句或者附加成分连接为一个整体。其中，可以通过不同的助词，将基础结构扩展为具有多义联结关系的不同构式，比如分别使用格助词"와/과""-（으）로""에"将基础构式扩展为"NP$_1$ 이 +NP$_2$ 을 +NP$_3$ 와 +VP""NP$_1$ 이 +NP$_2$ 을 +NP$_3$ 로 +VP""NP$_1$ 이 +NP$_2$ 을 +NP$_3$ 로 +VP"等。汉语注重整体性、缺乏形态变化、句法结构相对稳定，很少有相应的扩展式出现，但对进入构式的谓词有一定的限制，即双音节的状态形容词比单音节的性质形容词更容易进入构式，双音节自动词比单音节自动词更容易进入构式，非意志性动词和形容词则无法进入构式。

其次，汉语动结式 V 与 R 在语义上可以分别指派论元，形式上具有可分离性，V 与 R 之间的组合形式有"动作性＋状态性""动作性＋动作性""状态性＋状态性""泛义性＋状态性"四种。韩国

语动结式 V 与 R 之间的结合更为紧密，语义上分别指派论元，但形式上具有不可分离性，根据 V 与 R 自身的性质，语素之间的组合形式有"动作性 + 状态性"和"动作性 + 动作性"两种。韩国语动结式的形成受语言接触的影响，在漫长的历史长河之中，韩国语从汉语吸收了一部分名词、代词、形容词等，这些词汇在进入韩国语后不断与韩国语的词汇系统、语法系统相融合，呈现出自身的特色，并逐渐产生构词能力，其中之一便是汉字词语素与"- 하다"组合而成的复合谓词。复合谓词的两个汉字词语素之间保留了因果关系，但在形式上与"- 하다"组合较为紧密，因而所形成的句法结构式与汉语的动结式呈现出差异，这也与韩国语的黏着性特点相关，即语言的性质特点反映在了句法结构上。

再者，韩国语存在致使移动式和命令允让式，汉语存在倒置式。韩国语的致使移动构式通过格助词"- (으) 로"将致使式与移动式融合为一个整体，并且通过格助词扩展出"命令类"致使移动构式和"伴随类"致使移动构式。命令允让式则通过格助词和语法表达手段将命令事件与行为事件融合在一个句法结构内。格助词以及语法表达手段的丰富性，导致韩国语隐性词汇使动的类型更加多样化。语序是现代汉语中表达语法关系的最重要的语法手段之一。赵学武（1989）认为语序对句型的影响体现在三个方面：语序变化单纯影响句法结构对句型的影响；通过词法结构和句法结构的相互转化而影响句子的句型；通过将一个词变为词性不同的另一个词而影响句子的句型。倒置式的句法结构特点为原本参与活动的施事者以经验者的身份出现在使役结构的宾语位置，而原本活动的对象即客体，则以使因的身份出现在主语位置（顾阳，2001），这也是分析型语言的一大特点。

最后，汉语使用"着""了"等虚词化的词汇形式表达完成义或者持续义；韩国语隐性词汇使动的时体标记则主要为"-고 있다₁"，表示行为动作的进行或者结果状态的持续。两种语言在时体标记的表达方式以及限制条件上呈现出差异：汉语则用虚化的词汇手段表示，对谓词、构式语义以及出现位置的制约性较强；而韩国语倾向于语法手段表示，共现谓词及出现位置较为自由。此外，两种语言的时体标记均由词汇经历语法化过程演变而来，但具体的语法化程度呈现出差异，这也是在具体使用上呈现出差异的原因。

一、语言特点及认知思维方式对语言表现形式的影响

语言的不同表现形式反映了人们的思维方式，即认知行为。有关语言和思维的关系问题，可以追溯至两千五百多年前的亚里士多德，他认为思维范畴决定语言范畴，后来众多学者都不同程度地丰富和发展了对这一问题的理解。陈保亚（2002）通过语言范畴确认中西方哲学在泛实和超实上的对立，并认为这种对立在一定程度上是源于汉民族泛实思维取向与印欧民族超实思维取向的对立。这也说明了人们的思维方式，即对生活经验的认知反映体现在了具体的语言表达上。

汉语隐性词汇使动对句型和语序的要求较高，各成分之间主要依靠隐喻和借喻等进行语义整合；韩国语隐性词汇使动的句法结构对形态手段依赖程度较高，试图通过"连接"建立句法结构之间的关系。语言结构特点的不同也不同程度地渗透着形象思维和抽象思维以及经验思维和理论思维等因素，韩国语的语言特点反映出了其形象思维，即语言的发散特点和结构方面的细腻性，

而汉语的语言特点反映出了其具象思维,通过语序固定句式、常用关联词等手段。

世界语言资源丰富多样,不同的语言存在不同的类型,既有共性又有个性,呈现出丰富复杂又有规律的语言类型的演变链(戴庆厦,2020)。汉语属于分析型语言,具有单音节性、缺少形态变化、语序固定、虚词发达、韵律丰富等特点,它不同于形态丰富的印欧语系,也不同于词缀丰富的阿尔泰语系。韩国语属于黏着型语言,以丰富的粘附成分作为表达各种语法意义的手段,形态变化丰富、语序灵活自由。两种语言在自身特点上的差异带来了其在构词、语法表达以及句法结构等方面的不同。

(43)a. 엄청난 건설비를 들여 공사를 <u>완성하였다</u>.

　　 b. 进一步<u>加快</u>我市改革开放和经济建设的步伐。

上述例句中,谓词的 V 与 R 之间构成了因果关系,因此谓词与论元成分组合之后呈现出致使义。韩国语动结式的谓词语素之间只有两种组合形式,而汉语动结式谓词语素之间的组合形式较为多样化,这些具体表现形式上的差别源于语言的不同特点。

而汉语重视"意合"(cohesion),不借助语言形式手段而借助词语或句子所含意义的逻辑联系来实现它们之间的连接;韩国语重视"形合"(hypotaxis),往往借助语言形式手段(包括词汇手段和形态手段)实现词语或句子的连接。[①](43a)正如此,韩国语的语素结合为复合词时具有规律性,多依附于词根或者是语素基础上进行合成或者派生,因此两个语素的组合性质较为受限,且形式上无

---

① 潘文国:《汉英语对比刚要》,北京:北京语言文化大学出版社,1997年,第336—337页,转印自汪波:《韩国新闻报道标题语言研究》,博士学位论文,解放军外国语学院,2011年,第79页。

法分离。汉语的句子和词汇多由自由语素（free morpheme）构成，每个字都包含单一语素，自身拥有语义和功能，这也是动结式中谓词语素结合较为自由、组合形式多样化，且两个语素可以分别指派论元并与论元独立成句的缘由。

二、时体标记的语法化程度差异

Meillet（1912）在《语法形式的演变》一书中最早对语法演变机制作了较为明确的探讨。他指出，语法形式的建立主要有两个过程：一是"类推"（analogy），即一个形式因类似另一个形式而产生；二是"语法化"（grammaticalization），即一个本来独立的词转化为表达语法功能成分的过程。许多学者在此基础上，对语法化作了进一步探讨，刘坚、曹广顺、吴福祥（1995）认为，通常是某个实词或因句法位置、组合功能的变化而造成词义演变，或因词义的变化而引起句法位置、组合功能的改变，最终使之失去原来的词汇意义，在语句中只具有某种语法意义，变成了虚词。Haspelmath（1999）认为，语法化是渐进的单向性演变，这种演变使词汇项目变成语法项目，使松散的结构变成紧凑的结构，使频率较高的语言单位变得越来越受语法的限制，自主性逐渐减弱。

Lehmann（1985）指出，语法化程度的加深往往伴随着组合和聚合特征的如下变化：在聚合特征上，语音形式和语义内容逐渐损耗，与词形变化表一致的程度增加，被聚合内其他成员替换的可能性增加；在组合特征上，与之相结合的成分复杂性逐渐减弱，与另一成分融合的程度增加，在构式中所处位置的可变异程度增加。彭睿（2009）根据 Lehmann 等学者的研究成果，把语法化效应分为窄化效应和扩展效应，比如语法化项语音和语义内容的失落（lose）

及其与其他成分关系的受限（eonstrained）等。

　　汉韩隐性词汇使动的时体标记也经历了由词汇至语法的发展演变阶段，但相应的表达手段在语法化程度上呈现出差异。高山湖（1989）指出，汉语的虚词是语法关系的一个标志，与韩国语的词尾相似，句法结构有时需要靠虚词进行表达。他进一步指出，不少学者认为词尾和虚词都是纯语法的，但是二者仍有很大的不同。韩国语如果缺少词尾，在句法结构中无法明确表示语法关系；但汉语表示语法关系不仅可以靠虚词，还可以依靠语序手段。除词尾外，구본관（2015）指出，韩国语的体主要分为进行体和完成体两种，进行体主要由"고 있다₁"表示，完成体主要由"- 아 / 어 있다"和"- 고 있다₂"表示。박진호（2011）认为"- 고 있다₁"也可以与表静态语义的动词（static verb）连用，即表示状态的持续。本文重点对隐性词汇使动中出现的"- 고 있다₁""- 아 / 어 있다"等表示时体标记的语法手段作了探讨。[①] 部分学者将此类型称为助动词，认为是由具有实词性质的原动词（源语）发展而来的，其形成是源语经历意义虚化发展成语法成分的过程（王芳，2012），并指出韩国语助动词的三个特点：一是表面构造为"V1+ 어 / 고 +V₂"；二是赋予其语法上的时态意义或情态意义；三是具有与源语不同的抽象意义。

　　关于汉语有无"时态"（tense）范畴，则一直是语言学界长期以来一直争论不休和聚讼纷纭的话题。在很多语言中，都通过显性的动词屈折变化或者语法手段表示时态意义，而汉语主要以时间名词、时间副词等词汇手段表示时态意义。在没有时间名词和时

[①] 韩国语的时态标记还有常见的"았 / 었 / 였"先语末语尾形式，本文不将其作为探讨重点，而主要分析语法化形式"- 고 있다""- 아 / 어 있다"等。

间副词的情况下，"了"也对时态意义的形成起着较为重要的作用（朴珉娥、袁毓林，2019）。权奇英（1984）指出，汉语主要通过"着""了""过"等虚词表示持续体、完成体和过去完成体，而韩国语主要通过词缀或者语法关系表示时态范畴，并且它们之间并不是一一对应的，在具体的使用上呈现出各自语言的特点。

（44）a. 시민들은 책임자에게 그 사건의 진상 규명을 독촉하고 있다.

  b. 这些描写，丰富了人物的性格。

（44a）由"고 있다₁"表示动作行为的进行，（44b）由"了"表示状态的结束并持续。在形态层面上，时态作为一个"语法范畴"，把句子所描写的情景锚定在时间轴上。Comrie（1985）指出，时态意义不但在动词的形态变化中体现出来，而且能够通过加上一些"语法词"来实现。根据 Stassen（1997）、Smith 等（2007）等的观察，这些时态标记应该带有一定的"强制性"（obligatoriness）。也就是说，时态标记一定会出现在对时间的描写中。汉韩隐性词汇使动对时体标记的出现位置以及相搭配的句法成分等都具有一定的制约性，这既是构式对其相关成分的制约，也是时体标记本身的特点。朴珉娥、袁毓林（2019）指出，动态助词"了₁"通常表示事件时间在参照时间之前已经发生、实现的先时义，并且"了₁"只能出现在动词之后，因此它的强制性较弱。这是因为"了₁"本来作为完整体标记，只能跟带有终点的动词搭配使用。但是，随着时间的变迁，它逐渐开始打破这一限制，走上了一条由体标记转变为时态标记的发展道路。

根据前文的分析，汉语兼用式中，时体标记"了"出现在表示完成义的构式中；动结式的结果补语为表示"完结义"的虚词形式时，

常与"了"共现；构式强调的重点在于动结式的完成时，可以与体标记"了"共现，构式的重点在于后句所表达的事件或者对将来事件的阐述时，不与"了"共现。韩国语的命令允让式与"- 고 있다₁"共现时，主要表示"命令"等指示行为的进行，而不是结果状态的持续；动结式与"- 고 있다₁"共现时，既表示行为动作的进行，也表示结果状态的持续。由此可见，韩国语时体标记的出现位置以及与构式成分的共现等相对自由，而汉语时体标记的出现位置以及共现成分相对受限，正是由于语法化程度的不同，造成了两种语言在句法结构特征以及具体表现形式上的差异。语法化程度的差异受认知、语言环境、以及语义凸显等方面的影响，语法化的过程是一个语义不断凸显以及消退的过程，同一源语可以发展成一个以上的不同语法成分（Heine et al., 1991），而不同词汇的语法化过程以及程度也呈现出不同。

汉韩隐性词汇使动在句法功能上所表现出的异同点，与人们的思维方式以及对事物的认知反映相关，认知基础决定了语言的表现形式，而语言的具体功能又反映在其特征上。本文以句法功能层级的分析为基础，根据层级观与互动观的指导理念，将继续探讨谓词语义角色与构式论元的融合以及构式与具体语言环境的融合。

第三章　汉韩隐性词汇使动的语义功能

　　构式观注重形式与语义的配对关系，这是从构式角度进行语法研究的基础。以往研究受"动词中心论"思想的影响，将构式理解为谓词与其组成成分的简单结合，而忽视了与其他层级的互动关系以及形式与语义相结合的完整性。Lakoff（1977，1987）认为致使结构不是一个元素性概念，而是一个集合性概念，组成集合的各成分之间相互作用和影响。[①] 隐性词汇使动是各成分、各层级互动而成的集合性概念，各层级之间通过动态性的关联相互融合和压制，最终输出为形式与语义相结合并符合语境的完型构式。本章将在构式语法层级观及互动观的引导下，以谓词与构式的互动融合为基础，分别从致使语义的性质、致使力的性质以及致使主体和致使客体的语义融合等几个方面对汉韩隐性词汇使动的语义功能作对比性探讨。

第一节　汉语隐性词汇使动的语义功能

　　汉语隐性词汇使动是一个形式与语义相结合的完型构式，以往研究主要聚焦于致使主体和致使客体的语义性质，比如生命度、意图性、控制力以及意愿性等。对致使主体来源的研究也主要从角色"上升"角度进行，从构式整体出发的研究则相对较少，但谓词语义角色不等同于构式的论元成分，因此应立足于构式整体，从层级性和互动观角度出发，探讨语义角色融合为构式论元的方式以及

---

① 박은석（2013）：사동은 원소적 개념이 아니라 많은 상호작용적 속성들에 의해 정의되는 개념이다（Lakoff，1977，1987）.

过程。

一、致使语义的性质及特征

致使语义是隐性词汇使动最为凸显的语义特征，其自身性质值得我们关注和探讨。致使语义贯穿于整个致使过程，是凸显致使各成分的关键。具体来说，致使语义主要聚焦于原因事件与结果事件之间的关系，这个关系可能是紧密的、可预测的、蕴含的，也可能是较为松散的、不可预测的、也不具有蕴含性的。

（一）直接性与间接性

Haiman（1983）提出了"距离象似性"原则，认为语言表达形式之间的距离与它们所指代的概念距离相对应。具体来说，词汇或者语素在句法结构中的距离越近，其概念距离就越接近，语义关联也越为紧密。Lakoff & Johnson（1999）将这一原则视为人们对空间概念隐喻认知的结果。以致使结构为例，原因事件与结果事件之间的距离越近，前者对后者所产生的作用力就越强，直接致使义程度也就越明显。Comrie（1989）根据形式特征将世界语言的使动形式分为词汇型、形态型以及分析型三种，从语言类型学角度来看，词汇型、形态型以及分析型之间是一个语义紧密程度的连续统，这个连续统便构成了语言象似性（Iconicity）。Dixon（2000，2012）认为，如果将整个致使结构看作是一个连续统，那么由分析型使动至词汇型使动，构式的紧密性（compactness）程度逐渐增强，致使语义也更具有直接性。Haiman（1983）曾指出，构式语义越具有直接性，其原因事件与结果事件之间以及主体与客体之间的概念距离越为接近，他将句子组成成分之间的距离与语言形式上的概念距离抽象化为如下几种形式：

① Z（synthetic or lexical）

② X+Y（agglutinative or morphological）

③ X ＃ Y（analytic）

④ X ＃ A ＃ Y（periphrastic）[1]

通过 X 与 Y 之间的关系表示形态——句法之间的距离，并将概念距离或者语义关系用符号化表示。① Z 表示两个概念通过一个形态素或者一个单词进行表达；② X+Y 形式表示两个形态素相结合后所对应的概念距离；③ X 和 Y 分别由不同的单词或形态素构成，且它们之间具有边界性；④ X 与 Y 之间有介入成分 A，二者之间的概念距离因 A 的介入变远，语义之间的紧密性也随之降低。通过以上分析可知，①到④形式上的距离越来越远，概念距离及语义关系也随之变远。

（1）a. <u>炉火温暖了房间</u>，火焰在煤上摇曳，可以看见它跳跃变幻出的脸谱、群山、峡谷和各种动物。

　　b. 就如上次<u>祖父打碎了碗</u>嫁祸到我弟弟身上，孙有元再次看中了年幼的孙光明。

　　c. 扮可怜说<u>一顿饭吃了他半个月工资</u>，然后又说今年还要到成都来蹭我。

（1a）致使事件"炉火温暖了房间"与被致使事件"房间温暖了"由相同的谓词"温暖"表示，致使事件的宾语论元与被致使事件的主语论元一致，中间没有其他成分的介入，使动词"温暖"内含致使原因与致使结果，因此距离紧密、直接致使义强。（1b）由原因事件"祖父打碗"和结果事件"碗碎了"组合为一个整体，谓

---

[1] X、Y、Z 表示形态素，＃表示单词边界，＋表示形态边界。

词由"打"和"碎"组合而成，符合上文提到的"X+Y"形式，原因事件与结果事件在深层结构上分别由不同的谓词表达，因此语义直接性程度较为下降。

Lacokff & John（1980）将致使结构中原因事件与结果事件之间的关系阐述为："表原因的形式越接近于表结果的形式，则二者之间的因果关系越强。"[①] 原因事件与结果事件由一个谓词表达时，其致使义较为明显、直接，即致使主体所发出的作用力不受中间成分的干扰，对结果事件造成直接作用和影响。这也是词汇使动与其他使动形式相比语义更为直接的原因，根据以上分析，将汉语隐性词汇使动三个类型的语义直接性程度、语义紧密程度以及概念距离的远近程度归纳为如下：

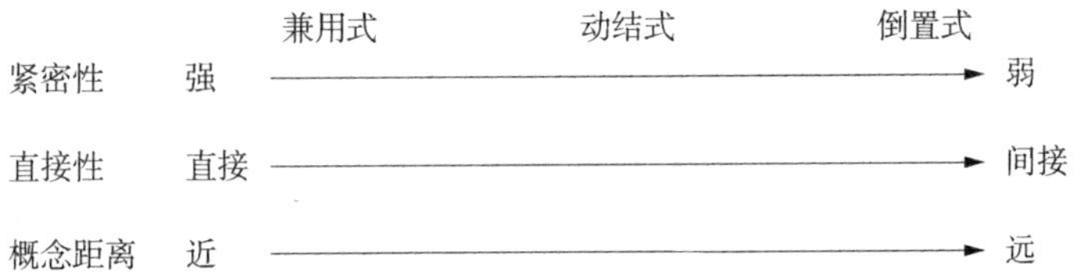

图 3-1　汉语隐性词汇使动连续统 [②]

由图 3-1 可知，兼用式由一个谓词表示原因和结果两个事件，因而概念距离较为接近，两个事件之间的紧密性较强、语义也更为直接。动结式的谓词由两个词素组合而成，一个表征原因事件，一个表征结果事件，因此概念距离相对较远、紧密性也相对较弱，进而导致语义的直接性程度有所降低。倒置式主要表示"失去义"[③]，

---

① The CLOSER the forming indicating CAUSATION is to the form indicating the EFFECT, the STRONGER the causal link is （Lakoff & John 1980）.
② 参考姜灿中（2019）"致使构式连续统"绘制而成。
③ 在"A+了"构式中也存在表"获得义"的情况，在此仅以"失去义"为例进行分析。

即谓词所表征的致使事件使客体花费一定的时间、数量、金钱等，因而在深层结构上两个事件的谓词并不一致，这也就导致了其概念距离较远，语义之间的紧密性程度较弱。这样一来，整个汉语隐性词汇使动内部不同形式之间也构成了一个语义上的连续统。

（二）蕴含性

박은석（2012）指出，蕴含性是指使动句的原因事件（致使事件）与结果事件（被致使事件）之间具有蕴含关系。[1] 蕴含性与 Dixon（2000）总结的致使结构的九个语义参项有关，尤其是致使主体的意图性以及致使客体的自控力。根据 Comrie（1981，1989）、Dixon（2000），致使客体的自控力是指致使客体对实施结果事件的控制力，如果致使客体的控制力大于致使主体的意图性，则结果事件可能会发生；如果小于致使主体的意图性，则结果事件可能不会发生。我们以否定结果事件的方式探讨致使结构是否具有蕴含性，如果否定后句子依然成立，则说明不具有蕴含关系；如果否定后句子不成立，则说明具有蕴含关系。

박은석（2010）提到，汉语补充型词汇使动[2] 的致使客体一般为有生命的人或动物，因此致使事件与被致使事件之间具有蕴含关系，并且以"杀"为例作了说明。

（2）a. 你杀了他。

b. *你杀了他，但他没死。

---

[1] 박은석（2012）：사동 구문의 함의성이란 사동 구문의 원인 사건（사동 사건）과 결과 사건（피사동 사건） 사이에 함의 관계가 성립하는가 성립하지 않는가에 관한 것이다.

[2] 박은석（2010）将词汇使动分为补充性词汇使动和零派生型词汇使动两种，前者的使动词与非使动词在语义上相互对应、形式上毫无关联，比如"杀"和"死"；后者的谓词以相同形式出现在使动句与非使动句中，比如"温暖"。

박은석（2010）提到，否定结果事件"他死了"后，构式不成立，说明两个事件结构之间具有蕴含关系，且致使客体对结果事件没有控制力或者控制力小于致使主体的意图性。顾阳（1999）曾指出，"杀"所构成的词汇使动并不一定在任何条件下都具有蕴含性，并通过下列例句作了说明。

（3）a. 约翰杀了两只鸡，但是一只没死。

　　b. * 约翰杀了两只鸡，但是两只都没死。

上述例句的结果事件为"两只鸡死了"，顾阳（1999）认为对结果事件进行否定后，（3a）成立，因此构式不具有蕴含性。김은주（2017）也持相同观点，认为补充型词汇使动的结果事件不一定实现，从这个角度来看，其致使客体具有一定程度的控制力。然而如果将否定改为（3b）的"* 约翰杀了两只鸡，但是两只都没死"，则句子不成立。"约翰杀了两只鸡"的否定形式可以是部分否定"但是一只没死"，也可以是完全否定"但是两只都没死"，这与否定的辖域和焦点相关。（3a）既是部分否定也是部分认同，即反向认可"约翰杀死了一只鸡"这个事实，（3b）全部否定后句子不成立，说明构式的原因事件对结果事件仍具有部分蕴含性。换言之，在结果事件包含数量的构式中，蕴含性的程度与具体的场景情形相关。

（4）a. ……围过来的战士们，都禁不住打了一个寒战，有的人眼泪立刻模糊了眼睛。

　　b. * ……围过来的战士们，都禁不住打了一个寒战，有的人眼泪立刻模糊了眼睛，但是眼睛没有模糊。

　　c. 他感动了我。

　　d. * 他感动了我，但是我没感动。

（4a）结果事件为"眼睛模糊了"，否定后句子不成立。（4c）

对结果事件"我感动了"进行否定后，句子同样不成立。兼用式的谓词将致使事件与被致使事件融合为一个整体，致使事件的发生保证了被致使事件的发生，因此原因事件与结果事件之间具有蕴含关系。

（5）a. 林雪只觉千言万语无从说起，眼泪一下<u>打湿了衣襟</u>。

　　b. * 林雪只觉千言万语无从说起，眼泪一下<u>打湿了衣襟，但是衣襟没湿</u>。

　　c. 接着，玻璃窗哗啦一声，一定是她，这头奇怪的、名字叫做女人的困兽，在挣扎中<u>打碎了窗子</u>，或者是另外一个人<u>碰碎了它</u>。

　　d. * 接着，玻璃窗哗啦一声，一定是她，这头奇怪的、名字叫做女人的困兽，在挣扎中<u>打碎了窗子</u>，或者是另外一个人<u>碰碎了它，但是窗子没碎</u>。

（5a）为动结式，由"打湿"构成结果事件"衣襟湿了"，否定后为"衣襟没湿"，句子不成立。动结式的谓词由两个语素复合而成，即前一个语素表征原因事件，后一个语素表征结果事件，二者之间形成动补关系，因此原因事件的发生保证了结果事件的实现。（5c）"打"表征原因事件"那个人打窗子"，"碎"表征结果事件"窗子碎了"，"打"的结果便是"碎"，因此构式本身蕴含了结果事件的发生。

（6）a. 那顿饭<u>吃了我整整三百块</u>。

　　b. * 那顿饭<u>吃了我整整三百块，但没吃我三百块</u>。

　　c. 那本书<u>写了他三年</u>。

　　d. * 那本书<u>写了他三年，但没写他三年</u>。

以上例句为倒置式，对结果事件进行否定后均不成立，倒置式本身表示的是相对于客体的"失去义"①，即致使结果一定是产生的，因此构式本身决定了蕴含关系的存在。

综上，兼用式、动结式、倒置式的直接致使义程度为：兼用式 > 动结式 > 倒置式，谓词及构式义决定了原因事件均蕴含结果事件。

二、致使力的性质与特征

致使力是致使结构的语义核心（周红，2006）。致使力的传递是指致使主体作用于致使客体，或者致使力由致使主体通过一定的方式传递到致使客体，引起致使客体的行为或状态变化。致使力是致使结构得以实现的最关键因素，也是与其他句法结构形式的最主要区别所在。

（7）a. 我吃了饭。

　　b. 那个人笑了。

　　c. 桌上放着一杯水。

（7a）是他动句，只涉及受事，不存在作用力使对象事物产生变化。（7b）是自动句，只呈现为主语的自主行为，没有涉及到其他对象或客体。（7c）是他动句，只存在地点宾语，没有作用力的传递过程及结果。以上三个例句均不存在致使力，也不是致使结构，如果将以上句子改为致使结构，则如下：

（8）a. 我吃光了这碗饭。= 我吃饭 + 使饭光了。

　　b. 笑得眼泪都出来了。= 笑 + 使眼泪出来了。

　　c. 我把水放在桌上。= 我放水 + 使水在桌上。

---

① 我们在第三章探讨过，"V+了"倒置式表示的是"失去"义，"A+了"倒置式表示的是"失去"义或者"获得"义，因例句全部为动词形式，因此姑且以"失去"义相称。

致使力的传递是致使关系是否成立的决定性因素，也是整个致使结构最为核心的语义表征形式。不同的致使结构所呈现的致使力性质也有所不同，（8a）通过动词"吃"将致使力传递给客体"饭"，使"饭"产生了一个"光"的状态，致使力是一个具体动作行为。（8b）通过"笑"，致使"眼泪出来"，致使力并不是主体的有意识行为，而是"笑"这个动作引起的客观现象。（8c）由"放"传递的具体动作力，且致使力的传递是致使主体的主观意识行为。可见，致使力的性质取决于所在构式的各论元性质，以及各论元与构式的结合程度，同时还要参考一定的语境要素，因此致使力并不是孤立存在的，而是与其他要素相互关联、相互融合而形成的。

（一）主观致使力与客观致使力

致使力的主客观性取决于致使主体发出的是有意识的主观行为，还是无意识的客观行为，亦或者致使主体本身是客观的现象或者事物。我们将通过以下例句分别探讨兼用式、动结式以及倒置式中致使力的主观与客观性质，具体示例如下：

（9）a. 气得她当下<u>摔</u>了电话。

　　　b. 这些"核心资产"的重整旗鼓，不但带动了指数，也<u>温暖</u>了投资者的心。

以上两个例句分别为"摔"和"温暖"构成的兼用式，（9a）致使力"摔"是由致使主体"她"有意发出的，通过构式论元以及具体语境也可以推知，即"某件事情或行为气得她"导致她发出"摔电话"这个动作行为。（9b）致使力"温暖"是由致使主体"这些'核心资产'的重整旗鼓"客观发出的，不带有主体的主观意识。

（10）a. 她不服，为这事还和领导大吵大闹了一通，她<u>摔碎</u>了团长的杯子，同时也把团长家窗子上的玻璃砸了。

b. 前几天，温州景山动物园一只名为"东冬"的母狮产下一对双胞胎，可就是不愿喂乳，只顾自己走来走去，<u>急坏</u>了动物园内所有工作人员。

以上例句分别是"摔碎"和"急坏"构成的动结式，（10a）作用力"摔碎"是由致使主体"她"主观发出的，通过构式的具体语境"她不服，为这事还和领导大吵大闹了一通"，也可以看出致使力是主体的有意识行为。（10b）由前面的事件"母狮不愿喂乳"客观导致致使客体"动物园内所有工作人员"产生"急坏了"的状态，而且致使主体为事件性行为，不存在主观意识的有无。

（11）a. 那个报告<u>写</u>了我一晚上。

b. 张三<u>吓哭</u>了李四。

（11a）为动词"写"构成的倒置式，致使事件与被致使事件分别为"写那个报告"和"我花了一晚上"，"写那个报告"作为客观事件对致使客体造成影响，而不是致使客体自身想要花费大量时间实施"写"的行为。（11b）需要根据具体语境进行探讨，有可能是张三故意吓李四，导致李四哭了；也有可能是张三无意间吓到李四，导致李四哭了。这样一来，前者是致使主体的有意识行为，后者是致使主体的无意识行为。

综合以上分析，致使力的传递可以是致使主体主观上的有意识行为，即主观作用力；也可以是致使主体无意识的行为或者自然现象、规律导致的，即客观作用力。通常情况下，主观作用力的发出者为有生命体，客观作用力的发出者为无生命体或者事件性主体，但也存在有生命体的无意识行为。致使力的主客观性还与具体的语境相关，相同的构式在不同的语言环境中可以识解为主观作用力，也可以识解为客观作用力。

（二）内在致使力与外在致使力

致使力由致使主体发出并作用于致使客体，整个致使力的传递过程是一个完整的闭合关系链。致使主体与致使客体可以相同，也可以不同，或者二者之间具有"整体——部分"的关系，这就导致致使力的传递有可能作用于不同的对象之间，也有可能作用于自身，即致使力表现为外在和内在两种形式。

（12）a. 然而，古义人在刚才的喊叫中<u>喊哑了</u>嗓子，这时竟无法开口搭话。

　　　　b. 汕谑他刚刚<u>摔坏</u>了头，才会如此忽嗔忽喜、疯疯颠颠。

　　　　c. 每当她走到跟前，它便抓她的头发，她刚<u>洗净</u>了鸟笼，它便把面包和牛奶打翻……

　　　　d. 那个报告<u>写</u>了她一晚上。

（12a）致使主体"古义人"发出"喊"的动作，导致自己的嗓子哑了，因此致使力传递至自己身体的一部分，为内在作用力。（12b）由致使主体"汕谑"发出"摔"的动作导致自己的"头"坏了，同样为内在致使力。（12c）致使主体"她"通过作用力使致使客体"鸟笼"产生了"干净"的状态，致使力由一个对象传递至另一个对象，是外在作用力的表现形式。（12d）由原因事件"她写那个报告"和结果事件"她花了一晚上"构成，致使主体发出作用力且作用于自身，表示致使事件使客体呈现出"失去时间"的结果。"V+了"倒置式的致使客体一般为人称代词，这就决定了致使力的传递只能由其自身发出，并最终作用至自身。张伯江、方梅（1996）指出"指代词实际上是一个功能类。它反映的是一种篇章关系，其所指实体只能在篇章中得到确认。"可见，指代词对篇章具有依赖性，其所含信息量可以从篇章结构中找到，（12d）人称代词"她"便是实施致使事件"写报告"的主体，因此致使力由自身发出并作用于自身。

综上，汉语隐性词汇使动的致使力既表现为外在形式也表现为内在形式，而倒置式的句法结构性质决定了其致使力基本都为内在形式。

（三）具体致使力与抽象致使力

致使力既可以是致使主体对致使客体实施的具体行为，也可以是使客体产生某些变化或达到某种状态的抽象行为。

（13）a. 偶尔没爬开，绊到了她们的脚上，她们<u>摔了</u>盘子高叫一声：闹鬼啊！

b. 肖童问："<u>亏了</u>钱怎么办，他着急吗？"

以上例句分别为"摔"和"亏"构成的兼用式，（13a）根据具体的语境，致使主体"她"与致使客体"盘子"接触并使"盘子"呈现为"摔"的状态，是具体的致使力行为。（13b）根据具体的语境，是指由于前面的原因导致致使客体"钱"呈现为"亏"的状态，作用力是客观的抽象行为。

（14）a. 洪大贤弯腰将金叉拔出，又在死者身上<u>擦净</u>了血迹……

b. 张某起初给战友起外号，并且<u>气哭</u>了女兵。

以上例句分别为"擦净"和"气哭"构成的动结式，（14a）致使主体"洪大贤"直接接触"死者"并且通过"擦"使客体"血迹"呈现出"干净"的状态，是具体的作用力行为。（14b）通过"张某起初给战友起外号"这件事情，导致致使客体"女兵"呈现出"哭"的状态，事件性的致使主体无法进行直接的作用力行为，因此呈现的是抽象的致使力。

（15）a. 这碗面<u>吃</u>了他一头汗。

b. 这件事<u>伤心</u>了她一晚上。

以上例句分别为"吃"和"伤心"构成的倒置式，（15a）是"吃这碗面"使客体"他"呈现出"一头汗"的状态。（15b）原因事件"这件事情"使客体"她"呈现为"伤心一晚上"的状态，都是抽象的致使力行为。

综上所述，致使力的具体性及抽象性特征与使动词本身的性质密切相关，一般动作行为动词倾向于表征具体的致使力，心理状态动词则倾向于表征抽象致使力。此外，具体作用力的发出者主要为有生命体或者具体的物品等，抽象作用力的发出者主要为事件性主体或者客观现象等。

三、谓词语义角色与主体论元的融合

顾阳（2001）指出，致使结构中最显著的是致使事件以及致使事件的参与者成分。施春宏（2007，2008a）认为致使主体的句法结构对动结式的论元结构具有根本性的影响。由此可见，对致使主体的探讨是分析致使结构的关键。因此，我们将立足于构式观，在学者们的研究基础上，重点探讨谓词语义角色与致使主体论元的融合过程。

（一）致使主体的性质

以往对致使主体性质的研究主要着眼于其生命度、意图性以及事件性等。顾阳（2001）认为致使主体的本质是一个过程或者活动，参与过程或者活动的一些成分可以凸显出来并转喻这个过程或活动。熊仲儒（2004a，2004b），施春宏（2007，2008a），蔡军、张庆文（2017）等根据致使主体的语法表达形式，将致使主体分为实体性和事件性，其中，实体性致使主体由名词短语表达，事件性致使主体由动词短语或小句表达。姜灿中（2019）认为动结式的致使主体本质上具有事件性，这是因为致使构式表征的是宏观事件，包含致使主体和结果两个微观事件（Comrie，1989），因此他认为以往研究中的实体性致使主体也可以而且有必要分析为事件性致使主体，并通过下列例句进行了探讨。

（16）a. ……客人失手<u>摔碎了</u>主人家的<u>杯子</u>……

　　　b. 少跟我胡说八道！就这么一点酒也能<u>喝倒我</u>？

姜灿中（2019）认为客人不是致使杯子"碎"的最直接、最具体的原因，"客人失手摔了杯子"这件事才是，同样"酒"不会直接导致"我"倒下，"我喝了酒"才会导致这样的结果。因此，他认为"摔倒"和"喝酒"的致使主体确切来说应该是"摔"和"喝"所指代的事件。

隐性词汇使动具有致使和被致使两个事件结构，以及致使主体、致使客体、致使力、致使结果四个要素，整个致使过程可以概念化为如下图示：

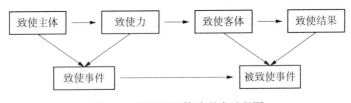

图 3-2　隐性词汇使动形成过程图

根据图 3-2，致使事件与致使主体以及被致使事件与致使客体之间的关系不是一一对应的。致使主体发出作用力促使致使事件发生，致使客体接受致使力形成被致使事件，整个过程是一个持续的、缺一不可的连续环节。根据以上对隐性词汇使动过程的识解，我们将例（16）转换为"使"字句或者"把"字句等显性使动形式，重新对其致使主体作具体分析。转换形式如下：

（16'）a. 客人失手摔了主人家的杯子，使杯子碎了。

b. 一杯酒把我喝倒了。

（16'a）致使事件为"客人摔杯子"，被致使事件为"杯子碎了"，致使力的传递是由动词"摔"导致最后的结果为"碎"，发出致使力"摔"的主体为"客人"，接受致使力并产生结果的客体为"杯子"。因此，我们认为不应将致使主体视为"客人失手摔了杯子"，这是将致使主体与致使事件的混淆。（16'b）致使主体为"一杯酒"，是实体性主体。

根据以上分析，我们将通过以下例句，对兼用式、动结式以及倒置式的致使主体性质作具体探讨。

（17）a. 他们的行为感动了警察。

b. 他将事情的经过一一讲出，说起他如何略施小计，既满足了国王的独裁欲望，又保障了他以前的臣民的民主愿望，言谈间不禁流露出得意之情。

c. 窗户上的玻璃被雨滴打的啪啪响，打破了演员休息室的一片沉静。

d. 人们打破了窗子，把能搬动的东西，尽量抢出现场。

e. 这个研究生考了他整整三年才考上。

f. 经费问题愁了我足足一个月。

（17a）致使主体为"他们的行为"是事件性主体，通过抽象作用将致使力传递至客体"警察"，使其产生"感动"的状态。（17b）致使主体为"他讲事情的经过，讲他如何略施小计"这件事情，导致致使客体"国王的独裁欲望"得到满足，以及"他以前的臣民的民主愿望"得到了保障，是一个事件性的致使主体。（17c）致使主体为"窗户上的玻璃被雨滴打的啪啪响"这个事件，使客体"演员休息室的一片沉静"呈现为"打破"的状态。（17d）致使主体为"人们"，是有生命的实体，"人们打破窗子"是致使事件，导致客体"窗子"呈现为"破"的状态。（17e）表达的是"这个研究生，使他考了三年才考上"，致使主体"这个研究生"并不是指具体的"人"，而是"考研究生"这个事件。（17f）转换为"使"字句，是"经费问题，使我愁了足足一个月"，致使主体为"经费问题"，呈现为实体性。

综上，致使主体呈现为实体性和事件性，在不同构式及其论元关系的相互作用下，所呈现出的致使主体性质也不尽相同，隐性词汇使动的形式越具有多样性，其致使主体的性质特点也更加丰富多样。

（二）谓词语义角色与主体论元的融合过程

典型的致使主体具有施事性，框架结构中的施事角色可以直接融合为具有施事义的致使主体。此外，谓词语义角色与致使主体语义特征不完全相同时，在一定条件下也可以融合为致使主体。依据Langacker（1987，2004，2008），谓词语义角色与致使主体的融合主要有两种方式：一种是图式——例示关系的融合，一种是典型——扩展关系的融合。通过图式——例示关系进行融合的前提是，谓词语义角色与构式论元在语义特征上完全吻合，前者为后者的具体例示；通过典型——扩展关系进行融合的前提是，谓词语义角色与构式论元部分吻合，前者与后者形成部分与整体的关系。谓词语义角色与构式论元通过以上两种方式进行融合，反之如果语义角色与构式论元之间存在图式——例示或者典型——扩展的关系，那么它们之间具有语义特征上的兼容性。

谓词在框架结构中所激活的语义角色丰富多样，总体来说，有施事、客事、与事等核心语义角色，以及材料、工具、手段、原因、处所等非核心语义角色。谓词语义角色与致使主体在语义特征上完全一致时，语义角色便可通过图式——例示关系直接融合为致使主体，这是致使主体融合过程中最具典型性的形式。此外，还存在一些框架结构中谓词语义角色与致使主体语义不完全一致的情况，即二者之间具有语义上的部分与整体关系，此时谓词语义角色可以通过典型——扩展关系转喻为致使主体。从这个角度来说，可以转喻为致使主体的语义角色越多，致使主体就愈加多样化。不同框架结构中，谓词所激活的语义角色并不相同，这也就导致构式的致使主体呈现出不同的性质及表征形式。

（18）a. 有的农业社在抗旱、排涝中使用<u>这个厂的机器</u>，不能发挥作用，有的<u>旱死了</u>庄稼，有的<u>淹坏了</u>农田。

　　b. 说的很对，眼睛只是一把钥匙，谁知道<u>这把钥匙打开</u>的箱子里还有多少箱子需要打开。

　　c. <u>胭脂红染红了</u>她的颧骨，向四周泗开了。

　　d. <u>这地方住烦了</u>，看也不想再看它了。

　　e. <u>200米都跑死</u>一个人了。

　　f. 或许只是乡风浓郁的山歌民谣，又或是原生态的民俗展演，但是每一个音符都浸透了感情和关切，<u>唱醉了台下观众</u>。

（18a）"这个厂的机器"是使"庄稼"旱死以及"农田"淹死的主体，也是谓词"旱死"和"淹死"的原因角色，因此原因角色通过典型——扩展关系转喻为致使主体。（18b）"这把钥匙"作为致使主体使"箱子"得以打开，"这把钥匙"在框架结构中是谓词"打开"的工具角色，因此是工具角色转喻为致使主体的形式。（18c）"胭脂红"在句法结构中作为谓词"染红"的材料角色，在构式中融合为致使主体，并使客体"她的颧骨"变红。（18d）在框架结构中"这地方"是谓词"住"的处所角色，在构式中转喻为致使主体。"这地方"使客体即"居住的人"产生"烦"的结果状态。（18e）"200米"作为谓词"跑"的距离角色，在构式中融合为"跑"的致使主体，使客体"一个人"产生累到"死"的状态。（18f）谓词"唱"的客体为"山歌民谣"等，即"山歌民谣"等作为谓词的客事论元，转喻为构式的致使主体，使客体"观众"呈现为"陶醉"状态。

以上这些例句，谓词语义角色分别为原因、工具、材料、处所、距离、客事等，前面几项为非核心语义角色，客事为核心语义角色，这些语义角色在构式中得以凸显，通过转喻方式融合为致使主体。此外，以上例句均为动结式，谓词由两个语素复合而成，两个语素可同指也可不同指，因而所指向的语义角色较为丰富且具有多样性。

（19）a. <u>那个报告</u>写了我一晚上。

　　　 b. <u>那个瓶子</u>摸了他一手油。

　　　 c. <u>这活儿</u>累了我一上午。

　　　 d. <u>这件大喜事</u>激动了他整整一天。

倒置式的句法结构分为"V+了"倒置式和"A+了"倒置式两种。（19a）和（19b）为"V+了"倒置式，句法结构上来看致使主体分别由"那个报告""那个瓶子"承担，同时它们又分别是"写""摸"的受事，因此"V+了"倒置式主要由谓词的受事角色通过图式——例示关系进行融合。（19c）与（19d）为"A+了"倒置式，"这活儿"与"这件大喜事"分别是谓词"累"和"激动"的原因，因此是原因角色通过转喻融合为致使主体。

除了以上"V+了"倒置式的"受事转喻主体"和"A+了"倒置式的"原因转喻主体"外，也会出现其他语义角色转喻融合为致使主体的情况。

（20）a. <u>一张电影票</u>排了我一下午。

b. <u>这批钢材</u>跑了我两个月。

c. <u>筒子楼</u>住了我们几十年，也该到享福的时候了。

（20a）在框架结构中，"一张电影票"是"排"的目的宾语，语义层面承担目的角色并在构式中转喻为致使主体。（20b）"这批钢材"是谓词"跑"的目的宾语，在语义层面承担目的角色的功能，并且通过框架结构中的凸显转喻为致使主体。（20c）在框架结构中"筒子楼"是"住"的处所宾语，因此"筒子楼"作为处所语义角色通过典型——扩展关系转喻为致使主体。朱德熙（1982）指出，述语和宾语在语义上的联系具有多样性，宾语可以作为受事、施事出现，也可以是动作凭借的工具、运动的距离或者终点、动作延续的时间等等。[①] 顾阳（2001）认为倒置致使句是主体作为经验者的身份出现在宾语位置，而客体则以使因身份出现在主语位置。因此，承担不同语义角色的宾语出现在倒置式的主语位置并融合为致使主体论元，是倒置式致使主体的性质较为多样化的原因。

综上所述，动结式因复合谓语的可同指和可不同指性，所指向的语义角色较为丰富，因而转喻而成的致使主体也较为多样化。倒置式因语序的倒置，宾语以使因身份出现主语位置，述语与宾语之间本身可以构成目的、原因等各种语义关系，因此通过凸显所融合的致使主体也更加多元化。

（三）构式对语义融合的制约

谓词语义角色具有多样性，一般来说任何语义角色都有可能进

[①] 郭姝慧：《现代汉语致使句式研究》，博士学位论文，北京语言大学，2004年，第34页。

入构式直接融合为致使主体或者通过转喻等方式与致使主体论元相融合，但实际上谓词语义角色能否进入构式并与致使主体相融合，受语义条件、凸显性以及语境等因素的影响。其中，最基础的条件是谓词语义角色与致使主体具有语义上的相关性，即语义上是致使主体的一部分。

其次，谓词语义角色能否进入构式还受凸显度的影响。前文提到谓词在框架结构中激活了不同性质的语义角色，既有核心语义角色比如施事、受事、客事、历事等，也有非核心语义角色比如材料、原因、目的、方式等。核心语义角色是框架结构中相对凸显的成分，因而比非核心语义角色更容易转喻或者直接融合为致使主体，而非核心语义角色因其自身的非凸显性，在构式中相对不那么容易融合为致使主体，这也导致汉语隐性词汇使动中可以融合为致使主体的语义角色多为核心元素，比如"V+了"倒置式最常见的形式为受事转喻融合为致使主体。如魏在江（2015）所言，人们对事物的认知是受凸显度影响的，即事物的凸显特征更容易在人的大脑中与思维建立联系。因此，谓词语义角色与致使主体的融合程度以及可能性与谓词语义角色在框架结构中的凸显度相关。

再者，谓词语义角色能否融合为致使主体还受具体语言环境以及认知背景的影响。语言归根到底是人们的一种认知行为，能否融合还受具体的语言情景、人们互相交流的方式以及具体思维活动的影响。这些要素之间相互制约、相互作用，最终输出为不同的构式，也形成了具有不同性质的致使主体，框架结构与构式层级进行互动融合的过程中，各成分之间的结合更为紧密，构式的联系性与制约性也随之增强。

四、谓词语义角色与客体论元的融合

汉语隐性词汇使动的原因事件蕴含着结果事件的发生，致使客体又与结果事件的发生具有直接关联性，因此在整个致使结构链中，致使客体也是不容忽视的一个成分。因此，本部分将在探讨致使客体性质的基础上，具体分析谓词语义角色与致使客体的融合过程。

（一）致使客体的性质

致使客体具有自身的性质特征，对致使客体性质的探讨有助于理解谓词语义角色与致使客体的融合。以往对其性质的研究主要聚焦于生命度以及控制力，比如김은주（2017）对汉语补充型、零派生型、复合型以及倒置式的致使客体生命度及控制力作了分析。在学者们的研究基础上，我们将致使客体的性质分为实体性和事件性两类，并分别对兼用式、动结式和倒置式进行探讨。

（21）a. 牛爱国："姐，我当兵不为<u>烦爸妈</u>。"

b. 幸亏她给她侄女<u>解放了脚</u>，解放得早，不然肯定给拣下去了。

c. 只要有一双小脚，即便满脸麻子也<u>不愁嫁</u>；只要有一双大脚，哪怕你脸如天仙也没人要。

（21a）致使客体"爸妈"是有生命的人，属于实体性名词。（21b）"脚"为无生命力的物体，同样也属于实体性名词。（21c）"嫁"是指嫁人这件事情，因此属于事件性致使客体。兼用式的致使客体既有实体性，也有事件性，实体性致使客体可分为有生命体和无生命体两种。

（22）a. 即使原来你们的方向是正确的，如今周纯一<u>打死了</u>一个人，有理也变成了没理，还争什么是非呢？

b. 她看着白衣男人离去，同时问："这半年你在干什

175

么？""<u>学会了看手相</u>。"他答。

　　　　c.那篇文章写了<u>我</u>一晚上。

　　　　d.那些毛线织了<u>我</u>足足三个月

　　（22a）致使客体为"一个人"，是有生命的实体形式。（22b）"看手相"作为致使客体，体现的是"看手相"这件事情，因而作为事件性形式存在。（22c）和（22d）为倒置式，致使客体全部为有生命的人，这与倒置式的构式性质相关，构式对相关成分的制约之一便是致使客体以人称代词的形式出现，即全部为有生命的实体形式。

　　综上，致使客体既呈现为实体性，也呈现为事件性，实体性又分为有生命体和无生命体。致使客体的性质与构式的整体特征也是密切相关的，比如倒置式的客体一般以人称代词的形式出现，因而多为有生命的实体性形式。

（二）谓词语义角色与客体论元的融合过程

　　能够融合为致使客体的谓词语义角色相对单一，因此语义角色与致使客体的融合过程也较为简单，即谓语语义角色与致使客体在语义特征上完全一致时，通过图式——例示关系直接融合为致使客体。

　　（23）a.他<u>砸破了橱窗</u>，偷走了杜松子酒，就迫不及待地跑到那条胡同，拼命喝起来。

　　　　b.他要选准一个合适的位置去开枪，好用这一枪既击毙那可怕的爬虫而又<u>不伤了特派员</u>。

　　（23a）是动词"砸破"构成的动结式，从语义层面来看，"橱窗"在"砸"所指代的事件结构中作受事，在"破"作指代的事件结构中作客事，此时"砸"的受事成分与"破"的客事成分同指。受事与客事是就框架结构中谓词的语义角色而言，因此它们之间并不存在矛盾，也不违反题元准则。"橱窗"在融合为致使客体之前，在框架结构中作为参与者只凸显了其中的一个语义角色，这与谓词"砸破"的复合形式是相关联的，"砸破"的前一个语素表征原因，后一个语素表征结果，但作为整体出现时凸显了主体发出的动作行为，而动作的承受者正是"橱窗"，因此在框架结构中凸显了其受事角色。受事角色与致使客体在语义特征上完全吻合，前者是后者的例示，通过图式——例示关系在构式中融合为致使客体。（23b）由动词"伤"构成的兼用式，"特派员"在句法结构中呈现为"伤"的受事角色，因此在构式中可以直接融合为致使客体。

此外，致使客体能否由其他谓词语义角色融合而成，也值得我们探讨。

（24）a. 那碗面<u>吃了</u>他一头汗

　　　b. <u>学累了</u>放松一下。

　　　c. 他扮着<u>喝光了</u>酒，<u>吃撑了</u>桃，不忘照顾弟兄，于是顺手牵羊，偷了一袋，又一筋斗翻回水帘洞去。

（24a）"他"作为谓词"吃"的施事角色，同时也是历事角色，即客体通过谓词的动作将行为结果影响至自身。（24b）致使客体在构式中未显现，根据构式义，"学"的客体一般为"知识"等，"累"的主体与"学"的主体相一致，即致使主体既是施事角色，也是历事角色。当谓词复合为一个整体时，所凸显的客体不再是"知识"，而是结果事件的主体，即凸显了历事角色，是主体发出致使力并作用于自身的返身动结式。（24c）存在两个动结式，前一个动结式"喝光了酒"中"酒"既是"喝"的受事，也是"光"的客事，是典型的动结式。第二个动结式中"吃撑"的致使客体为"桃"，"桃"是"吃"的受事，却不是"撑"的客事。"桃"在句法结构中作为谓词"撑"的原因角色，通过典型——扩展形式转喻为致使客体。此外，从语境角度来看，"吃撑了桃"与上文的"喝光了酒"形成了韵律上的搭配，只不过"喝光了酒"中的"酒"既是受事也是客事角色，而"桃"是受事兼原因角色，后者在句法结构中凸显原因角色并融合为致使客体。

综上，致使客体既可以通过图式——例示关系融合为致使客体，也可以通过典型——扩展关系进行融合。兼用式与典型的动结式多通过前者实现融合过程，但倒置式及部分动结式可以由谓词的其他语义角色转喻为致使客体。在融合过程中，语义角色的凸显既受句法结构成分的影响，还跟具体的语言环境密切相关。

第二节　韩国语隐性词汇使动的语义功能

以往对韩国语词汇使动的研究，主要聚焦于致使主体和致使客体的性质（人物名词、动物名词、抽象名词等）、致使主体的意图性、致使客体的控制力等方面，比如박은석（2013）、박연옥（2018）等。此外，致使语义与致使力的性质、谓词语义角色与构式论元的融合方式及过程等也值得我们关注和探讨。

一、致使语义的性质及特征

致使语义贯穿于整个致使过程的始终，是致使结构最为显著的语义特征，也是与其他语法形式的主要区别所在。不同构式类型在致使语义的表现特征上呈现出一定的差异，比如原因事件与结果事件之间概念距离的不同，导致致使语义的直接性与间接性程度呈现出差异；不同的隐性词汇使动类型，其原因事件对结果事件的蕴含性程度也不一致。

（一）直接性与间接性

박은석（2012）指出，直接性与间接性是致使结构语义研究中必不可少的一个重要参项。김성주（1997）认为"보내-"使动句呈现出直接致使义，"주-"使动句呈现出间接致使义。박정운（2003）对韩国语"短型使动（形态型使动）"和"长型使动（分析型使动）"的直接性与间接性作了分析，认为短型使动是直接使动，长型使动为间接使动。박은석（2012，2013）分别对汉语和韩国语补充型词汇使动以及同形型词汇使动的直接性与间接性作了探讨，认为词汇使动属于直接使动形式。①

Comrie（1981，1989）指出，如果原因事件与结果事件之间无其他成分介入，则表示概念距离接近，致使义也较为直接；如果有其他成分介入，则表示概念距离较远，致使义也倾向于间接性。他还进一步指出，直接致使与间接致使之间并不是泾渭分明的，而是存在连续体上的程度差异。Haiman（1985）认为构式紧密度影响了原因事件与结果事件之间的概念距离，即由分析型使动、形态型使动到词汇型使动，事件结构之间的概念距离逐渐接近。Shibatani & Pardeshi（2002）以原因事件与结果事件在时间、空间上是否重叠为标准，将直接致使与间接致使的中间形态进行细化，即将整个连续体细分为"直接致使""共同参与致使""给予帮助致使""监督致使""间接致使"五种。正如 Comrie（1981，1989）所言，直接致使与间接致使之间是一个连续统，根据构式成分及具体语境的不同，中间成分便具有更多的可能性，因此无法对其进行精确划分，只能视为直接性与间接性程度的差异。

---

① 박은석（2012）：사동의 직접/간접성은 사동 연구자 중 언급하지 않은 사람이 없을 정도로 주목을 받아온 의미 참수이다.

박은석（2012，2013）以 Lakoff（1987，1995）列出的典型致使关系的十个属性①为准则，对词汇使动的直接性与间接性作了判定，认为构式越是满足所列举的全部属性，则越接近于典型的使动形式，致使义也就更为直接。

（25）a. 철수가 자동차를 <u>움직였다</u>.

b. 그는 미국 사회의 여론을 <u>움직였다</u>.

c. 그 회사는 생산량을 <u>배가하기</u> 위하여 기술 혁신과 설비 자동화에 중점을 두고 있다.

（25a）满足 Shibatani & Pardeshi（2002）等学者对直接使动的界定，也满足 Lakoff（1987，1995）所列举的致使关系属性。即致使事件"철수가 자동차를 움직였다"与被致使事件"자동차가 움직였다"之间存在时间与空间上的一致性，致使主体的行为全面影响被致使事件，致使主体作为施事，致使客体作为受事，构式呈现出直接致使义。（25b）致使主体"그"为有生命体，但致使客体"미국 사회의 여론"为抽象名词，二者之间无法直接接触，因而直接致使义程度较（25a）有所降低。（25c）致使主体"그 회사"通过"배

---

① a. 有进行某种行为的主体；

b. 有历经状态变化的客体；

c. a 与 b 构成单一事件并在时间与空间上重叠，主体和客体有直接接触行为；

d. 主体的行为或者状态部分先于客体的变化；

e. 主体是作用力的始发点，客体是作用力的到达点，作用力由主体向客体转移；

f. 有单一、明确的主体和单一、明确的客体；

g. 主体为有生命体；

h. ①主体有意识地进行某种行为；

②主体对所进行的行为有控制度；

③主体对行为和产生的变化承担主要责任；

i. 主体可以使用手、身体或者工具等；

j. 主体直面客体并且可以感知客体的变化。

加하다"的抽象作用力，促使客体"생산량"呈现为"배가하다"
的状态。致使主体为团体性名词，致使客体为抽象名词，二者之间
无法实现空间上的一致性，即无法直接接触，因而直接致使义程度
也有所降低。由此可见，在具体构式中，受各论元属性以及组合关
系的影响，直接致使义程度也呈现出差异。

（26）a. 직원들이 정보를 밖으로 <u>누출하지 않도록</u> 교육을 하
였다.

　　　　b. 김영삼 정권이 대학국사를 필수에서 선택으로 <u>격하
했다</u>.

　　　　c. 일반 국민은 금후 우리 정부 지도 아래 제반 산업을
<u>부흥하기를</u> 요망한다.

　　　　d. 정부는 상반기 중 재정 지출을 <u>집중하기로</u> 하였는데
금리 동향이나 주가 움직임을 보면 구축 효과보다는 구입 효과로
이어질 가능성이 높아 보인다.

（26a）致使主体"직원들"与抽象性的致使客体"정보"之
间无法直接接触。（26b）致使主体为抽象性的"김영삼 정권"，致
使客体"대학국사"同样具有抽象性，因而直接致使义也较低。（26c）
与（26d）同理，致使客体均属于抽象形式，即致使主体发出一定
的致使力促使客体产生某种状态变化，二者之间无直接接触行为。
动结式的谓词及其论元的组合决定了其致使关系多为抽象形式，因
而直接致使程度较兼用式有所降低。

（27）a. 수레를 자기 쪽으로 <u>들이끌다</u>.

　　　　b. 그는 필요한 자재들을 현장으로 <u>이동하였다</u>.

　　　　c. 사단장은 강철을 해외에 <u>파견하였다</u>.

（27a）为典型的致使移动式，致使主体发出直接作用力"들

이끌다"使客体产生实际位移，因此符合直接致使义形式。(27b)既可以理解为致使主体通过"이동하다"的作用力与客体"자재들"共同移动到"현장"，构成"伴随类"致使移动式，体现直接致使力行为；也可以理解为致使主体通过其他方式将客体移动至"현장"，此时不产生直接的接触行为，直接致使力程度较前者有所降低。(27c)由"파견하다"构成的"命令类"致使移动式，由致使主体"사단장"发出命令，客体在接受命令后产生具体的移动行为。一般此类构式的客体具有一定的自控力，但此句致使主体的意图性明显大于致使客体的自控力，因而致使结果实现的可能性较大，并且移动行为并不是致使主体的直接作用力导致的，而是客体接受主体的指令后沿着"하의에"路径进行移动。因此，"命令类"致使移动式呈现的是间接致使义。命令允让式同样是致使主体对致使客体发出一定的指令，致使客体在接受指令后决定是否进行后续行为的形式，比如"아무런 적의 움직임이 눈에 띄지를 않자 소대장은 이동을 명령했다"，只有在客体接受"이동"指令后后续行为才会发出，因而也呈现出间接致使义。

根据以上探讨，除"命令类"致使移动式和命令允让式之外，其他隐性词汇使动都呈现出直接致使义，但具体构式的直接致使义程度也呈现出差异，这与Comrie(1981, 1989)等学者所提出的"直接致使与间接致使之间是一个连续统"的说法相一致。

(二)蕴含性

Song Jae Jung(1996)指出，原因事件与结果事件之间的蕴含关系是指"原因事件的真实性可以保证结果事件的真实性"，当致使结构的结果事件还未发生或者实际上无法发生时，整个致使结构呈现为具有目的(purpose)或者目标(goal)的"目的类型使动

（PURP）",此时原因事件与结果事件之间不具有蕴含关系。他进一步指出,韩国语的"- 게 하다"使动属于"目的类型使动(PURP)",即原因事件不保证结果事件的发生。박정운(2003)、이지수(2008)同样认为韩国语的"- 게 하다"使动以及部分短型使动 ① 的原因事件与结果事件之间不具有蕴含关系。박은석(2013)指出,判定致使结构的原因事件与结果事件之间是否具有蕴含性,最简单也最直接的方式是对结果事件进行否定,如果否定后句子仍然成立,说明不具有蕴含关系;如果否定后句子不成立,则说明原因事件保证了结果事件的发生,二者之间具有蕴含关系。以学者们的探讨为基础,本文将对结果事件进行否定,以此判定各隐性词汇使动类型的原因事件与结果事件之间是否具有蕴含关系。

（28）a. 선생님이 <u>종을 울렸다</u>.

b. * 선생님이 종을 <u>울려지만 울리지 않았다</u>.

c. 그러자 물건을 팔지 못한 기업들은 종업원을 해고하고 <u>생산량을 감축했다</u>.

d. * 그러자 물건을 팔지 못한 기업들은 종업원을 해고하고 <u>생산량을 감축했는데 감축하지 않았다</u>.

（28a）与（28c）分别为动词"울리다"和"감축하다"构成的兼用式,否定结果事件后,句子均不成立,因此原因事件与结果事件之间具有蕴含关系。兼用式本身是由致使主体、致使作用力、致使客体构成的单一结构式,谓词所在的自动句呈现为兼用式的结

---

① 短型使动是指韩国语的形态型使动,이지수(2008)以下列句子为例对被致使事件的非蕴含性进行了说明:

a. 선생님은 학생들을 웃겼다.

b. 선생님은 아이들을 웃겼으나, 학생들은 웃지 않았다.

果事件，因此原因事件对结果事件具有直接的影响力，且更能保证结果事件的发生。

（29）a. 특히 1992 년 10 월 12 일에서부터 18 일까지 열렸던 제 14 차 전국대표대회에서 중국공산당은 개방·개혁을 위한 <u>장기적인 이론의 정립과 조직정비 작업을 상당 부분 완료했다</u>.

b. * 특히 1992 년 10 월 12 일에서부터 18 일까지 열렸던 제 14 차 전국대표대회에서 중국공산당은 개방·개혁을 위한 <u>장기적인 이론의 정립과 조직정비 작업을 상당 부분 완료했지만 완료하지 않았다</u>.

c. 기혼 여부를 적어야 하는 1~2 개 회사에서 면접 기회조차 거절당하기도 했지만, 결국 그 어렵다는 <u>금융 고시를 통과했다</u>.

d. * 기혼 여부를 적어야 하는 1~2 개 회사에서 면접 기회조차 거절당하기도 했지만, 결국 그 어렵다는 <u>금융 고시를 통과했는데 통과하지 않았다</u>.

（29a）与（29c）分别是由"완료하다"和"통과하다"构成的动结式，对结果事件进行否定后，句子均不成立，因此原因事件与结果事件之间具有蕴含关系。动结式的谓词由两个汉字词语素与"- 하다"组合而成，两个语素之间形成动补关系，前者表征的原因事件蕴含着后者表征的结果事件。[①]

（30）a. 들고 나온 편지 봉투 세 개 가운데 먼저 <u>두 개를 그에게 내밀었다</u>.

---

① 虽然韩国语动结式的两个汉字词语素之间不能分离，即无法将谓词拆分并单独表征指向原因事件和结果事件，但在语义上仍然呈现为前一个语素表原因、后一个语素表结果的特征。

b. * 들고 나온 편지 봉투 세 개 가운데 먼저 <u>두 개를 그</u>
<u>에게 내밀었지만 그에게 내밀지 않았다</u>.

c. 철수는 <u>영희를 집으로 초대하였다</u>.

d. 철수는 <u>영희를 집으로 초대하였는데 영희는 가지 않</u>
<u>았다</u>.

（30a）是动词"내밀다"构成的典型致使移动式，否定结果
事件"편지 봉투 두 개를 그에게 내밀었다"之后，句子不成立。典
型致使移动式由致使主体发出作用力，直接作用于致使客体并使其
产生实际位移，因此原因事件保证了结果事件的发生。（30c）为"초
대하다"构成的"命令类"致使移动式，如果对结果事件进行否定，
句子依然成立，说明原因事件与结果事件之间不具有蕴含关系。这
与构式性质相关，致使客体在接受致使主体的指令后结果事件才能
发生，如果致使客体自身控制力较强且不具有接受指令的意愿，那
么致使结果便不会发生。

（31）a. 점장은 일찍 출근하여 <u>점원들에게 상점 내 청소를</u>
<u>지시하였다</u>.

b. 점장은 일찍 출근하여 <u>점원들에게 상점 내 청소를</u>
<u>지시하였지만 점원들은 청소를 하지 않았다</u>.

c. 운동하는 사람들은 <u>남에게 너무 강요한다</u>.

d. 운동하는 사람들은 <u>남에게 너무 강요해도 사람들은</u>
<u>운동을 하지 않는다</u>.

（31a）以及（31c）为命令允让式，与"命令类"致使移动式
相同，致使客体接受指令后才会做出相应的行为，致使结果也才有
可能实现，如果致使客体不接受或没有履行指令的意愿，那么结果
事件便不会发生。因此，命令允让式原因事件与结果事件之间的蕴

含关系与致使主体的意图性以及致使客体的自控力密切相关。

综上，兼用式以及动结式的原因事件保证了结果事件的发生，因而具有蕴含性，"命令类"致使移动式和命令允让式只有在致使客体接受指令后结果事件才能实现，因而不具有蕴含性。可见，不同的构式类型以及构式各成分之间的组合关系都会对结果事件产生影响，这也侧显了构式是一个各成分之间相互关联、具有互动性的完型式。

二、致使力的性质及特征

致使力是整个致使环节最为核心的部分，也是致使义得以实现的关键要素。构式与致使力之间是相互关联、具有压制性的，构式论元成分会影响致使力的性质以及致使力的传递方式，致使力也会影响致使结构的具体表现形式。根据致使主体的意图性程度可将致使力分为主观致使力和客观致使力；根据作用对象的不同，可分为内在致使力和外在致使力；根据本身性质及作用方式的不同，可分为具体致使力和抽象致使力。

（一）主观致使力与客观致使力

致使力是由致使主体发出的，其性质与致使主体密切相关。Comrie（1989）指出，致使结构中与致使主体相关的语义参数共有四个：直接致使还是间接致使（direct or indirect）、有意致使还是无意致使（accidentally or intentionally）、自然为之还是努力为之（naturally or with effort）、指使者有无参与（involvement）。①周红（2003）指出，"有意"是指主体对事件或动作本身以及动作所涉

---

① 郑杰：《韩国语作格动词研究》，博士学位论文，上海外国语大学，2017年，第49页。

及的场所、形状、可能、方式等语义范畴的自觉性的观照；而"无意"是指上述语义范畴经过动作后，超越主体的意识而形成的客观态势。[①] 因此，致使主体有意的、积极实施的行为即呈现为主观致使力；而致使主体无意的、自然导致的行为即为客观致使力。

Lakoff（1987，1995）认为典型的致使结构是人有意识地进行某种致使行为。因此，主观致使力比客观致使力更具典型性。我们将根据以下例句分别探讨兼用式、动结式以及致使移动式中致使力的主客观情况。

（32）a. 그는 갑자기 차를 멈추었다.

　　　 b. 자다주의는 사람들을 부자와 빈자로 분화하는 촉매제 역할을 했다.

（32a）致使主体"그"作为施事，直接发出作用力促使致使客体"차"呈现为"멈추다"的状态。毕玉德（2005）认为施事是主动发出某一动作的行为主体。Downty（1991）曾提出原型施事的基本角色概念，即施事有事件或状态的意愿。因此，具有施事性质的致使主体所发出的作用力属于主观致使力。（32b）致使主体"자다주의"促使致使客体"사람들"产生了一定的状态变化，即"사람들은 부자와 빈자로 분화하다"。致使主体为抽象性的名词形式，因此客体所产生的变化并不是致使主体的有意为之，而是客观现象所导致的一种结果状态。

（33）a. 농림 수산부는 예년보다 긴 장마로 인한 출하 부진과 휴가 차량의 폭주로 최근 들어 농수산물 가격이 급등함에 따라 고랭지 배추의 수송에 행정력을 집중하는 한편 돼지고기와 고등

[①] 周红：《现代汉语致使范畴》，博士学位论文，华东师范大学，2004 年，第 162—176 页。

어의 수입 등 농수산물 가격 안정에 적극 노력<u>기로 했다</u>.

　　　　b. <u>한라산은</u> 신생대 초부터 <u>용암을 분출하였다</u>.

（33a）是动词"집중하다"构成的动结式，致使主体"농림수산부"作为机构、团体有意识地促使致使客体"행정력"集中于"고랭지 배추의 수송"，因此是主观致使力行为。此外，构式中出现致事指向型句式"- 기로 했다"，更能体现出致使主体的强烈意图。（33b）致使主体"한라산"是自然客观事物，不存在意识性的有无，因此无法以主观行为促使致使客体"용암"呈现为"분출하다"的状态，致使力是客观的自然力。

（34）a. 공을 코트 뒤쪽으로 <u>강하게 쳤다</u>.

　　　　b. 들고 나온 <u>편지 봉투</u> 세 개 가운데 먼저 <u>두 개를</u> 그에게 <u>내밀었다</u>.

（34a）致使主体发出作用力"치다"，使客体"공"沿着既定路线移动至"코트 뒤쪽"，构式与致事指向型副词"강하게"共现，体现了致使主体发出作用力的意图性，即为主观致使力。（34b）致使主体通过致使力将致使客体"편지 봉투 두 개"移动到"그"，致使主体与致使客体相接触并使致使客体产生了实际位移，是主观致使力形式。

（35）a. 선장이 선원들에게 투승을 <u>지시하였다</u>.

　　　　b. 최상윤 선생은 정치나 사회상의 변화에 대해서도 그의 농장 수련생들에겐 일체의 무관심을 <u>강요하고</u> 있는 듯한 인상이었다.

以上例句分别为动词"지시하다"和"강요하다"构成的命令允让式，（35a）致使主体"선장"对致使客体"선원들"发出指示命令并要求客体进行"투승"行为，是主观意识行为。（35b）

致使主体"최상윤 선생"发出主观作用力并对致使客体"농장
수련생들"提出强烈要求。整体来看，命令允许式本身即为致使
主体发出一定的指示或者命令，促使致使客体进行某种行为的致
使结构形式，因此致使主体本身具有很强的意识行为，是为主观
致使力形式。

综上，致使主体为有生命体时，一般表现为有意识地致使客体
实施某种行为或者产生某种状态变化，但也存在少数的无意识行为。
部分构式与致事指向型副词或者句式共现时，更能强烈地表现出致
使主体的意图性。当致使主体为自然现象、客观实际情况时，无法
体现意志性，因此只能呈现为客观致使力。

（二）内在致使力与外在致使力

周红（2005）认为致使力传递的方向有两个，即外向和返身。
外向是指致使力由一个对象传递至另一个对象，返身是指致使力由
一个对象传递至这个对象自身或者自身的某一部分。她将外向致使
力和返身致使力的传递图式描绘为：

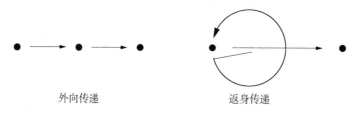

外向传递　　　　　　　　　　返身传递

图3-3　致使力的外向和返身传递 [1]

根据图3-3，周红（2005）所指的外向传递正是外在致使力，
即致使力作用于不同的对象之间，返身传递便是内在致使力，即致

[1] 引自周红：《论外向致使和返身致使》，《江汉大学学报（人文科学版）》第5期，
2005，第58—59页。

使力作用于自身。根据以上观点，我们将通过例句分别对兼用式、动结式、致使移动式、命令允让式致使力的内在和外内性质进行探讨。

（36）a. 머리를 질끈 묶고 열심히 몸을 움직였다.

b. 우리는 수증기를 물분자로 환원하였다.

c. 우리는 7 인의 탈주자들이 자포자기의 도망을 그치고 자수해 주든가, …

（36a）致使主体发出作用力使致使客体"몸"产生移动，"몸"是致使主体自身的一部分，即最终的作用力仍在于自身，属于内在作用力形式。（36b）致使主体"우리"发出作用力并促使致使客体"수증기"产生变化，在致使力的作用下最终变为"물분자"，因此作用力由"우리"转至"수증기"，属于外在作用力形式。（36c）致使主体为"7 인의 탈주자들"，通过"그치다"使"자포자기의 도망"停止，即致使主体发出的作用力反作用于自身，属于内在致使力形式。

（37）a. 적국의 온 백성을 멸절하다.

b. 우도 면장은 올여름 불턱 복원을 완료하면서 우도를 찾는 관광객들은 꼭 한 번 찾는 명소가 됐다며 앞으로 우도 관내 11 개 자연 마을 전체에 불턱을 복원하겠다고 말했다.

（37a）致使主体发出作用力使致使客体"적국의 온 백성"呈现为灭绝的状态，致使主体与致使客体不同，因此属于外在致使力形式。（37b）致使主体发出作用力使致使客体"불턱"得以复原，因此也是外在致使力。动结式本身的特点为前一个语素指向原因，后一个语素指向结果，二者形成动补关系，因此致使主体与致使客体之间多呈现为外向作用力。

（38）a. 사내는 왼손을 내 앞으로 내밀었다가 불에 덴 듯이 거둬들였다.

b. 생일에 친구들을 집으로 불렀다.

（38a）由致使主体"사내"通过作用力"내밀다"使致使客体"왼손"由现在的位置移动到"내 앞"，致使客体作为致使主体的一部分，位移过程被触发的同时二者共同移动，因此外在致使力与内在致使力同时存在。（38b）致使主体向致使客体发出一定的指令或命令，致使客体在接受主体发出的命令或邀请后，"집으로"的移动路径才能得以体现，因此为外在致使力形式。

（39）a. OO 실업은 또 OO 그룹이 시간을 끌면서 수요자들에게 상표를 인지시켜 주지 저명을 이유로 상표 등록 하는 상황을 막기 위해 특허청에도 빠른 심사를 요청하고 있다.

b. 너희 가문이 어지간하니까 우리 집 출입을 허락하고 있는 거야.

（39a）致使主体"OO 실업은 또 OO 그룹"发出请求，使致使客体"특허청"进行"심사"行为，致使主体与致使客体并不相同，是外在致使力形式。（39b）致使主体允许致使客体实施"집 출입"的行为，致使力同样由一个对象转至另一个对象，也是外在致使力。整体来看，命令允让式的致使力性质与构式相关，即致使主体通过命令或者允让等指令使致使客体进行某项行为或者活动，很少指使自身进行某项行为活动，因此多为外在致使力形式。

综上，动结式的复合谓词形式决定了此类构式多为外在作用力；命令允让式和"命令类"致使移动式的语义决定了外在致使力占大多数；"伴随类"致使移动式因动作发出时致使主体和致使客体同时移动，因此内在致使力与外在致使力并存。

（三）具体致使力与抽象致使力

具体致使力是指致使主体发出的作用力是具体的，直接作用于致使客体的动作行为，典型形式为致使主体直接接触致使客体；抽象致使力是指致使主体发出的作用力不具有具体性，即以抽象的方式作用于致使客体，典型形式为致使主体通过客观作用力或者指令影响致使客体。由此可见，命令允让式与"命令类"致使移动式均为致使主体通过指令促使客体进行某项活动，因此致使力为言语上的抽象形式。我们将通过以下例句，具体探讨韩国语隐性词汇使动致使力的具体性与抽象性。

（40）a. 나는 두 시간 남짓 차를 달려 포천에 도착했다.

　　　b. 정부는 평화적 통일을 염원하는 국민들의 열정과 의지를 결집하고 통일 교육의 산 교육장을 마련하기 위해 통일 동산 및 자유로를 건설할 방침이다.

（40a）致使主体"나"通过谓词"달리다"发出作用力并直接作用于致使客体"차"，使客体产生一定的状态变化，属于直接接触的具体致使力行为。（40b）致使主体"정부"为机构类团体，发出作用力使客体"열정과 의지"产生变化，客体为抽象名词，因此致使力的发出不是具体的，而是一种抽象的影响行为。

（41）a. 선관위는 인터넷 홈페이지에 후보별 신고내역을 공개하고, 엄정한 실사 (실사) 를 통해 선거비용을 의도적으로 축소하거나 숨긴 후보자들을 빠짐없이 적발하겠다는 의지를 밝히고 있으나 '통과의례' 로 그칠 공산이 크다는 얘기도 많다.

　　　b. 유업체들은 이에 따라 저능력우 도태를 위한 낙농가 지원 등 우회적인 경로로 분유 재고를 줄이거나 대북 지원 등의 방식으로 재고를 소진하는 것도 한 방안이 될 수 있을 것이라

고 건의하고 있다.

　　动结式（41a）通过谓词"축소하다"使致使客体"선거비용"达到某种状态，并不是将作用力直接加之于致使客体，因此是抽象的致使力行为。（41b）致使主体"유업체들"通过一定的作用力使致使客体"재고"产生一定的结果状态，致使力也不是直接作用于客体的，而是抽象的行为所致。动结式的动词性质及其论元组合决定了其绝大多数构式的致使力都为抽象形式。

　　（42）a. 이빨을 바깥쪽으로 당기면 아파요 ...

　　　　　b. 대통령은 군을 수도에 집결하였다.

　　（42a）致使主体通过"당기다"使致使客体"이빨"产生了具体的位移，致使主体通过接触行为直接作用于致使客体，因此属于具体的致使力行为。（42b）致使主体"대통령"通过"집결하다"发出作用力使致使客体"군"产生了位移，作用力并不是直接接触行为，而是主体发出的"命令"等指令行为，因此是抽象的致使力形式。

　　综上，命令允让式与"命令类"致使移动式均为抽象致使力行为；"伴随类"致使移动式的致使力根据具体的语境，可能呈现为具体的，也可能呈现为抽象形式。因此，致使力的性质离不开构式成分之间的组合与相互作用，也离不开具体的语言环境以及认知背景。

三、谓词语义角色与主体论元的融合

　　谓词语义角色与构式主体论元并不是等同的，具备一定条件的语义角色需要通过一定的方式进入到致使主体槽位 [1] 并与之融合，

────────────

[1] 构式中致使主体的位置。

最终输出为形式与语义兼备的致使主体论元。致使主体作为致使力的始发点，在整个构式中起着至关重要的作用，其自身性质也对致使力的传递方式产生影响。以往对致使主体的研究主要聚焦于生命度、意图性等，很少涉及其来源以及句法实现问题，即致使主体是由哪些语义角色演变而来的，以及通过何种方式在构式中融合为致使主体。因此，我们在探讨致使主体性质的基础上，分析谓词语义角色如何与致使主体论元进行融合以及构式对语义融合的制约情况。

（一）致使主体的性质

致使结构一般具有四个要素和两个事件，即致使主体、致使客体、致使力、致使结果四要素以及致使事件和被致使事件。致使主体发出致使力的同时意味着致使事件的开始，致使客体接受致使力的同时被致使事件也随之发生，致使结果能否实现则由更多的因素决定。也就是说，致使主体与致使事件并不是等同的，是致使主体触发了致使事件。因此，我们有必要将致使主体与致使事件区分来看，而且为了更清晰、更明确地了解致使语义的融合过程，有必要对致使主体的性质进行探讨。

以往研究多关注于致使主体的生命度，比如박은석（2013）主要探讨致使主体是人物名词、动物名词还是抽象性名词短语等，并且指出部分抽象性名词短语带有动词性特点，因此可以视为"事件"性质。박연옥（2018）将致使主体分为 [- 有生性] 和 [- 无生性] 两大类，[- 无生性] 又分为 [无生物] 和 [事件] 两类，将"체중 감소"和"사업 실패"等看作是事件性主体。以学者们的探讨为基础，按照致使主体的性质，将其分为实体性和事件性两大类。其中，实体性是指致使主体由单纯名词或者名词短语构成，实体性又分为有

生命体和无生命体；事件性是指致使主体由带有动词性质的名词短
语构成，即致使主体表征的是一个活动或者行为。因此，我们将通
过以下例句，分别对兼用式、动结式、致使移动式、命令允让式的
致使主体性质进行探讨。

（43）a. 그가 소리를 버럭 지르자 <u>아이들은</u> 울음을 뚝 그
쳤다 .

b. <u>가버넌스의 등장은</u> 국가와 시민사회의 영역구분을
더욱 흐려 놓았고 …

c. 남녀 공학 학교의 <u>남녀 혼성반 운영이</u> 학교 폭력을
크게 감소하고 있는 것으로 나타났다 .

d. <u>산자부</u>는 신규 유 · 가스전 및 광산 개발을 늘리기
위해 개발 전 단계인 탐사 부문에 투입되는 자금의 성공불 융자를
지난해 664 억 원에서 올해 1209 억으로 증대했다 .

（43a）和（43b）分别为"그치다"和"흐리다"构成的兼用式，
前者的致使主体为有生命体"아이들"，因此属于实体性致使主体；
后者致使主体为抽象性名词短语"가버넌스의 등장"，呈现为具有
行为活动性质的事件形式，属于事件性致使主体。（43c）与（43d）
分别为"감소하다"和"늘리다"构成的动结式，前者致使主体为
"남녀 혼성반 운영"，是指采用此种运营方式使校园暴力大幅减少，
为抽象性的事件行为；后者致使主体"산자부"为机构类名词，박
은석（2010）认为机构类名词指机构、团体、国家、政府、学校等，
可以将这类名词视为有生命体，因此"산자부"为实体性致使主体。

（44）a. <u>간호부는</u> 병상 머리에 세워져 있던 쇠 삼각을 드르
륵 앞으로 잡아당기고는 위의 갈고리에다 링거병을 걸었다 .

b. <u>대대장은</u> 부대를 수림가에 철수하였다 .

　　　　c. 전쟁은 그들에게 죽음을 강요하고, 고통과 굴욕을 강요하고, 때로는 인간이 아닌 짐승이기를 강요한다.

　　（44a）致使主体"간호부"通过具体作用力"잡아당기다"促使致使客体"쇠 삼각"进行移动。典型致使移动式的致使主体一般为有生命体的实体，通过发出的具体作用力，促使客体沿着既定方向位移。（44b）为"命令类"致使移动式，致使主体"대대장"通过指令促使致使客体"부대"移动至"수림가"，因此"命令类"致使移动式的致使主体一般为可以发出命令或者允让指示的有生命体。（44c）为命令允让式，"전쟁"为强迫致使客体"그들"进行后续"죽음、고통과 굴욕、짐승이기"行为的致使主体，与一般的命令允让式的致使主体不同，"전쟁"不再是有生命体，而是通过名词形式表征的事件性主体。

　　综上，命令允让式与"命令类"致使移动式的致使主体大部分为可以发出指令的有生命体，但也存在事件性主体，比如（44c）；致使移动式的主体多为可以促使客体进行移动的有生命体；兼用式和动结式根据构式的不同，实体性和事件性主体均存在。由此可见，致使主体的性质与构式类型、构式成分之间具有紧密联系，构式类型决定了致使主体的种类及性质，反之致使主体的性质也对构式以何种形式呈现产生影响。

（二）谓词语义角色与主体论元的融合过程

　　Goldberg（1995）指出，语义角色与构式论元只有在语义上互相兼容才能实现融合，如果一个语义角色为图式，另一个语义角色识解为图式的具体例示，则二者在语义上可以互相兼容。语义角色能否识解为构式论元的具体例示会受范畴化的影响，Langacker（1987，2004，2008）细化并区分了两种范畴化形式：即图式——

例示关系引导的范畴化和典型——扩展关系引导的范畴化。图式——例示关系便是 Goldberg（1995）所指出的形式，即范畴化对象与范畴化参照之间是完全吻合的，对象是参照的具体例示，这是最直接、最普遍的范畴化模式。典型——扩展关系是指范畴化对象与范畴化参照之间并不是完全吻合的，存在某些特征上的冲突，但基于认知上或者语义上的相似性，范畴化对象作为范畴化参照的一个扩展形式存在。谓词语义角色与致使主体的语义融合不外乎于这两种形式，即通过图式——例示关系的融合或者典型——扩展关系的融合。

　　谓词可以与框架结构[①]成分构成不同的语义关系，即呈现出不同的语义角色，比如，施事、受事、历事、材料、手段、工具等等。[②]如果框架结构中谓词的语义角色与致使主体论元的语义特征相一致，则前者呈现为后者的具体例示。例如，"그는 공이치기를 뒤로 당겼다"，"그"在框架结构中为"당기다"的施事角色，在构式中则作为"당기다"的致使主体出现，承担施事行为。致使主体的典型来源正是施事角色，二者在语义特征上完全吻合，因此施事角色可以通过图式——例示关系直接融合为致使主体。谓词语义角色作为致使主体的具体例示且与致使主体进行融合，是最直接的范畴化形式。以上句为例，将二者之间的范畴化模式绘制为如下：

---

① 谓词在进入构式之前的框架结构形式，在框架结构内可以与不同的框架元素构成各种语义角色。
② 毕玉德（2005）认为朝鲜语句法结构形式所呈现出的语义角色大体可以分为主要角色和次要角色，主要角色又次分为主体角色（施事、致事等5类）、客体角色（受事、赶事等4类）、关联角色（伴随、属事等10类）；次要角色又分为环境角色（范围、起点等9类）、根源角色（原因、目的等4类）、凭借角色（工具、材料等4类）。

图 3-4　图式——例示关系的融合 [①]

Taylor（2002）认为掌握一个音响形象（Sound Image）意味着能够从若干具有相似属性的语音例示中概括出一个音位图式范畴，或从一个音位图式范畴中识别出一个语音例示。[②] 以图 3-4 所代表的隐性词汇使动来看，致使主体是从施事中概括出来的一个图式范畴，而施事又是致使主体的一个例示。Taylor（1989）曾指出，范畴内的各个成员与图式表征完全相符，[③] 图 3-4 的施事角色与致使主体在语义特征上正是完全相符的。

（45）a. 그리고 비가 오는 도중에 <u>왕거미가</u> 그물 만들기를 멈추면…

　　　b. <u>그는</u> 이 작전을 제이 분대에 명령하고 자기는 최 소위 대신 소대를 지휘하기로 작정했다.

　　　c. <u>정부는</u> 상반기 중 재정 지출을 집중하기로 하였는데 금리 동향이나 주가 움직임을 보면 구축 효과보다는 구입 효과로 이어질 가능성이 높아 보인다.

（45a）"왕거미"作为谓词"멈추다"的施事角色，在构式中以致使主体的身份出现，并使"그물 만들기"呈现为"멈추다"状态，

---

① 参考 Taylor 的"图式范畴理论"核心思想图式绘制而成。
② 王寅：《构式语法中的"图式——例示"原则——兼述图式范畴理论与汉语"属加种差"构词法》，《英语研究》第 1 期，2010 年，第 2 页。
③ Taylor（1989）认为构式成员与图式完全相符，但在若干细节上存在差异，这种细节的差异可以忽略不计。

因此是通过图式——例示关系直接融合为致使主体的。(45b)"명령하다"构成的命令允让式，致使主体应是可以发出指令行为的施事，"그"在框架结构中所承担的便是施事语义角色，二者之间相互对应，即施事直接融合为致使主体。(45c)由"집중하다"构成的动结式，"정부"作为谓词"집중하다"的施事，通过所下达的决策使致使客体"재정 지출"呈现为"집중하다"的状态。"정부"所承担的施事角色与构式的致使主体具有相同的功能，因此也属于直接融合。

谓词语义角色与致使主体通过图式——例示关系进行的融合是最直接的融合方式，致使移动式、命令允让式的主体本身作为发出动作或者发出指令的有生命体，即作为施事与致使主体在语义特征上完全吻合，因此多数可以作为例示成分直接与致使主体进行融合。

谓词语义角色具有多样性，既可以是框架结构中的主要角色即施事、受事、历事、客事等，也可以是框架结构中的次要角色，比如材料、手段、工具、处所、原因等。姜灿中（2019）认为，谓词的任何语义角色都有可能在概念化过程中得到凸显。也就是说，这些不同的语义角色在一定的条件下都有可能融合为致使主体。当谓词语义角色不具有致使主体的典型性时，二者在语义特征上不完全一致，前者一般为后者语义特征的一部分，在构式中通过转喻以"部分指代整体"的方式融合为致使主体。这种融合方式正是典型——扩展关系的融合，即谓词语义角色不具有最典型的语义特征，但作为致使主体语义特征的扩展成分，在构式中通过转喻与其进行融合。比如"그 화면은 시청자들의 판단력을 흐렸다"，在框架结构中，"그 화면"与"흐리다"无法构成施事或者致事关系，但是"그 화면"是促使"시청자들의 판단력"呈现为"흐리다"状态的原因，

即"그 화면"在框架结构中作为原因角色转喻为具有致事性质的致使主体。[①] 根据以上例句,通过典型——扩展关系融合为致使主体的过程如下:

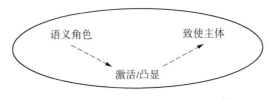

图 3-5 典型——扩展关系的融合 [②]

由图 3-5 得知,谓词语义角色在框架结构中得以凸显并激活后,方能在一定条件下融合为致使主体,这在本质上是基于框架转喻的融合。不同谓词在框架结构中所激活的语义角色不尽相同,因此通过转喻方式融合而成的致使主体也呈现出差异。从这个角度来说,谓词的语义角色越具有多样性,所转喻的致使主体性质就愈加丰富多样。根据以上探讨,我们将通过例句对典型——扩展关系的融合作具体分析。

(46) a. 달빛이 갯바닥에 숭숭 뚫린 수많은 게구멍과 나문재 따위의 윤곽을 노랗게 흐려 놓고 있었다.

b. 체외 충격파는 세포막을 자극해 혈액 공급을 증가하고 염증과 통증을 감소하는 효과가 있어 이를 통해 골 괴사를 억제할 수 있다.

c. 원·달러 환율, 엔·달러 환율이 117 엔대에서 하락세를 멈추자 이틀 연속 상승했다.

---

① "그 화면"在作为致使主体出现时仍然保持了原因角色的作用,因此"그 화면"在框架结构中通过原因角色与致使主体关联,并且是致使主体语义的一部分。
② 参考谭业升(2010)"基本的转喻关系"绘制而成。

（46a）为"흐리다"构成的兼用式，"달빛"在框架结构中是谓词"흐리다"的原因角色，通过凸显进入构式后融合为致使主体，构式赋予其致事功能。（46b）"체외 충격파"作为客体"염증과 통증"呈现为"감소하다"状态的方式，在框架结构中承担方式角色，因而通过"以方式代致事"的转喻手段最终融合为致使主体。（46c）"원·달러 환율, 엔·달러 환율"在框架结构中是谓词"멈추다"的历事角色，即"멈추다"事件正是谓词语义角色所历经的，因此在构式中以"历事代指致事"的转喻手段融合为致使主体。

由此可见，谓词语义角色与致使主体的融合方式主要有两种：一是谓词语义角色与致使主体论元具有语义特征上的吻合性，即通过图式与例示关系直接融合，比如施事直接融合为致使主体；二是谓词语义角色与致使主体的部分语义相同，在构式中通过转喻方式进行融合，即典型与扩展关系的融合，比如原因角色、历事角色融合为致使主体。此外，谓词的语义角色越具有多样化，所融合而成的致使主体就越丰富多样。

（三）构式对语义融合的压制

构式与其组成成分之间既相互关联，又具有压制性。因此，构式对致使主体以及融合为致使主体的语义角色也具有一定的制约作用。从理论上来说，谓词语义角色都可以直接或者通过转喻方式融合为致使主体，但语义角色本身是否可以融合为致使主体还受凸显度、具体的语言环境等因素的影响。

谓词具有若干个语义角色，不同的语义角色在框架结构中的凸显度并不相同。在典型——扩展关系的融合过程中，谓词语义角色需要在框架结构中凸显，才能相对容易地与致使主体进行融合。沈家煊（1999b）指出，凸显特征是一种基本的知觉心理学概念，具有凸显特征的事物更容易引起人们的注意，也更容易进行识别、处理和记忆。魏在江（2015）也认为，人们对事物的认知与其凸显程度是分不开的，越具有凸显特征的事物，越容易引起人们的注意，也越容易在转喻过程中与其他事物建立联系。换句话说，谓词的语义角色在框架结构中越是凸显，越容易转喻成构式的致使主体论元。FrameNet 将框架中的元素分为核心和非核心两种[①]，核心元素是谓词所激活的主要部分，虽然每一个框架结构中的框架元素都不尽相同，但核心元素是必不可少的。Goldberg（1995）认为核心语义角色主要有施事、受事、客事、历事等，这些元素正是谓词所侧显的语义角色，也更容易与致使主体进行融合。非核心语义角色一般有工具、方式、处所、原因、材料等，在框架结构中的地位远不及核心语义角色，因此与致使主体的融合能力也相对较弱。总体来说，核心语义角色作为框架结构中的凸显部分，更容易与致使主体进行融合；非核心语义角色作为框架结构中的非重点部分，凸显后方能融合为致使主体。每个句法结构中，谓词所激活的语义角色以及框架结构所凸显的语义角色不尽相同，并且有些句法结构的非核心语义角色比核心语义角色更为凸显，这是为了对其进行强调，使其成为句法结构的关注点，以便通过转喻方式融合为致使主体。

此外，非核心语义角色的凸显还跟具体的语言环境、认知背景等知识相关，语言是一种认知行为，受人们思想、知觉等信息加工的影响。语义角色在框架结构中的凸显程度不同，转喻为致使主体的可能性和几率也不同，致使主体的多样化程度也产生差异。

---

① 核心元素即我们所说的核心语义角色，非核心元素即我们所说的非核心语义角色。

四、谓词语义角色与客体论元的融合

致使义传递的最终环节便是致使客体接受致使力并依据具体情况产生致使结果，致使客体与致使结果的实现是紧密关联的，被致使事件的发生也是整个致使结构链中至关重要的一部分。可以融合为致使客体的谓词语义角色较为受限，融合方式以及过程也较为简单、直接，因此致使客体远没有致使主体那么丰富以及多样化。

（一）致使客体的性质

致使客体具有自身的性质，也有在构式中存在的意义和理据，因此不能将谓词语义角色与致使客体相等同。谓词语义角色与致使客体是存在语义关联的，这也是二者得以融合的最主要原因。以往对致使客体的研究主要聚焦于其类别以及控制力，比如박은석（2013）将韩国语词汇使动的致使客体分为人物名词、动物名词、食物名词、事物名词以及抽象名词等，并通过对结果事件的否定考察了致使客体在构式中的控制度。박연옥（2018）将致使客体分为[-有生性]和[-无生性]两大类,[-无生性]又分为[无生物]和[事件]两类。根据学者们的探讨，我们将致使客体的性质分为实体性和事件性两类，实体性客体由单纯的名词或者名词短语表达，事件性客体则由具有动作或行为性质的名词短语表达。因此，我们将通过以下例句，探讨兼用式、动结式、致使移动式以及命令允让式致使客体的性质。

（47）a. 물론 일부의 양반과 사류들의 반사회적인 생활형대가 그 본질적인 <u>이미지를</u> 흐려 놓기는 하였지만, ...

　　　　b. 한 반 각이나 운 뒤에 기운이 진하여서야 인화는 <u>울음을</u> 그쳤다.

c. 딸꾹질을 멈추는 좋은 치료 방법이 있는데 …

d. 남편을 회개시킨 아내 이야기 같은 그 여자의 진정이 마침내 그를 움직여서 …

（47a）致使客体"이미지"为抽象名词，呈现出实体性客体的特点。（47b）致使客体"울음"为具有动作行为特征的名词形式，因此致使客体是事件性的。박은석（2013）认为与谓词"그치다"相搭配的事件性致使客体还有"웃음，도망，이야기，콧노래，싸움질，분쟁，전쟁，잔소리"等，即以名词形式指代事件结构。（47c）致使客体"딸꾹질"是具有动作性质的名词形式，同样呈现为事件性致使客体。박은석（2013）认为与谓词"멈추다"相搭配的事件性致使客体中，较为常见的还有"말，소란，연주，배추 다듬던 것，영어 가르치시기，죄인 찾기"等形式。（47d）致使客体"그"是有生命力的人，为实体性形式，这也是致使客体的典型形式。

（48）a. 쿨 맵시로 옷만 입어도 에너지 사용량이 줄어 연간 온실가스 197 만 톤을 감소하는 효과도 있다.

b. 우리나라 고등학생들은 인생의 갈림길 중 첫 관문인 대학 입시를 통과하기 위해 쉴 틈 없이 책상을 지키고 있다.

c. 사흘 후 가봉을 하러 오기로 하고 옷값의 일부를 건넨 후 가게를 나서는 은희를 창애가 한길 건너에 있는 다방으로 이끌었다.

d. 희종은 그에게 친서（親書）를 주어 귀국을 허락했으며 고변은 이백관의 돈과 그밖에 행장을 두터이 갖추어 주었다.

（48a）致使客体"온실가스 197 만 톤"为数量名词，是实体性形式。（48b）致使客体"대학 입시"是通过名词形式代指"大

学人学考试"这件事情，因此呈现为事件性。（48c）为典型的致使移动式，致使客体"은희"为有生命的实体性名词，这也是致使移动式最常见、最基础的形式。（48d）为"命令类"致使移动式，致使客体"그"是有生命的人。"命令类"致使移动式的致使客体一般为可以接受指令的有生命体，这与构式性质相关，即致使主体发出指示，致使客体在接受命令后进行某项活动或行为。

综上，"命令类"致使移动式和命令允让式的致使客体一般为可以接受指令的有生命体，其他构式类型则根据具体的语义结构或呈现为实体性，或呈现为事件性。

（二）谓词语义角色与客体论元的融合过程

能够融合为致使客体的谓词语义角色较为受限，大部分由谓词的受事角色融合而来，因此基于图式——例示关系的融合是最常见、最普遍的一种方式。谓词的受事角色与致使客体在语义特征上相吻合，因此作为致使客体的例示，受事角色直接融合为致使客体。

（49）a. <u>몸무게</u>를 갑자기 감량하면 건강에 이상이 생긴다.

　　　b. 유업체들은 이에 따라 저능력우 도태를 위한 낙농가 지원 등 우회적인 경로로 분유 재고를 줄이거나 대북 지원 등의 방식으로 <u>재고를</u> 소진하는 것도 한 방안이 될 수 있을 것이라고 건의하고 있다.

　　　c. 간호부는 병상 머리에 세워져 있던 <u>쇠 삼각을</u> 드르륵 앞으로 잡아당기고는 위의 갈고리에다 링거병을 걸었다.

　　　d. 그는 이 작전을 제이 분대에 명령하고 자기는 최 소위 대신 소대를 지휘하기로 작정했다.

（49a）为兼用式，"몸무게"与谓词"감량하다"之间构成受事与抽象性行为之间的关系，即"몸무게"作为受事角色，通过图

式——例示关系直接在构式中融合为致使客体。(49b)为动结式，"재고"在框架结构中作为谓词"소진하다"的受事出现，因此可以以例示身份在构式中与致使客体相融合。(49c)为致使移动式，"쇠삼각"在框架结构中作为"잡아당기다"的受事角色，与致使客体论元具有语义上的相吻合性，因而可以直接融合为致使客体。(49d)"분대"在框架结构中作为谓词"명령하다"的受事，因此在构式中可以直接与致使主体进行融合。

综上，谓词语义角色与致使客体的融合方式较为简单，即受事语义角色与致使客体的语义特征完全一致，前者作为后者的具体示例，直接通过图式——例示关系进行融合。这与隐性词汇使动的构式性质相关，使动句作为他动句的下位范畴，在句法结构中谓词必须带宾语，因此宾语主要承担受事角色，受事角色也一定出现在宾语位置上（金廷恩，1995）。因此，能与致使客体相融合的语义角色便只有受事，融合方式也只有图式——例示关系一种。

第三节　小　　结

本章聚焦于谓词语义角色与构式论元的互动融合层级，分别从致使语义、致使力的性质以及谓词语义角色与构式论元的融合过程等方面对汉韩隐性词汇使动作了探讨。语义融合主要基于图式——例示关系和典型——扩展关系两种方式：当谓词语义角色与构式论元的语义特征完全吻合时，通过图式——例示关系进行融合；当谓词语义角色与构式论元的部分语义特征相吻合时，通过典型——扩展关系以"部分代指整体"的方式进行融合。其中，前者的谓词语义角色主要为施事，后者主要为非核心语义角色。非核心语义角色与构式论元相融合时受还凸显性、社会认知以及具体语言环境等因素的影响。汉韩隐性词汇使动在谓词语义角色与构式论元的融合过程中，既能够体现出语言类型学上的共性，也能够体现出个性上的差异。

　　首先，汉韩隐性词汇使动都存在动结式，但二者在语义性质上存在区别。汉语典型动结式的 V 与 R 明确分指两个事件结构，即 V 表征原因事件，R 表征结果事件，且可以单独指派论元并与论元结合。根据 Haiman（1983），致使结构的原因事件与结果事件由同一个谓词表达，中间没有其他成分介入，其致使义更具直接性；反之，如果原因事件与结果事件分属不同的谓词表征，或者中间有其他成分的介入，则其致使义趋向于间接性。韩国语典型动结式的谓词虽然由 V 与 R 复合而成，在语义上各自表征原因事件与结果事件，但与"- 하다"组合之后，V 与 R 之间的紧密性加强，形式上几乎不可分离，即汉字词语素很难单独与"- 하다"结合并与论元单独成句。因此，汉语动结式的 V 与 R 虽然作为复合谓词出现在构式，但因其异指性与分别组合性，致使义的直接性程度较韩国语有所降低。

　　其次，汉语隐性词汇使动致使主体的融合更加具有多样性，致使客体主要由受事和历事角色融合而来；韩国语隐性词汇使动的致使主体主要由施事、原因、目的、方式等角色融合而来，致使客体主要由受事角色融合而成兼有部分历事角色的融合。融合过程都涉及基于图式——例示关系的融合和基于典型——扩展关系的融合两种方式，但在具体的融合过程上呈现出差异，这是由于句法结构及其成分特征对语义融合方式及过程产生了影响。汉语的语序是表达语法关系的主要手段之一，语序的倒置使得原本处于宾语位置的成分作为使因出现在致使主体位置，而原本处于主语位置的实施者作为客体出现在宾语位置。宾语与谓词在语义层面可以构成工具、目的、原因、住所等复杂多样的语义角色关系，因而具有丰富特征的经验者出现在主语位置后，所融合而成的致使主体也更加丰富多样。韩国语的语序虽然较为灵活，谓词与宾语在语义层面也形成了具有特色的语义关系，但在隐性词汇使动中，能够融合为致使主体出现的语义角色仍然较为受限。

综上，汉韩隐性词汇使动在语义互动层面上，既可以看出在融合方式、语义性质等方面存在共同点，也可以看出在具体的语义融合过程、参与语义融合的角色等方面存在差异。

一、汉字词的发展演变对动结式语义特征的影响

学界从词汇学、语法学等角度对韩国语汉字词的来源、性质以及功能等方面做了广泛的探讨，目前学界普遍认为，韩国语汉字词从来源上可分为汉源词、日源词和韩国语固有词三种，其中，汉源词是指从汉语借用到韩国语的词和以此为基础派生或合成的词（李得春，2005）。

由于汉字词语素一字一义，能够自由地组合成词，这些汉字词语素进入韩国语后，逐渐受韩国语词汇及语法系统的影响，在语义的取舍变化上服从"为我所用"的原则，慢慢地演变成为熟悉惯用的语言材料。[1] 为了表达层出不穷的新事物、新概念，有一些汉字词语素根据韩国语表达的需要，遵从韩国语的语言习惯，构成了大量的词汇，其中之一便是两个汉字词语素与"- 하다"组合而成的

---

[1] 宣德五：《关于朝鲜语汉字词的几个问题》，《民族语文》第 1 期，1992 年，第 54 页。

复合词形式。

关于"- 하다"的属性问题，学界的看法基本上有三种：即"接尾词说"（최현배，1937）、"形式动词说"（서정수，1975）和"句法词缀说"（고창수，1992）。无论是从形态角度还是句法角度，汉字词语素与"- 하다"的结合成为韩国语中广泛存在的一种词汇组合方式，二者结合为复合谓词之后，呈现出其在句法功能上的特点。

（50）a. 화물 차량의 공차 운행을 <u>감소하였다</u>.

　　b. 조직위는 또 문제가 된 공간의 출입문을 활짝 열어 환기를 시키고，<u>공조기를 가동하는</u> 등 실내 공기 질을 개선하고 있다.

上述例句的谓词为"N_1N_2 하다"形式，他动句具有 [行为主体（agent）语义域内的主语（subject）] 和 [对象（theme）语义域内的宾语（object）] 两个句法成分，由他动句引发的结果事件则只有一个句法成分，即 [对象（theme）语义域内的主语（subject）]。[1] 构式致使义的呈现源于谓词与论元成分的组合作用，即两个汉字词语素在语义上可以分别指派论元，前一个语素表征原因事件，后一个语素表征结果事件。比如（50a）"감（减）"，在语义上表征为缩减"화물 차량의 공차 운행"，得到结果为"화물 차량의 공차 운행"呈现出"소（少）"的状态，前后形成因果关系并使构式整体产生致使。如果将其在形式上分离的话则分别为"감하다"和"소하다"，根据《표준국어대사전》的语义释解，前者与复合谓

---

① 引自긴문오（1996：397）对自他两用动词句法结构的阐释：자 / 타동 양용동사란 [행위자（agent）의미역인 주어（subject）]+[대상（theme）의미역인 목적어（object）] 두 문장성분을 취하는 타동구문을 이룰 수도 있고，[대상（theme）의미역인 주어（subject）] 한 문장성분만을 취하는 자동구문을 이룰 수도 있다.

词中的语素义相同，而后者语义则产生变化[①]。（50b）语义上为"가（嫁）"引起的原因，产生了"동（动）"的结果，形成了具有因果关系的致使义。如果将其分离，分别为"가하다"和"동하다"，前者与复合谓词中的语素义产生了差异[②]，而后者与语素义相同。由此可见，韩国语动结式的两个汉字词语素在与"-하다"结合后，逐渐融入至韩国语语法体系，结构上不易分离，较为紧密。

（51）a. 摔碎了东西，又不是故意的，怎么讲也不是件好事，尤其碰上春节等喜庆的日子。

　　　　b. 其实驴子，公鸡，猫和狗并没有成为四个老迈的音乐家，而是赶跑了强盗，占了他们的房子安享晚年。

（51a）谓词"摔碎"既能以复合形式与客体"东西"结合，也可以分别以"摔东西"和"东西碎了"的形式出现，即"摔碎"的两个语素不仅在语义上可以分别指派论元，在形式上也可以分离并分别与客体结合。（51b）"赶跑"既可以以复合形式出现，也可以分别呈现为"赶强盗"和"强盗跑了"。由此可见，汉语动结式的两个语素在语义上可以分别指派论元，在形式上也可以分离并与客体组合，因而紧密性程度有所降低。

综上，韩国语动结式的谓词虽然在语义上可以分别指派两个事件结构，但在形式上很难分离，常以复合谓词形式出现。根据Haiman（1983），句法成分之间结合较为紧密的形式，致使语义更具有直接性。汉字词在进入韩国语语言系统之后，不断适应韩国语的语法和词汇体系，形成了具有自身特点的词汇形式，因而虽然语义上可以单独指向事件结构，但形式上只能组合出现、不可分离，

---

① 소하다 : 육류를 먹지 아니하고 채식을 하다 . （《표준국어대사전》）
② 가하다 : 보태거나 더해서 늘리다 ./ 옳거나 좋다 . （《표준국어대사전》）

符合"Z（synthetic or lexical）"形式。汉语动结式的谓词在形式上可以分离，在语义上也可以分别指派原因事件和结果事件，因而紧密性较汉语弱，语义也相对较为间接，符合"X+Y（agglutinative or morphological）"形式。

二、句法结构对语义融合过程的影响

汉语的倒置致使句又称为反转致使结构（Inverted causative structure），即原本参与活动的施事者以经验者的身份出现在使役结构的宾语位置，而原本活动的对象，即客体，则以使因的身份出现在使役结构中的主语位置（顾阳，2001）。按照论元实现的优先等级，施事性成分优先占据句法等级较高的位置，受事性成分占据句法等级相对较低的位置，但在倒置式中，这种优先等级被打破。郭姝慧（2005）指出，倒置致使句中的致事和役事必须与句中动词的参与者角色融合（fused），而倒置致使句中的结果成分并不和动词的参与者角色发生强制性的融合，这个论元角色是由句式贡献的。其中，役事和动词的施事融合实现为句法宾语，致事和动词除施事外的其他参与者融合实现为句法主语，结果成分实现为句法旁语。

（52）a. 这本书看了我一个礼拜。

　　　 b. 那几句话听了我一身鸡皮疙瘩。

（52a）原本的施受关系应该是"我看这本书"，但实际的情况却是"这本书"占据了主语的位置，而"我"占据了宾语的位置。（52b）也是如此，这些句子中动词本身不带有致使义，致使义是由构式带来的。倒置致使句式选择的论元角度有致事（causer）、役事（causee）和结果（result），倒置致使句中动词选择的参与者角色（participant role）有施事、受事或其他成分。

邢福义（1997）指出"汉语里相当多的结构槽在语义蕴含上具有兼容性。概括性越高，兼容能力越强"。一种句法结构可以包含多种语义关系，句法结构与语义结构之间往往没有固定的必然联系。动宾结构就是这样一种概括性很高的句法结构，如朱德熙（1982）所说"述语和宾语意义上的联系是各种各样的"，宾语可以是动作的受事、施事、动作凭借的工具、动作产生的结果、运动的终点、动作延续的时间等等。顾阳指出，倒置致使句是施事者以经验者的身份出现在宾语位置，而客体则以使因的身份出现在主语位置，实际上出现在使因成分也就是致事位置的并不限于受事成分，还可以是结果、目标、材料等成分。他还进一步指出，"在致使结构中，最显著的是致使事件及参与者。跟致事相关的驱使力其语义元素是一个过程或活动而不是一个实体"，我们知道既然致事的本质是一个过程或活动，那么参与过程或活动的一些成分就可能凸显出来转喻活动，如此形成的致事都是个体性的致事。这也就是邢福义（1997）所说的形式的趋简性，"表示同样一种语义蕴含，尽管全量形式和简化形式都可以采用，但说起话来人们更多地选择简化形式"。这样就带来了致使句式中致事选择的多样性，而不仅限于受事作致事。比如前文提到的"一张电影票排了我四个小时"中"排电影票"，一般人并不认为是简单的施受关系，但他们使用了动宾结构的框架"排电影票"，可见不是只有施受关系的才可以倒置。

正是由于倒置式的客体上升至主语位置，因而原本宾语与谓词所形成的语义角色关系都可以在一定条件下融合为具有多样性的致使主体。构式将成分倒置后的客体限制为人称代词，而致使主体与人称代指之间又构成了历事关系，比如例（52a）的客体"我"，与谓词"看"既形成了施受关系，也形成了历事关系，这也是致使客体多为受事，但兼有历事的原因。

　　综上，我们对隐性词汇使动的第二层级，即谓词语义角色与构式论元的融合层级作了探讨，汉韩隐性词汇使动在层级互动以及语义融合过程上呈现出了共性及差异。隐性词汇使动已经形成了形式与语义相结合的构式，以此为基础，本文将在下一章节探讨构式的第三层级，即形式与语义相结合的构式与语境层级的互动与融合，将最终输出形式、语义以及语用层面相结合的完型构式。

第四章　汉韩隐性词汇使动的语用功能

　　语言作为人类了解世界的认知方式之一，是相互之间沟通交流的最重要的工具。人们在日常生活中根据不同的交际目的、交际对象，选择恰当的表达方式，这是一种典型的语用思想，也是人们交际能力的具体体现。在交际过程中，说话者所传递的内容或者信息并非等同于话语的字面义，还涉及弦外之音、言外之意。也就是说，形式与功能之间的对应关系并不是绝对的。语用功能是语言研究中不可或缺的一项重要组成部分，是在语言结构、语言演变、语言内涵等研究基础上的实际运用。语用功能的研究可以使我们重新审视语言的性质和特点，为语言研究提供更好的切入点和思考角度。汉韩隐性词汇使动的语用功能研究是词汇使动研究的重要组成部分，也是全面把握使动研究的必要环节。

　　前两章对隐性词汇使动的两个互动性层级作了探讨，即探讨了谓词与构式的互动融合和谓词语义角色与构式论元的互动融合，通过两个层级的相互作用，构式输出为形式与语义相结合的形式。然而所输出的构式是一个句法学、语义学的概念，是脱离语境条件的抽象单位，而语用层级体现的正是特定的语境意义。在此基础上，本章将从最后一个层级——构式与语境的互动层级入手，探讨形式与语义相结合的构式与具体语言环境的互动融合，将最终输出隐性词汇使动的完型构式。具体来说，本章将对构式不同类型所适用的具体语言情景进行探讨，包括构式义对不同场合、不同受众群体所产生的不同表达效果，主要从语言的经济性、焦点与凸显、间接言语行为特征等方面入手，对特定语境中的话语生成和识解进行探讨，这是人们在言语交际中选择恰当的表达方式进行交流的前提，也是构式完整性的具体体现。

第一节　汉语隐性词汇使动的语用功能

汉语隐性词汇使动分为兼用式、动结式、倒置式三种，根据不同的语境信息，每种构式类型呈现出不同的表达侧重点，也使得人们在选择语言表达形式时具有不同的倾向性。语言交际并不仅仅是掌握每种构式的类型及其语义特征，而是能在特定的语境条件下恰当地选择、运用有效的表达方式，这也是我们从构式语法角度，将形式与语义结合的构式置于具体语境中进行探讨的缘由。范晓（1996）认为句法成分可以视为语义和语用成分的载体，即语义成分与语用成分是通过句法结构相互关联的，而句法结构是否具有合法性，则需要考量其与使用者之间的互动关系，即具体的语境要素（高明乐 2003）。

一、语言的经济性特征

刘润清（2002）指出，促使语言发展变化的主要推动力有两种：一是出于在各种场合进行交际交流的必要性；二是人类在生理与精神上所存在的天然惰性，这两个推动力之间相互作用，促使语言产生既适应于发展又便于人们进行交际的形式。吕传峰（2002）同样指出，经济性趋势体现在语言的各个层面，人们的惰性是语言趋向于经济性的一个动因，而经济性又影响了人们对语言表达形式的选择。语言的发展变化要求人们创造一种新颖的、满足于特定表达需求的语言形式，往往这类语言形式都是复杂多变的，而人的自然惰性又促使人们选取更为简单、更为省力的表达方式，语言的发展性与人的惰性之间相互碰撞、相互影响，最终呈现为一种均衡状态。

美国心理学家 Grice 提出了人们在交际过程中所遵守的四条"合作原则（cooperation principles）"：质量原则（maximum of quality），话语具有质量最大化；数量原则（maximum of quantity），话语承载最大可能性的信息量；关联原则（maximum of relation），话语与所表达的内容具有最大限度的关联性；方式原则（maximum of manner），话语是传递内容的最佳方式。这些原则主要强调语言的经济性，即说话者所选取的表达方式能够充分地承载所要传递的信息和内容。以上述原则为准，我们将从两个方面对汉语隐性词汇使动的经济性作探讨：一是隐性词汇使动与"使"字句的经济性差异，二是构式中成分省略所呈现的经济性特征。

（一）与"使"字句经济性程度的差异

"使"字句是汉语致使结构中最为常见的形式之一，也是分析型使动的一种类型，与"使"字句的转换是判断隐性词汇使动是否具有致使义的一种方式。对隐性词汇使动与"使"字句经济性差异的探讨，能为正确把握致使语义以及选择恰当的方式进行言语交际提供一定的参考。

（1）a. 春风又绿江南岸。

b. 老林嫂若有所思地说："这可苦了水生，县太爷的门槛他还得去迈。"

c. 亨特含着泪在惨笑，他摸索着走到墙角里，找出那瓶被冷落的陈年"老窖"，仰起脖子咕咚咕咚一饮而尽，啪地摔碎了瓷瓶，瞪着血红的两眼，踉踉跄跄摔倒在床边。

d. 那几句话听了我一身鸡皮疙瘩。

（1a）与（1b）分别为"绿""苦"构成的兼用式，基础框架式为"NP$_1$+VP+NP$_2$"，致使事件与被致使事件之间无其他成分的介入，致使事件直接作用于被致使事件并使之产生结果。上述例句转换为"使"字句后分别为"春风使江南岸变绿了""使水生受苦了"，转换之后句法结构变得复杂，听者对话语的解码时间变长，增加了交际过程中所需的时间和精力。而兼用式具有结构简单、表意明确等特征，通过一个谓语表达原因和结果两个事件，省去了"使"字在中间的编码过程，降低了组织语言的复杂性以及使用冗长句子的繁琐性。因此，兼用式是使用简洁的语言手段表达复杂语法结构的形式，符合言语交际过程中的经济性原则。

（1c）为"摔碎"构成的动结式，基础框架结构为"NP$_1$+V-R+NP$_2$"。动结式的前一个语素指向原因事件，后一个语素指向结果事件，"摔瓷瓶"既是"瓷瓶碎"的原因，也是致使结果出现的方式，通过谓词的组合形式同时实现了原因事件和结果事件，并且阐明了结果事件出现的方式、手段。即用简洁的句法结构形式，向听话者传递了最大的信息量，是语言经济性的体现。

（1d）为"听"构成的倒置式，倒置式一般分为 V+了""A+了"两种，由同一谓语连接两个事件结构，并且表达了特定的"失去义"或者"获得义"。如果将其改为"使"字句，则为"听那几句话，使我起了一身鸡皮疙瘩"，句子变得冗长，每个小句分别由相应的谓词表达，说话者的编码时间以及听话者的解码时间变长，增加了言语交际过程中所需要的时间。致使事件位于句首的句法结构形式，更能体现事件对客体所产生的"失去义"或者"获得义"，情感表达也较"使"字句更为鲜明，因而是在表达范围内用简洁形式传递信息最大化的具体体现。

综上，隐性词汇使动简单明了的语言结构包含了复杂的语义内容，与"使"字句的"NP₁+ 使 +NP₂+VP"相比，既体现了语言"能省就省"的经济性原则，也反映了人类语言力求精炼的自然倾向。狭义的语言经济性是法国语言学家马丁内提出的一种语言假说，即在满足语言交际的前提下，人们通常自觉或不自觉地对语言活动中所产生的各种消耗作出合乎经济需求的安排，这样就使得省力的、习惯的语言更受大众的喜欢。隐性词汇使动满足了特定场合对于简洁性、明确性表达方式的需求，也符合现代社会对于经济性、高效率交流方式的要求。

通过两种使动类型的比较可知，隐性词汇使动具有结构简单、节奏紧凑、表意明确、言简意赅等特点，仅须 NP₁、VP、NP₂[①] 三个成分便可以完整地阐释出复杂的致使义。人们对于致使事件的典型认知方式是：致使过程是按照时间先后顺序发展的，并且由致使词将各个成分完整无缺地串联起来。"使"字句的整个实现过程为"致使原因＋使＋致使客体＋致使结果"，即原因事件通过"使"字将作用力传递至客体，并且促使客体产生某种结果状态。隐性词汇使动则无须"使"字表示因果关系，谓词同时兼具使因和结果，即整个致使过程为"致使原因＋致使结果＋致使客体"。由致使义的传递过程可知，"使"字句是通过"使"字将致使义传递给致使客体，促使致使客体产生致使结果，原因事件与结果事件分别用不同的谓词表示；而隐性词汇使动则由谓词将致使力作用于对象，同时谓词又表明了客体所产生的结构。因此，前者是线性的正向传递，后者是反向的闭合传递，二者的语义传递过程具体如下：

---

① 动结句的 VP 虽然是 V 与 R 两个词素构成，但复合为一个谓词，用法与单一谓词相同。

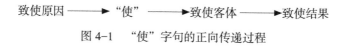

图 4-1　"使"字句的正向传递过程

图 4-2　兼用式的反向传递过程

由上述两图可知，兼用式的语义传递过程相比"使"字句少了一个环节，并且谓词既承担了致使力的发出，又承担了致使客体在致使力影响下所产生的结果，即谓词处于句法结构的中间位置，同时表征两个语义结构。处于致使原因与致使客体之间的谓词，遵循了认知语言学距离象似性原则 ① 的最佳选择，即句法结构在距离上是最简短、最佳的选择，这是由兼用式谓词一身兼二任的功能以及构式的语义结构所决定的。总体看来，隐性词汇使动既为人们表达致使义提供了更为多样化的句式选择，也丰富了致使义的不同表达方式。我们将通过以下例句比较二者在语言表达上所呈现出的经济性特点：

（2）所以，一切艺术都是这样，对大自然的观赏也是这样，就算是阅读纯历史、纯哲学著作也能达到净化灵魂的目的，使它达到神圣的境界。

从（2）可以看出，为了阐释"阅读纯历史、纯哲学著作"对灵魂的影响，运用了兼用式"净化灵魂"，即以谓词"净化"为中心，阐述"阅读纯历史、纯哲学著"对于客体"灵魂"所产生的影响，影响后的结果在谓词"净化"中体现。兼用式在很多时候不仅

①距离象似性是指事物之间的联系越紧密，其句法结构中的距离越相近，反之亦然。

呈现出句式简洁明快的特点，而且前后句相得益彰，更是呈现出韵律和谐之美。"使"字句则以平白直叙的表达方式彰显"阅读纯历史、纯哲学著作"对致使客体"灵魂"产生"达到神圣的境界"的影响。总体看来，句法结构上"使"字句较兼用式复杂，且原因事件与结果事件分属不同的谓词，语义概念距离较远，没有兼用式那么直接明了。

（二）成分省略体现的经济性特征

郑远汉（1998）指出，省略是一种言语行为，是语言使用的结果，所谓省略句是指话语成分或者语义成分有所省略的句子。[①]他还指出，省略句是适应言语交际需要的一种话语形式，有必要时可以将省略成分"召回"。由此看来，省略在语用层面也是语言经济性原则的一种具体体现。根据吕传峰（2002），省略有单纯语量缩减的省略和语量缩减而又信息扩充的省略两种形式。汉语隐性词汇使动最常见的省略形式是构式成分的单纯语量缩减，谓词作为致使力的主要承载成分，一般显现在构式中，而论元成分则可以在一定的语境条件下隐含。

（3）a. <u>这下苦了苦根</u>，这孩子总是睡得最香的时候，被我一把拖起来，两只手抓住后面的箩筐，跟着我半开半闭着眼睛往城里走。

b. 桂英笑道："<u>这就累了姆娘一个够了</u>，还要劳动你吗？我们这回出去，挣钱不挣钱，那是不敢说，不过我跟玉和都这样想着，非和哥嫂争回一口气来不可。"

c. 乌云负责洗晒全院使用过后的纱布、绷带和被单……

---

① 郑远汉：《省略句的性质及其规范问题》，《语言文字应用》第 2 期，1998 年，第 10 页。

<u>乌云有时候洗累了</u>就在一块石头上坐下来，安静地看小河里的水无声地流淌。①

　　d. "<u>拜托别弄坏了床</u>！"他突然厉声吼道。

　　（3a）致使客体为"苦根"，致使主体并未在构式中显现。根据上下文背景以及具体的语境信息，说话者所说的"这孩子总是睡得最香的时候，被我一把拖起来，两只手抓住后面的箩筐，跟着我半开半闭着眼睛往城里走"便是"使孩子苦"的一个原因，因此致使主体为事件形式，如果将致使主体还原，则显得信息冗余。（3b）致使客体为"姆娘"，致使主体也未在构式中显现。根据说话者传递话语的情感状态以及具体的语境背景，致使主体应该是前文所提到的事情，而这个事情是为说话者和听话者共同已知的。省略的前提便是不影响话语信息的传递，如若成分缺失后对信息解读产生影响，则会增加听话者对话语信息的解码时间，因此致使主体作为说话者和听话者已知的成分在构式中作了省略处理。

　　（3c）致使主体为"乌云"，致使客体在构式中未显现。通过上下文语境以及构式所提供的信息"乌云有时候洗累了就在一块石头上坐下来"，可以推知"乌云"洗累的对象便是她自己，此时致使力从乌云自身发出并影响至自身，形成返身动结式。如果将致使主体还原则为"？乌云有时候洗累了乌云"，信息冗余且繁琐，句子也不自然。（3d）致使客体为"床"，致使主体在句中省略。根据具体语境以及说话者的情感态度可知，能够实施"别弄坏了床"的主体便是听话者本身，将致使主体还原则为"拜托你别弄坏了床！"。致使主体"你"的添加虽然对话语的字面义不产生影响，但从语用

---

① 语料引自姜灿中（2019：110）。

层面来看，还原后语气没有原句强烈，说话者所传递的情感态度等信息与原句呈现出差异。

特定的语境条件下，省略也是一种话语交际的必要手段。构式成分的省略是用最简短的形式表达足量信息的一种语用策略，相关成分的省略与否会影响话语信息的足量传递以及情感状态的正确表达。成分省略的前提是说话者和听话者共知一定的信息或者背景知识，否则很难达到预期的交际效果。

二、焦点与凸显特征

汉语学界对焦点的性质与功能存在一定的分歧与争议，刘丹青、徐烈炯（1998）认为焦点具有话语功能的作用，是说话者想要引起听话者注意并进行强调的部分；袁毓林（2003）认为句子意义上较为突出的部分便是焦点，是说话者希望听话者关注的部分。本文主要探讨其语用功能，即焦点是一个句子的表达重心，是新信息的核心，是说话者认为比较重要且需要强调的对象。[1]

Taylor & Fiske（1978）指出，注意与凸显是密切相关的，而注意又是事物发展变化的原因之一。在隐性词汇使动中，谓词语义角色在框架结构中受到关注，则相应的致使主体和致使客体论元得以凸显。凸显是一个相对性的概念，即相关成分在构式中比其他成分更容易引起注意，汉语隐性词汇使动的凸显一般呈现为句尾和句首两种。

（一）句尾成分的凸显

张豫峰（2012）指出，具有领属关系的定中短语比其他成分更

---

① 张成进：《汉语焦点理论与汉语存现句》，《现代语文（语言研究版）》第10期，2008年，第22页。

为凸显。① 隐性词汇使动的致使客体分为实体性和事件性两种，实体性是指致使客体为名词性成分，可以由具有领属关系的定中短语充当，而事件性是指致使客体表示的是动作行为等事件。

（4）a. 克拉拉为他建立并<u>巩固了朋友间的友谊</u>，并确保这些关系能永远维持下去。

　　b. 半年来，有些人沉醉在精制各种"三忠于"纪念品的活动中，男的学会了绣花，女的<u>发展了电影胶片的编织工艺</u>。

　　c.《绝对信号》的时间结构也<u>打破了话剧的"现代进行式"的老例</u>。

　　d. 李麦在黑影里踮着脚看了看，推车人哗地一下<u>打开了大门上的锁</u>，李麦知道，这是推盐的海青牛回来了。

　　e. 那本书写了我<u>一上午</u>。

（4a）表示致使主体"克拉拉"对领属结构中定中短语的中心语"友谊"带来了直接影响，同时对领属主体即定中结构中的定语"朋友"产生了间接影响，这样便形成了相对复杂的语用意义，在直接与间接作用的影响下，促使"朋友间的友谊"产生了"巩固"的已然结束。（4b）表示致使主体"女的"对致使客体"电影胶片的编织工艺"产生了影响，直接影响作用于"编织工艺"，间接影响作用于"电影胶片"。前者为领属结构的中心语，后者为定语成分，致使力对二者产生作用的同时，形成了复杂的语用形式。（4c）致使主体"《绝对信号》的时间结构"对"'现代进行式'的老例"产生了直接影响，对"话剧"产生了间接影响。（4d）致使主体"推车人"对定中短语的中心语"锁"产生了直接影响，对领属主体"大

---

① 张豫峰：《使动句致使意义实现的机制及其语用价值》，《复旦学报（社会科学版）》第4期，2012年，第59页。

门"产生了间接影响，促使"大门上的锁"呈现为"打开"状态。
（4e）为倒置式，句法结构中"那本书"是谓词"写"的受事，在
构式中受事提升至句首作话题出现。一般动词前的成分为旧信息，
而动词后的成分为新信息，作为焦点成分出现（胡建华，2008），
因此成分的倒置使得"一下午"作为构式的焦点而凸显。

通过以上例句可知，致使客体为具有领属结构的定中短语时，
致使主体对致使客体的中心语和定语分别产生直接和间接影响，双
重影响使其比一般的致使客体更为凸显。Taylor & Fiske（1978）认
为，框架结构中信息含量越为丰富的成分，其可及性越高，成分也
就越为凸显，这一特征与信息的编码又是息息相关的。换句话说，
结构成分的信息编码越丰富、具体，在框架结构中凸显的可能性就
越大，其概念元素的可及性也越高。当致使客体为具有领属关系的
定中短语时，比其他名词性成分含有更多的信息元素，因而也就更
具有凸显性。

（二）句首成分的凸显

除句尾焦点外，还有一种凸显形式呈现在句首，作为句首凸显
的成分也是由多种元素叠加而成。如 Taylor & Fiske（1978）所言，
某一成分所含元素越多，信息量就越多，在构式中也就越凸显。

（5）a. 酸雨毒死了蔬菜、庄稼。

　　　b. 这儿那儿大范围的酸雨毒死了蔬菜、庄稼。

施春宏（2007，2008a）指出，"工具"角色在与致使主体进行
融合时，随着相关信息量的增加，其可接受性也在逐渐增加。从（5a）
的"酸雨"到（5b）的"这儿那儿大范围的酸雨"，例句的可接受
程度随着信息量的不断增加而升高，相关成分也加凸显。

（6）a. 他没有死成。他刚把腰带拴在一棵树上，把头伸进去，

一个人拦腰把他抱住，一刀砍断了腰带。

　　b. 这包袱我会洗干净的。

　　c. "哦？那么，大家暂时退下吧！"家康心平气和地说道，可他的眼神却暴露了内心的波澜。

　　（6a）"一刀"在句法结构中承担谓词的工具角色，作为非核心语义角色在句法结构中凸显并融合为致使主体，因此使得构式中的致使主体也呈现为凸显状态。（6b）"这包袱"本身为客体，在构式中通过语序变换提升至句首，即作为话题得以凸显。如果将其改为正常语序"我会洗干净这包袱的"，则无法体现致使客体的凸显性。（6c）致使主体"他的眼神"是定中短语成分，含有较多的信息量，因而主体较为凸显。此外，致使主体作为"他"的一部分，发出的作用力又影响至自身，即"内心的波澜"也是在"他"身上所呈现出的状态，具有返身致使效果。

　　由以上例句可知，除定中短语的句首凸显外，谓词的非核语义角色融合为致使主体时也在句首凸显，即当人们的认知行为从核心角色转移至非核心角色，并将事件结果归因于非核心角色时，较容易凸显并成为受注意的部分。致使力的传递由主体转向工具，再转向结果状态（Langacker，1991），因而原因和工具等非核心语义角色在归因过程中比其他非核心语义角色更为凸显（姜灿中，2019）。

三、间接言语行为特征

　　语用层面的研究主要在于说话者如何通过一定的言语行为将所要表达的内容传递给听话者，听话者根据所传递内容作出反应，交际目的便得以实现。上文曾提到，Searle（1969）认为句法结构都有其自身的惯用原则，在通过某个句法结构传递信息时，如果所传递的信息是其非习惯用法，便会产生间接言语行为。也就是说，虽然句法结构中不具备表示明显的、直接的以言行事用意的施为动词，但在特定的语境条件下，句法结构可以传递隐含义。Verschueren（1999）指出，隐性意义与显性意义相互作用生成整体义，其过程涉及语用层面的言语使用策略。即说话者在传递内容时，可以选择直接的言语行为表达显性义，也可以使用间接言语行为表达隐性义。换言之，间接的言语行为往往是非标记性的，说话者通过恰当的语境条件将隐含的信息传递给听话者，这种言语行为的主要作用是产生一定的语用或施为用意，缺少类似言语行为的交际是很少见的。

John Searle（1976）根据相应的施为动词以及言语交际中的语用用意将言语行为分为表述类（representatives）、承诺类（commissives）、指使类（directives）、表达类（expressives）、宣告类（declarations）五种（冉永平，2006）。其中，直接言语行为包含直接表示言语行为用意的动词，比如"我命令你离开这个地方！""清华大学宣布启动了'清华大学苏世民学者项目'"等，听话者从话语传递的字面义很容易发现这类话语所实施的功能。间接言语行为在话语中不包含直接表达说话者意图的施为动词，而是在一定语境中通过话语传递所隐含的语用用意，比如"那边有野兽"，虽然句法结构中未出现表示"提醒"等言语行为的动词，但表达的是"我警告/提醒你们那边有野兽"。间接言语行为还分为规约性间接言语行为（conventional indirect speech acts）和非规约性间接言语行为（non-conventional indirect speech acts）两种。[①] 前者是通过大家

---

① 冉永平：《语用学：现象与分析》，北京：北京大学出版社，2006年，第82页。

广为接受的、固定的语言形式表达间接言语行为，比如"关上门好吗？"，在向听话者传递请求时，表达了礼貌、客气等行为。后者的言语行为表达更为复杂，须置于一定的语境条件下进行解读，例如"去吃饭吗？/作业有点多。"听话者对于说话者的邀请没有给出明确以及直接的回答，而是告诉对方一个事实即"作业有点多"，间接地传递了拒绝邀请之义。非规约性间接言语行为在不同的语境条件下，可以传递不同的语用意图，因此更具有复杂性以及不确定性。

综合以上，根据学者们的研究以及 John Searle（1976）对间接言语行为的分类，将汉语隐性词汇使动的间接言语行为分为"阐述类""宣告类""表达类"三种，将构式置于特定的语言环境下，对所传递的语用层面的交际策略进行探讨。

（一）"阐述类"间接言语行为

"阐述类"间接言语行为是指说话者对某一话语所传递的信息真假性进行判断，包括对某一事件的陈述、描写、阐释以及断言等，还包括通过表述进行的提醒、告诫等言语行为。在具体的语言环境中，说话者对所阐述信息的真假值有一定的把握，并且为了言语交际的顺利进行，说话者会避免采取特别肯定的口吻，以使听话者在情感上容易接受，也给了自己回旋的余地。表示此类言语行为的施为动词一般为"建议""阐明""报告""陈述"等，间接语言行为不包含以上施为动词，只在特定的语境情景中传递类似的语用用意。具体示例如下：

（7）a. 他还特别对我党领导同志表示："国家到这个关头，我怎么能坐到后方不动？西安是延安的大门，我不去进行抵抗，<u>就太便宜了敌人</u>。我想了很久，我熟悉那里，我应该回去！"（人民日报 1980 年 10 月 08 日）

b. "差不多? 这样说可不行，一筐差三、五斤不显眼，你想这一窖要差多少呀! 全队都这样办，要差多少! 这样产量核不实，收入算不准，亏了国家、亏了队、亏了社员都不好。"(《人民日报》1960 年 11 月 27 日)

c. 我小时候也爱吃野菌，味道鲜美，自从我们那吃死了人后，我就再也不敢吃了，不管认识不认识的都不吃了。

d. ……也有人被风气裹挟，无奈何整日觥筹交错迎来送往，喝坏了党风喝坏了胃。(《人民日报》2013 年 01 月 25 日)

（7a）阐述了被采访人的观点"如果不去进行抵抗的话，就太便宜了敌人"，句中未出现"阐述""陈述""表明"等类似的施为动词，通过谓词"便宜"及其论元成分的组合形式传递了说话者当时的想法及观点。（7b）通过可能会出现的后果"亏了国家、亏了队、亏了社员都不好"，委婉地表达了说话者的想法以及建议，即"产量要核实，收入要算准"。句中未出现表示"建议""劝告"一类的施为动词，而是通过间接性地阐述可能出现的后果，对听话者进行劝告或者建议。（7c）未发现类似于"告诫""提醒"一类的施为动词，但通过语境，同样可以感受到说话者希望传递的"告诫""提醒"等语用信息，即通过说话者自身的实际经验，告诫和提醒大家不要盲目地采食野生菌，如若不加以注意可能会产生可怕的后果。（7d）也非叙事或者信息的阐述，而是通过权威的《人民日报》向听话者传递"强调""告诫""提醒"一类的以言行事的语用用意，即希望大家不要因不正之风伤害了自己的身体，更重要的是不要因歪风邪气破坏了党风，走上违法犯纪的道路。

（二）"宣告类"间接言语行为

"宣告类"间接言语行为是指说话者通过一定的话语将某件事

情或者活动向听话者进行宣布或者宣告，语境对可以实施宣告行为的说话者作了一定的限制，即具有一定地位或者权力的人才可以向相应的听话者传递此类言语行为。"宣告类"言语行为全部为肯定语气的陈述句，而且语言的使用较为中立，不掺杂说话者的个人情感及态度，说话者保证了所传递的话语信息的真实性。

（8）a. <u>中国队 3∶1 战胜日本队</u>，时隔 6 年再捧汤姆斯杯。（新华社 2018 年 05 月 27 日）

　　b. <u>"上海制造"热了国际舞台</u>。（《文汇报》2003 年 04 月 04 日）

　　c. 从此，<u>我县的工业结束了手工操作的历史</u>，广大职工群众从笨重体力劳动中解放出来了，使地方工业从生产上和装备上进入了一个新阶段。（《人民日报》1960 年 03 月 21 日）

　　d. 这也是在音乐创作上贯彻了<u>两条腿走路的方针</u>，是土洋结合的成果，打开了一条新道路。（《人民日报》1959 年 01 月 13 日）

（8a）是权威新闻媒体新华社所发布的信息，将赛事的结果通过宣告的方式传递给听众，新华社具备实施宣告行为的语境条件，受众群体广泛，消息的权威性强，因而以上话语实施了意在传递赛事结果的宣告言语行为。（8b）句法结构的字面信息为陈述事件或者阐释事实，然而从语用层面来看，是由《文汇报》实施的宣告行为，作为具有一定受众群体以及公开传达信息的报纸，《文汇报》具备实施"宣告类"言语行为的语境条件。（8c）句法结构的表面语义是对"结束了手工操作的历史"这一事件的陈述，然而从语用层面来看，是由《人民日报》所发出的一则新闻，向人们宣告"从此，我县的工业结束了手工操作的历史"这一事实，因此，是以陈述话语传递"宣告"的语用用意。（8d）句法结构为陈述句，但从语用角度来看并不是单纯的阐述，而是一种宣告行为，即所宣告的是一件贯彻了正确方针并且打开新道路的音乐创作事件。实施宣告行为的主体为《人民日报》，这是中国最具权威性、发行量最大的综合性日报，因此，语言交际过程中具有发出宣告言语行为的地位和身份，也具备实施宣告功能的语境条件。

以上例句实施宣告言语行为的主体分别是"新华社"《文汇报》《人民日报》，是权威性的新闻媒体和报纸，因此具备实施"宣告类"言语行为的权力和地位。从句法结构来看，言语使用恰当，具有肯定且中立的语言表达方式，听话者既获取了话语所传递的内容，也获取了句法结构之外的隐含信息。

（三）"表达类"间接言语行为

"表达类"间接言语行为主要是说话者通过一定的话语向听话者传达自己的情感、态度或者心理状态。即说话者在阐述某个事实或者现状的同时，表达了自己对某件事情的态度或者想法，比如表示"厌烦""感谢""赞扬"等。此类言语行为往往伴随相应的语气，听话者通过说话者的语气以及所传递的话语信息能够相对容易地理解说话者的语用用意。

（9）a. 这件毛衣织了我整整一个月。

b. "别让风沙迷了眼。" "有人迷了心。"

c. 在这些日子里可苦了仆人。

（9a）为倒置式陈述句，如果将其置于特定的语境条件下，则产生言外之意的语用信息。"V+了"倒置式一般表示的是对于客体的"失去"义，因此说话者在向听话者阐述"这件毛衣织了我整整一个月"时，传递的是事件对于客体所花费的大量时间，即阐述事实的同时传递了说话者的"累""吃惊"等心理状态。（9b）在句法结构上也表现为单纯的陈述，但从交际功能来看，根据上文的语境信息，说话者 A 提醒说话者 B "别让风沙迷了眼"，说话者 B 则通过嘲讽的语气 "有人迷了心" 对说话者 A 表示 "不满"。通过简单的陈述形式传达相应的情绪，才是说话者的意图所在。（9c）为陈述句，如果置于具体的语言环境中，在说话者向听话者传递 "苦了仆人" 这个事实的同时，传递了说话者对因为这件事情而产生的 "心疼" 等心理活动。

"表达类" 间接言语行为虽然在句法结构中没有出现相应的表示心理活动等的施为动词，但在阐述信息的同时，从语气或者动作等方面都可以清晰地感受到说话者对所阐述事件的情绪以及态度。

通过以上例句可以看到，言语交际行为并不是单一的，也不是非此即彼的，而是可能包含多个言语行为特征，刘森林（2003）称此类情况为 "杂合型" 言语行为。比如（9a）如果置于 "听话者想织一个类似的毛衣，询问说话者有关织毛衣的情况" 的语境条件下，说话者则根据自己织毛衣的经历，建议朋友织一个简单点的或者在时间充足的情况下再选择织这件毛衣，此时体现的是 "建议" "提醒" 等语用意图。因此，同样的构式根据不同的语言环境会呈现出不同的语用用意。

Austin（1962）在阐述言外之力 ① 时提到，如果说话者所要传递的信息与句法结构本身的语义不相符，便产生了言外之力。言外之力在不同语境条件下存在复杂的情形，言外之力与话语本身也存在着复杂的联系，正如 Levinson（1983）所言，一个话语并不仅仅传递了说话者表面所传递的信息，而是具有实施多种言语行为的功

---

① 言外之力即除句法结构字面语义之外的语用用意。

能。正因如此，间接言语行为在实际交际中具有重要的作用，在不同的场合以及语境条件下能否恰当地运用语言的语用策略直接关系到言语交际的成败。Leech（1983）提到："说话人需要考虑一个问题，即如果想在听话人的意识中产生某种影响，需要以何种恰当的方式得到这种话语效果。"因此，注重交际过程中说话者所传递的间接言语信息，是顺利实现不同交际目的的基础和前提。

第二节　韩国语隐性词汇使动的语用功能

为了实现不同的交际目的，比如传递特定信息、表达情感态度等，说话者需要通过恰当的语言形式、借助某一言语行为或者通过不同形式之间的转换，正确地表达所要传递的信息。兼用式、动结式、致使移动式以及命令允让式在不同的语境场合会产生不同的交际效果，因此在特定的语境条件下恰当地运用语言、选择有效的表达方式，显得尤为重要。

一、语言的经济性特征

自 Zipf（1949）提出"省力原则（the principle of Least Effort）"以来，"语言经济性（the Principle of Economy）"相关话题一直倍受国内外语言学家的关注。[①]语言的经济性是指语言省时省力的特征，经济性是世界语言发展过程中所形成的普遍特征，贯穿于语言发展的各个阶段以及语言的各个层次。在交际过程中，说话者受制于特定目的或者特定语境条件，会提供一些无关紧要的信息或者边

---

① 许红娥：《语言的象似性和语言的经济性》，湖北民族学院学报（哲学社会科学版）第 2 期，2016 年，第 165 页。

缘信息，这些便是语言中的冗余成分。冉永平（2006）认为，多余或者附加的信息并不一定是无用的，其存在往往具有一定的语用理据。附加信息在一些特定的场合可以对所传递内容加以释解或者使对方获取更多的信息，然而在话语可以传递足量信息的前提下，我们仍然倾向于选择省时省力的表达方式。

许红娥（2016）认为语言的经济性原则一般包括两个方面：一是语言表达形式的简洁性；二是语言交际的效率性。前者是实现语言经济性的必要条件，即语言表达形式简单、构成成分少；后者是语言经济性所呈现的结果，即经济性原则促使交流过程省时省力，提高了交际效率。史维国（2014）将语言的经济性原则概括为"简约、省力"四个字，直观地表达了语言经济性的主要特征。我们以形式的简洁性和交际的效率性为指向，探讨韩国语隐性词汇使动经济性的具体体现，主要从不同使动类型的经济性差异以及构式内部的经济性特征两个方面作具体探讨。

（一）与"- 게 하다"使动的经济性差异

Comrie（1989）从语言类型学角度将世界语言的使动形式分为词汇型、形态型、分析型三种，并得到了学界的广泛认可。韩国语的词汇使动是指由单一谓词将原因事件和结果事件整合在一个句法结构内的形式；形态型使动是指在原动词基础上添加"이，히，리，기，우，추，구"等词缀而形成的使动形式；分析型使动是指在谓词上添加"- 게 하다"等使动标记的形式。将隐性词汇使动转化为"- 게 하다"使动形式，并判断其是否具有致使义，是隐性词汇使动成立的参考条件之一。因此，本部分将主要探讨二者之间的经济性差异，以期选择恰当的表达方式进行交际活动。

（10）a. 영희가 차를 <u>멈추었다</u>.

b. 영희가 <u>철수에게</u> 차를 <u>멈추게 하였다</u>.

（10a）是谓词"멈추다"构成的兼用式，基础框架式为"NP₁+NP₂+VP"。构式仅存在致使主体"영희"、致使客体"차"、谓词"멈추다"，各成分之间紧密结合，没有其他成分的介入，原因事件"영희가 차를 멈추었다"直接导致结果事件"차가 멈추었다"的发生。转换为分析型使动后，基础框架式为"NP₁+NP₂에게 +NP₃+VP- 게 하다"，比兼用式增加了一个"철수"论元，并且在谓词上添加了"- 게 하다"使动标记，形式上比隐性词汇使动更为复杂；语义上，致使主体"영희"并不对"차"产生直接作用，原因事件"영희가 철수에게 차를 멈추게 하였다"无法直接导致结果事件"철수가 차를 멈추었다"的发生，致使客体"철수"对结果事件具有一定的控制力，因而语义上更具间接性。

以上述分析为例，我们将兼用式和"- 게 하다"使动的致使过程描述为如下：

图 4-3　兼用式的致使力作用过程

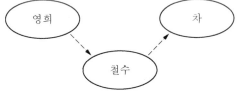

图 4-4　"- 게 하다"使动的致使力作用过程

具体来看，兼用式的原因事件与结果事件之间具有直接作用力关系，因而图 4-3 用实线箭头表示致使力的传递；而"- 게 하다"

使动的原因事件与结果事件之间具有间接性，即致使主体将致使力作用于客体，根据客体的的控制力及意愿性，间接地将致使力传递给对象，因此图4-4的致使力传递用虚线箭头表示。在表达致使作用以及依据致使力促使客体对象达到某种结果状态的前提下，两种使动类型的致使力呈现出了不同的传递方式以及传递过程。兼用式的整个传递过程是"致使原因—致使客体—致使结果"，并以此为顺序串联一起，中间无任何冗余成分或者附加信息；"- 게 하다"使动则以"致使原因—致使客体—致使对象—致使结果"[①]顺序实现，中间有作用力的承载成分介入，语义的传递更为复杂和间接。

Behaghel 定律说"语言距离对应于它们之间的概念距离"，其中"语言距离"指的是"结构距离"（陆丙甫、陈平，2020）。隐性词汇使动符合认知语言学的距离原则，即结构之间的距离越近，它们所表征的概念距离就越近，事件的发生也就越为直接，与"- 게 하다"使动相比，致使力直接作用于客体对象，因而更具有经济型。

（11）a. 근로자의 복지를 <u>증진하였다</u>.

　　　 b. <u>사회는</u> 근로자의 복지를 <u>증긴하게 하였다</u>.

　　　 c. 선장이 선원들에게 투승을 <u>지시하였다</u>.

　　　 d. 선장이 <u>다른 사람보고</u> 선원들에게 투승을 <u>지시하게 하였다</u>.

（11a）是谓词"증진하다"构成的动结式，基础框架式为"NP$_1$+NP$_2$+V-R 하다"。谓词由两个汉字词语素 V-R 以及"- 하다"组合而成，理论上 V 指向原因事件，R 指向结果事件。比如《春秋左传》"有加而无瘳"中的"瘳（추）"，既可以理解为"감소하다"，

[①] 致使客体是直接接受致使主体指令或行为的成分，致使对象是接受客体致使力的成分。

也可以理解"감하다"。① 然而，随着汉字词的发展，其自身性质与特征越来越凸显，除特定情况外，V-R 在形式上很难分离且单独指派论元。（11b）为"- 게 하다"使动形式，句法结构上比隐性词汇使动增加了一个"사회"论元，语义上更为间接。因此，与结合较为紧密的动结式相比，"- 게 하다"使动要更为复杂、费力。（11c）是由动词"지시하다"构成的命令允让式，基础结构式为"NP₁+NP₂에게 +NP₃를 +VP"，通过命令、指示等形式促使致使客体进行某种行为。转换为（11d）分析型后，接受命令的主体产生了变化，即主语让第三者命令客体做某事，事件结构更加复杂、语义也更加间接。

总体看来，韩国语隐性词汇使动在句法结构上以少量的事件结构表达最大限度的语言信息量，这与使动的发展变化规律也是一致的，使动的发展历经分析型、形态型直至词汇型，语言表达形式逐渐趋向于直接化、简单化，而且这些特征也符合语言的整体演变规律，即语言总是趋向于经济性的。语言的经济性是语言系统本身以及语言运用过程中数量与效果相结合的最佳表现形式，即在表达效果不变的前提下，尽可能地缩小话语数量，或者在话语数量不变的前提下，尽可能地扩大表达效果。隐性词汇使动在形式上比分析型使动更为简洁、论元数量更少，语义上有时能更准确、更直接地传递信息，因而更具有经济性。

（二）成分省略体现的经济性特征

吕传峰（2002）提到，经济性原则在语用中的主要表现形式有：省略、预设、寓义、歧义、语调等。韩国语作为表音文字，谓

---

① 有加而无瘳: 추（瘳）의 음은 추（抽）이고 병에 차도가 있는 것을 "추"라 한다. 또는 감소하다. （君不度而贺大国之袭于己也，何瘳？）위소의 주석：" 추（瘳）는 감하다 ."

词是语言构词的根基，也是构式中不能省略的必要成分。在一些特定的语言环境中，对于一些众所周知的信息或者为了语言的经济性考虑，会将构式论元作隐性处理，这样既符合合作原则（Cooperative Principle）中"量的准则（maxim of quantity）"，还可以将言语交际过程中所要表达的信息充分地传递给听众。

（12）a. 5 월 7 일 고인을 인천 고잔 성당에 모셨다.

b. 휴전 효력 발생 시 현 병력 이상으로 군사력을 증대하는 것을 방지할 구체적 협정.

c. 또 벌금을 곧바로 내기 어려운 생계 곤란자들에게 벌금 분납과 납부 연기를 폭넓게 허용하기로 했다.

冉永平（2006）认为说话者与听话者在实际交际过程中是具有一定的共知信息或者共有一些背景知识的，否则交际难以实施，也很难取得所期待的交际效果。（12a）为"모시다"构成的"伴随类"致使移动式，致使主体为说话者与听话者所共有，因而在构式中作了省略处理。（12b）为"증대하다"构成的动结式，致使主体也呈现为隐性形式，但说话者与听话者对能够使"군사력"增加的致使主体都已知，因而省略并不影响交际的进行，反而节省了时间和精力。（12c）为"허용하다"构成的命令允让式，发出指示或者命令的致使主体也未在构式中呈现。根据具体的语言环境，致使主体应是能够制定"벌금 분납과 납부 연기"政策的团体、机构或者单位，说话者与听话者对该主体已知，省略后避免了信息的冗余。致使客体在构式中以省略形式呈现的实例较少，不过在特定的语境条件下，致使主体和致使客体均可作省略处理，比如在说话者和听话者对谈话内容和背景信息已知的情况下，对话"이걸 어디로 밀어? / 안쪽으로 밀어."是成立的，回答句的致使主体与致使客体均呈现为

省略状态，且根据背景信息以及具体的话语环境可以推知。

吕传峰（2002）认为语言的省略存在两种形式，一种是单纯语量缩减的省略，一种是语量缩减而又信息扩充的省略。[①] 以上例句中致使主体与致使客体的省略全部为单纯语量的缩减，即省略了部分语言单位以达到相应语量的减少。在特定的语境条件下，说话者往往会省去一些交际过程中曾出现过或者不言自明的成分，减少了沟通所需要的时间和精力，提高了交际的效率性。换句话说，交际者在特定的语言环境中使用相对较少的语言手段将交际意图更加明确地、充分地表达出来，并且综合考虑表达效果、交际目的以及所要实现的意图等各方面，便是语言经济性的最好体现。

二、焦点与凸显特征

刘丹青、徐烈炯（1998）认为焦点本质上是一个话语功能概念。说话者向听话者传递信息时会重点强调部分内容，强调的部分便是句法结构中的焦点，因此焦点是语句信息的核心，也是表意的重点（侯国金，2010）。在言语交际过程中，说话者出于语言经济性的考虑、为了凸显某一部分内容或者表达某种思想情感，会将所要传递的信息有重点的传达给对方，这便形成了焦点。话语焦点是语言表达的重点部分，焦点成分的凸显又与人的认知行为息息相关。人们常用

---

① 吕传峰（2002）将单纯语量缩减的省略和语量缩减而又信息扩充的省略分别示例如下：

（1）警察：辛苦了，诸位！沟挖通了？

群众：[ ][ ] 通啦！

（2）珍妮！驴子！

（1）省略了主语和动词而仅剩下补语，"通啦"是"沟挖通啦"的省略形式。（2）是小说中的一句话，意思是让珍妮将驴子赶出草坪。

图形——背景理论阐释焦点与其他句法成分之间的关系，即说话者所要强调或者重点传递的信息为图形，其他成分为背景，背景彰显了图形的存在。

句法结构中实现焦点的成分有大有小，Lambrecht（1994）根据句法成分的不同，将焦点分为"窄焦点（narrow focus）"和"宽焦点（broad focus）"。窄焦点主要强调句子中的某一成分，比如报道事件或者引进话语时所凸显的成分；宽焦点主要强调句子整体以及谓语成分，比如对某些话题的评述。本文主要探讨句子的成分焦点，即通过连接成分、语法手段或者内部凸显等方式实现的单一成分凸显。

一般在句法结构中，根据句子信息结构的安排原则，会将重要的新信息置于句尾，形成句末焦点，即一般通过句尾的自然重点或者语调强调所凸显的部分，这也是我们所说的常规焦点。此外，也存在凸显成分不在句尾位置，而是居于句中，通过一些句法融合手段或者其他成分将某一部分凸显为整个句式的焦点。不论是常规的句尾焦点，还是非常规的句中焦点，凸显的都是在言语交际过程中说话者所要传递的重点信息，也是说话者有意图地传递给听话者的重点部分。韩国语隐性词汇使动的焦点凸显主要有两种：一种是格助词成分的句中凸显，一种是谓词语义角色与致使主体融合的句首凸显。①

（一）句首成分的凸显

隐性词汇使动的谓词语义角色与致使主体的融合方式主要有两种：一种是谓词语义角色与致使主体的语义特征完全相符时，通过

---

① 本文所说的句首是指常规句法结构形式的句首，不考虑其他附加信息，即"致使主体—致使客体—谓词"基本框架中的句首成分。

图式——例示关系直接进行融合；一种是谓词语义角色与致使主体的语义特征部分相符时，通过典型——扩展关系进行转喻融合。后者主要呈现为原因、工具、手段等非核心语义角色与致使主体的融合，作为框架结构中的非主要成分，与致使主体相融合的前提是二者之间具有语义上的相关性。非核心语义角色本身无法与谓词构成施事或致事关系，但在构式中又作为致使主体成分居于句首，二者之间存在矛盾性，正是这种矛盾性使得非核心语义角色在框架结构中凸显，并与致使主体进行融合，进而促使致使主体的凸显。因此，非核心语义角色转喻而成的致使主体比图式——例示关系融合而成的致使主体更具有凸显性，这是句首凸显的一种表现形式。

（13）a. <u>달빛이</u> 갯바닥에 숭숭 뚫린 수많은 게구멍과 나문재 따위의 윤곽을 노랗게 흐려 놓고 있었다.

　　b. <u>체외 충격파는</u> 세포막을 자극해 혈액 공급을 증가하고 염증과 통증을 감소하는 효과가 있어 이를 통해 골 괴사를 억제할 수 있다.

　　c. <u>그 화면은</u> 시청자들의 판단력을 흐렸다.

（13a）为"흐리다"构成的兼用式，"달빛"在框架结构中是谓词"흐리다"的原因角色，作为非核心语义角色，"달빛"通过框架转喻融合为致使主体，这是基于典型——扩展关系的融合，融合的前提是原因语义角色在框架结构中凸显。（13b）"체외 충격파"是谓词"감소하다"的方式角色，通过转喻融合为构式的致使主体论元，并且在构式中得以凸显。（13c）"그 화면"作为谓词"흐리다"的语义角色，是促使致使客体呈现"흐리다"状态的原因要素，通过凸显并以转喻的方式融合为致使主体论元。姜灿中（2019）指出，原因和工具参与者元素受社会认知的影响比其他非核心元素更加凸

显，因而转喻融合能力也较其他非核心元素强。[①] 韩国语隐性词汇使动也是如此，非核心的原因和方式角色在句法结构中凸显，并使所融合的致使主体呈现为凸显状态。在整个凸显过程中，每个环节密切关联、层层互动，谓词语义角色与构式论元进行互动融合，语义角色的凸显又促使了构式论元的凸显。

根据 Selkirk 的焦点投射原则，如果主项获得焦点重音，则具备主项焦点特征的投射性质。[②] 也就是说，如果某个成分不是重点，但被包含在主项焦点的范围内，那么就可以视为宽焦点。韩国语隐性词汇使动致使主体的凸显便是如此，谓词的非核心语义角色在句法结构中凸显，使得原本不具备凸显特征的致使主体也成为受关注的焦点成分。换言之，如果凸显特征被指派给谓词的语义角色，那么凸显投射范围内的致使主体论元也被允准具备凸显特征。

（二）句中成分的凸显

隐性词汇使动的凸显还呈现在句中，即通过格助词将某些句中成分凸显出来并进行强调。韩国语主要依靠助词和语尾的形态变化表示语法关系，格助词丰富，凸显成分也较为多样化。在隐性词汇使动中，较为显著的便是致使移动式，通过格助词"-（으）로"或者"에"将致使构式与移动构式整合在一个句法结构内，凸显了移动路径成分。

（14）a. 지호는 공사장<u>으로</u> 골재를 운반했다.

　　　b. 수레를 자기 쪽<u>으로</u> 들이끌다.

---

① 姜灿中：《现代汉语动结式的句法——语义界面：基于层级和互动的构式语法视角》，博士学位论文，西南大学，2019 年，109 页。
② 陈兴：《结果次谓语结构的焦点凸显》，《外语学刊》第 4 期，2014 年，第 39 页。

根据《표준국어대사전》，谓词"운반하다"的基础结构式为"NP₁+NP₂+VP"，即"지호는 골재를 운반했다"。然而（14a）通过格助词"-（으）로"的添加，将致使事件"지호는 골재를 운반했다"与移动事件"골재→공사장"融合为一个整体，增加了"공사장"论元，凸显了客体的位移方向以及位移路径。（14b）谓词"들이끌다"的基础框架式为"수레를 들이끌다"。添加格助词"-（으）로"后，致使移动式比谓词的基础框架式多了一个移动路径论元"자기 쪽"，且移动路径论元在构式中作为凸显成分存在。一般来说，致使结构的凸显成分是致使力的传递以及致使结果，致使移动式的致使事件与移动事件整合后，格助词所表征的移动路径成分成为构式的新信息，因而更具有凸显性。

总体来看，韩国语隐性词汇使动既可以通过格助词凸显句中成分，也可以通过非核心语义角色与构式论元的融合凸显句首成分。凸显正是为了明确地将某一重要信息传递给听话者，使听话者能够更加清晰地把握谈话的重点，减少对话语的解码时间，因此凸显与语言的经济性也是相互关联的。

三、间接言语行为特征

根据传统的普遍语法规则，句法类型一般分为陈述句、疑问句、祈使句三种：陈述句主要表示陈述信息或者断言；疑问句主要表疑问功能；祈使句则具有命令或请求等功能。然而，句法结构并不仅仅表述其字面意义，比如陈述句除表示断言或者阐述事实之外，还可以隐含命令或者邀请义，因此不能将传统的句法结构与语用功能相等同。说话者在通过某种句法结构传递话语信息时，所传递的并不仅仅是话语本身的信息或者意义，很多时候都是通过"言辞行事^①"，即在一定的语境情形下发出请求、警告、命令等言语行为。

Austin（1962）根据话语本身及其在语用层面的功能，提出了言语行为的三分说，即以言指事、以言行事、以言成事。以言指事是指人们按照一定的语法规则组织话语结构，并通过话语结构表达一些字面意义或者所指信息，这是话语结构的本指义；以言行事是指说话者在特定的语境条件下通过某一话语传递语用用意，即传递话语的隐含信息；以言成事是指说话者所传递的言语行为对听话者产生的影响或者效果。其中，以言行事正是我们所说的话语结构的语用义。John Searle（1968，1977，1979）根据以言行事，即话语的语用功能将言语行为分为五类：阐述类（representatives）、指令类（directives）、承诺类（commissives）、表达类（expressives）、宣告类（declarations）。^②阐述类是指说话者对事实进行客观陈述、断言等；指令类是说话者试图让听话者做某事；承诺类是指说话者对即将进行的某种行为作出承诺或允诺；表达类是说话者在阐述某件事情时表达自身的情感或思想状态；宣告类是指具有特殊地位的说话者宣布某件事情。

刘森林（2003）根据句子类型及其功能之间的关系将句子划分为三类：宣言句（declarations）、疑问句（interrogations）和命令句（imperatives），并指出当句子类型与其功能相一致时，言语行为表现为直接性的；当句子类型与其功能不一致时，便产生了言外之意。^③比如，"我有点冷"本身为陈述句，但在具体的语言环境中可以解读为命令句"请把门关上"，此时便呈现为间接性的言语行为。也

---

① 言辞行事（doing things with words），引自冉永平（2006）。
② 冉永平：《语用学：现象与分析》，北京：北京大学出版社，2006年，第77页。
③ 刘森林：《语用策略与言语行为》，《外语教学》第3期，2003年，第12页。

就是说，当句法结构与其功能具有直接联系时，说话者便使用了直接的言语行为策略；当句法结构与其功能具有间接联系时，表明说话者使用了间接言语行为策略（刘森林，2003）。冉永平（2006）按照 Searle（1975）的看法，将上述观点阐述为间接言语行为和直接言语行为，直接言语行为包含明确或者直接表示某种语义行为的谓词，间接言语行为包含一定的语用义或者言语行为是隐含的。在恰当的语境条件下，陈述句可以用作命令或者警告，疑问句也可以用作请求或者邀请，即当话语结构所起的作用不是话语本义时，就产生了间接言语行为。除了特定的语境条件外，间接言语行为的产生，离不开说话者与听话者所共有的一些已知信息。当然，根据不同的语境条件、说话者与听话者的身份以及他们所共有信息的不同，同样的话语结构可以识解为多种不同的言语行为。

　　韩国语隐性词汇使动的命令允让式可以直接表示命令等话语信息，我们称为"命令类"直接言语行为，即构式带有直接表示命令义的动词，比如"명령하다""지시하다"等。"命令类"直接言语行为表示说话者较为强硬的、直接的言语行为活动，听话者几乎没有拒绝的机会，因此很容易实现 Austin 所说的以言行事功能。冉永平（2006）指出，能够发出直接言语行为的说话者一般为第一人称单数，时态为现在时，并且话语常伴随表强烈态度的副词。

　　（15）a. 너에게 휴식을 <u>명령한다</u>.

　　　　　b. 다들에게 기사 작성을 <u>지시한다</u>.

　　根据具体的语境以及说话者和听话者的不同身份，以上两个例句既可以理解为说话者对听话者的直接命令，也可以理解为说话者转述他人的命令行为，我们以前者为例进行说明。（15a）致使主体在句中作了省略处理，说话者通过"명령하다"命令听话者休息，

因此是直接向对方传达指令的言语行为，语气较为强烈。(15b)
说话者为第一人称且作了省略处理，通过"지시하다"下达"기
사 작성"的指令。因此，两个例句均是通过施为动词①阐述"命令"
义的形式。

　　直接言语行为的听话者往往很容易发现此类话语实施的"以言
行事"功能，进而接受听话者的指令达到"以言成事"，即听话者
接受指令实施行为的瞬间，该言语行为所产生的效果或者影响便得
以彰显。然而，直接言语行为的数量相对较少且句式简单，所适用
的场合也有限，并且对说话者与听话者之间的关系也有一定的要求。
一般来说，说话者比听话者拥有更高的权力或者社会地位，具备发
号施令的权威，而听话者只有根据说话者的指令实施动作行为，拒
绝的权力相对较小。因此，在日常交际过程中，为了表示对听话者
的尊重以及为了更加顺利、成功地进行交际，说话者往往会避免采
取直接指令的方式，而相对采用间接的言语方式表达命令义，此时
语气往往较为委婉，从心理上更容易被听话者所接受。

　　间接言语行为较为复杂，参考因素众多，同样的话语结构在
不同的语境条件下或者面对不同的听话者都有可能产生多种语用效
果。因此，本部分主要根据具体的语境条件，重点关注谓词及其论
元结构组合形式所传递的言语交际信息，并以 John Searle（1968，
1977，1979）的分类为基础，将间接言语行为分为"阐述类""宣
告类""表达类"作具体探讨。

（一）"阐述类"间接言语行为

　　"阐述类"间接言语行为是指说话者通过对听话者的话语传递，

---

① 引自冉永平（2006），"施为动词"即直接实施某种行为的动词，比如"建议"
行为、"命令"行为等。

对某一事件向听话者进行阐述说明，或者对听话者的处境以及将要发生的事情进行提醒或者建议。构式中不出现"阐述""说明"或者"提醒""建议"等施为动词，但可以通过话语信息感受到说话者希望传递给听话者的语用用意，而非简单的陈述或者叙事。

（16）a. 다리를 가운데로 다시 들어올리고, 반대손으로 바꿔 잡아 몸 안쪽으로 다리를 뻗는다. （전홍근，《5060 홈 트레이닝》，2018.02.20）

b. 볼륨 패드는 클수록 가슴을 안쪽으로 압박하게 돼 있어 가슴 성장을 방해할 수 있다.

c. 그는 권총을 들어 올려 머리에 대고 공이치기를 뒤로 당겼다.

（16a）节选自《5060 홈 트레이닝》一书，是关于体能训练的一个环节，字面信息为"把腿伸向身体内侧"，是简单的话语陈述。然而在语用层面来看，虽然句法结构中未出现表示"建议"等的施为动词，但根据书籍的性质以及具体的语境，所传递的是"建议"等以言行事的语用用意，即建议学习者跟随书中的动作进行练习，而非简单的陈述或者阐释。（16b）"가슴을 안쪽으로 압박하게 돼 있어"在句法结构层面仅表示阐述这一现象，而在语用层面是通过这一现象对听话者提到"提醒"的作用，即尽可能地选取合适的"볼륨 패드"，以防出现文中的现象，因此是以陈述传递的"提醒"言语行为。（16c）在句法结构层面，"공이치기를 뒤로 당겼다"仅表示阐述某一动作行为，然而在特定的语境条件下，通过阐述主体所要进行的动作，达到"提醒"听话者小心的言语交际目的。

（二）"宣告类"间接语言行为

"宣告类"间接言语行为是指可以实施宣告行为的主体通过话

语向听话者传递某种宣告信息，包括"宣誓、命名、任命、提名、宣判、辞职"等。表示此类间接言语行为的话语中不出现"宣告""宣布"等施为动词，但可以根据话语信息推测出说话者的语用意图。刘森林（2003）认为宣告类言语行为非那些拥有一定权力或者资格的人而不能为，[①] 即能够实施宣告行为的主体须在特定语境中具有一定权力或者地位。

（17）a. 남녀 공학 학교의 <u>남녀 혼성반 운영이 학교 폭력을 크게 감소하고</u> 있는 것으로 나타났다. 《연합뉴스 1999 년 3 월》

　　　　b. OOO 우도 면장은 올여름 불턱 복원을 완료하면서 우도를 찾는 관광객들은 꼭 한 번 찾는 명소가 됐다며 앞으로 <u>우도 관내 11 개 자연 마을 전체에 불턱을 복원하겠다고 말했다</u>. 《제주일보 2009 년 8 월》

　　　　c. 19 세기 소설가 제인 오스틴은 이성 못지않게 등가의 위치를 부여한 감성에 대한 초시대적 감수성으로 <u>《오만과 편견》, 《에마》 등 일련의 영화를 통해 90 년대 영화의 여사제로 화려하게 부활했다</u>. 《동아일보 2000 년 6 월》

（17a）从句法结构的字面信息来看，表达的是"男女混合班的运营方式使校园暴力大幅减少"，然而说话者所传递的信息并不仅仅是阐述这一事实。从语用层面来看，通过间接的宣告行为，宣布某学校所实施的男女混合班的运营方式取得了成功，为减少和解决校园暴力事件做出了成功的典范，并为其他欲解决校园暴力的群体提供了有效的参考，是通过新闻媒体向人民群众宣告某一事例的

---

① 刘森林：《语用策略与言语行为》，《外语教学》第 3 期，2003 年，第 13 页。

行为。(17b)字面语义为"牛岛辖区内11个自然村将全部对'불턱'①进行复原",从交际功能来看,所传递的信息并非是简单的陈述,而是一种宣告行为。由《제주일보》宣布本地区接下来将要实施的规划和打算,即根据游客们对本地区之前复原建设的良好反映,敲定下一步要实施的计划,同时也向当地以及其他地区群众发出后续参观的邀请。(17c)句法结构上的字面信息为简单地陈述"90년대 영화의 여사제로 화려하게 부활했다"这一事实,然而在语用层面是通过陈述传递的宣告行为,即向人们宣告致使客体"90년대 영화의 여사제"通过《오만과 편견》《에마》等一系列电影而复活。

以上例句全部具备实施宣告行为的语境条件,即发布宣告的说话者具有恰当的身份和地位。《연합뉴스》《제주일보》《동아일보》等都是权威性的新闻媒体或者报纸,话语信息的传递方式是通过公开的宣传行为,听众是国内民众或者世界各地的人民,因此具备实施宣告功能的恰当条件。

(三)"表达类"间接言语行为

"表达类"间接言语行为是指说话者在向听话者传递信息的同时,表达其心理状态、情绪以及态度,包括"问候、道歉、祝贺、感谢、称赞"等。"表达类"间接言语行为在不同的语境条件下,可以被解读为不同的语用意图,因而其以言行事功能涉及范围较广。

(18)a. 그는 잔치에 온 어른들을 윗자리에 모셨다.

　　　b. 홍계훈은 남아 있는 장교들한테 명령을 내린 다음 곧바로 법성포로 말을 달렸다.

---

① 불턱이란 제주특별자치도 서귀포 지역에서 해녀들이 물질을 하기 위해 옷을 갈아입거나 쉬기 위해 만든 공간이다.

　　c. 그는 나더러도 꿇어앉으라고 자꾸 <u>내 손을 아래로</u>
<u>잡아당겼다</u>.

　　（18a）句法结构信息为"他将参加宴会的长辈们请到了上位"，在语用层面可以理解为说话者通过话语信息传递自身对所述事件的态度，即在特定的语境条件下，通过表示尊敬的谓语"모시다"以及相关事件的传递，表达了说话者对致使主体所做行为的称赞。（18b）从句法结构来看，仅陈述"곧바로 법성포로 말을 달렸다"这一事实，然而在具体的语境条件下，也向听话者传递了话语所包含的急切心理，即阐述事实的同时传递了自己的看法，副词"곧바로"的共现更能体现交际过程中所含的态度和情绪。（18c）"내 손을 아래로 잡아당겼다"为简单的话语陈述，在具体的语境条件以及前文的信息背景下，可以推知说话者在通过话语向听话者传递事件信息时，同时表达了对所述事件的不满。

　　由上述例句可知，交际过程中实施的言语行为并非仅依赖于施为动词，也依靠恰当的语境条件和共有信息。在进行言语交际过程中，如果不遵守语言的惯用法而试图使用其他方式进行表达，便会产生间接言语行为（John Searle，1969），因此面对一个信息片段，如何从中获取说话者的语用用意或者意图比获取直接的字面信息更为重要。正如 Verschueren（1999）所言，当疑问句的提问语气等类似的典型模式被打破时，说话者实际上实施了间接言语行为。在实际运用过程中，受构式论元、具体的语言环境、说话者与听话者的共有知识背景以及双方的情感状态等的影响，同一话语结构可能包含多个不同的间接言语行为。这也是我们从互动性和层级性角度对构式进行探讨的原因，构式并不仅仅是语义与形式的简单结合，而是多种因素的共同作用。

第三节 小 结

语用层级是汉韩隐性词汇使动进行互动融合的最终层级，即在谓词与构式的互动融合以及谓词语义角色与构式论元互动融合的基础上，赋予构式言语交际过程中的语境成分，使构式在不同的语境条件下彰显出多样化的语用功能。从语用层级来看，汉韩隐性词汇使动在语言的经济性、焦点与凸显以及间接言语行为等方面都呈现出语言的共性，但在具体表现特征上也具有各自的特色。

首先，语言的经济性与象似性密切相关，汉韩隐性词汇使动均呈现出语言的经济性特征，这是世界语言的普遍共性，也反映了人们的对世界的认知。Haiman（2008）认为数量象似、复杂象似、集中/距离象似都是解释语言经济性的重要原则。语言的象似性与概念距离是一致的，隐性词汇使动句法成分之间的距离较为紧密，因而概念距离较为接近、致使语义具有直接性，符合距离象似性原则。距离象似性与语言的经济性密切相关，距离象似性是语言经济性的实现基础，而语言的经济性又侧显了语言结构与认知经验之间的象似关系。因此，作为符合距离象似性原则的汉韩隐性词汇使动，自然具有经济性特征，而"-게 하다"使动与"使"字句等分析型使动，其构式各成分之间的距离较远，致使语义也较为间接，因而比隐性词汇使动的经济性程度低。

其次，从焦点与凸显特征来看，韩国语隐性词汇使动主要呈现为句首凸显和句中凸显，句首凸显来自于非核心语义角色融合的致使主体，句中凸显主要依赖于格助词；汉语隐性词汇使动主要呈现为句首凸显和句尾凸显，句首凸显来自于非核心语义角色融合的致

使主体，句尾凸显则来自于具有领属关系的定中短语以及因语序倒置而出现的新信息成分。汉韩隐性词汇使动在凸显特征上的差异反映了语言句法功能的特点，韩国语格助词使用广泛且具有多样性，在致使移动式中，格助词"-（으）로 / 에"实现了不同句法结构之间的连接，凸显了构式的新信息——移动路径成分。语序是汉语最重要的语法表达手段之一，倒置式的施事者以经验者的身份出现在宾语位置，而客体以使因的身份出现在主语位置，其结果补语成分——即时量短语、动量短语、数量短语等位于句尾，作为构式的新信息出现，成为构式的焦点。由此可见，语言的句法功能影响了其凸显性，而凸显性也侧显了语言的性质与功能。

再者，汉韩隐性词汇使动在特定的语境条件下均呈现出"阐述类""宣告类""表达类"等间接言语行为，这是语言在交际过程中所呈现出的普遍特征。韩国语隐性词汇使动还存在"命令类"直接言语行为，即通过"명령하다，지시하다"等施为动词直接向听话者发出命令或者指示。具有"命令、允让"义的谓词与格助词"-에게"和"-을 / 를"所表示的成分互相融合，最终形成"命令允让式"，即通过丰富的语法连接手段以及格助词的灵活运用将致使事件与被致使事件融合在一个句法结构内。汉语没有丰富的形态变化，命令允让式的原因事件与结果事件由不同的谓词表示，且谓词在构式中分别指派论元，因此属于分析型使动。因而汉语隐性词汇使动主要呈现的是间接言语行为，很少存在施为动词所引导的直接言语行为。由此可见，语言的特点以及句法结构形式对其言语交际功能也产生了一定的影响。

根据上述分析，汉韩隐性词汇使动在语用层面既呈现出相同点，也存在差异，这与二者的语言体系以及语言特征不无关联。因此，我们将从句法结构与语用层面的关联入手，着重探讨二者在语用层面所呈现出的差异。

一、格助词的句法整合作用

C. J. Fillore（1968）在《格"辨"》一书中提出"格文法"的语法分析模式，认为其属于生成语义学的一个分支。[①]"格（case）"作为连接构式成分及谓词并表达语义关系的工具，反映了构式成分以何种关系伴随述语。韩国语作为黏着语，主要依靠助词和语尾表示语法关系以及语法意义，格助词对句法结构、语义表达以及语用策略等方面都起着至关重要的作用，具有透过构式的表层结构揭示论元与谓词之间语法关系的作用，是连接表层结构与深层结构的句法—语义表达手段（毕玉德，2000）。

（19）a. 그물을 당기다.

b. 손가락을 갈퀴살처럼 땅바닥에 세우고 몸을 앞으로 당기였다.

c. 장군은 병사들에게 돌격을 명했다.

韩国语隐性词汇使动的致使移动式，通过格助词"-（으）로/에"标记谓词与其相应成分的语法关系，并将致使构式与移动构式连接为一个整体，同时表达了致使义和移动义。根据《표준국어대사전》，谓词"당기다"[②]的基础句法结构式为"NP₁+NP₂+VP"，如（19a）所示。（19b）通过格助词"-（으）로"的添加，增加了

① 毕玉德：《句法结构的语义模式化问题初探》，《解放军外国语学院学报》第23卷第1期，2000年，第56页。
② '당기다'在《표준국어대사전》的释义为：물건 따위를 힘을 주어 자기 쪽이나 일정한 방향으로 가까이 오게 하다.

致使移动论元"앞으로"，强调了致使主体所发出的作用力促使客体产生的实际位移路径。马晓阳（2004）指出，副词格助词"-（으）로"主要表示工具、方向、资格、转成、时间、样态、原因等7种语义形式，其中每项格语义还包含了更多的下位语义，比如"方向类"包括"行动方向、经过场所、抽象出发点、存在场所、抽象场所"等。[①]他还进一步指出，表方向类的"-（으）로"可以替换为"-에"，这与表示移动路径论元的格助词相吻合。总体来看，格助词成分将具有相关语义的不同构式联结为一个更大范围的构式整体，其联结成分作为新信息在构式中得以凸显。

此外，韩国语隐性词汇使动的命令允让式也由格助词成分与谓词的相互作用而形成。（19c）谓词"명하다"与其论元成分构成命令允让式，格助词"-에게"表示致使客体成分，宾格"-을/를"表示行为对象成分。毕玉德（2005）对大约5000个现代韩国语的动词作了句法语义分析标注，根据统计结果，处在宾语位置上的名词性成分可分为受事、感事、成果、内容、路径、目的、终点、起点、场所、分事、基准、与事、使事等13个下位类别。[②]（19c）宾格所指成分是具有典型性的受事，即事件中自发动作行为所涉及的已经存在的直接客体，并且是与人或动物的行为动作有关的客体（李琳、毕玉德、陈洁，2012）。

综合以上，格助词成分将移动事件与致使事件融合在一个句法结构内，凸显了新的移动路径论元成分；格助词成分也使得命令事

---

① 马晓阳：《试论韩国语副词格助词"로/으로"的代用形态》，《解放军外国语学院学报》第27卷第1期，2004年，第42-43页。
② 李琳、毕玉德、陈洁：《朝鲜语对格的语义角色分析》，《民族语文》第3期，2012年，第67页。

件与行为动作事件整合成为一个具有复杂语义的命令允让式，并在言语交际过程中呈现出"命令类"直接言语行为。

二、句法结构与信息结构的相互作用

刘探宙（2009）指出，汉语的非作格动词可以带宾语，构成非作格计数句，表示完成量和总体量的对比，比如"这次流感病了一大群孩子[①]"，此类结构的前提是动词前的名词短语为 [+ 范围] ∪ [+ 工具、目的或方式] ∪ [+ 时间、原因] 等。[②]孙天琦、潘海华（2012）认为，相关语句的成立需要有一个范围集合，即动词后的数量名词短语形成"集合—子集（set-subset）"关系，指出并非只有非作格动词带宾语才能形成此类句式，比如及物动词也可以构成"这批产品已经试用了一百多人了[③]"的句式。根据 Erteschik-Shir（2007），有些语言同时存在多种语序，句法结构与语义结构之间不存在直接的映射关系。语序有时并不反映主、宾语等语法关系，而是对应于话题、焦点等信息结构。汉语的语序不完全取决于句法结构，信息结构也起到很重要的作用（孙天琦、潘海华，2012），各种可能实现的语序都是信息结构和句法结构共同作用的结果。根据学者们的探讨，我们以下列下倒置式为例，探讨信息结构与句法结构的相互作用对构式凸显成分的影响。

（20）a. * 我读了一下午那本书。

b. 我读那本书读了一下午。

---

① 例句出自刘探宙（2009：112）。

② 孙天琦、潘海华：《也谈汉语不及物动词带"宾语"现象——兼论信息结构对汉语语序的影响》，《当代语言学》第 14 卷第 4 期，2012 年，第 332 页。

例句（20c）出自孙天琦、潘海华（2012：333）

    c. * 一下午我读了那本书。

    d. 那本书读了我一下午。

（20a）是在初始句法结构中生成的句子，但能否成立以及能否转换为其他合法的表达形式则需要经过信息结构的过滤。朱德熙（1982）、Xu（1995）、胡建华（2008）都对汉语语序的信息结构作了探讨，基本上一致认为汉语动词前的成分具有话题性，是旧信息；动词后的成分具有述题性，是新信息。动词"读"与宾语可以构成"读了一本书"或者"读了一下午"，但是二者的组合形式违背了语言信息的经济性要求。"一下午"与"那本书"相比，更具有无定性，符合新信息的要求，而且作为"集合—子集"关系中的一个子集，可以移动到动词之后的焦点位置，形成（20d）"那本书读了我一下午"，而（20c）"一下午我读了那本书"较难以接受，因此移位是受信息结构驱动的。

胡建华（2008）曾指出，在句首做话题的名词短语与述题中的变量具有约束关系，即"那本书"与"一下午"之间建立了"集合—子集"关系。黄健平、李波（2015）指出："非常规语序句中的焦点结构是常规句法结构的不对称性体现，主要通过相关结构的位置移动而导致句法结构上非常规的配位，从而使其意义凸显，即焦点化。"[①] 由此一来，信息结构驱动成分移位，使得句法结构更具合理性以及经济性，同时促使"一下午"作为新信息出现在句末位置，成为句法结构的焦点而凸显。

通过对汉韩隐性词汇使动语用层面的探讨，形式与语义相结合的构式在不同的语境条件下呈现出多样化的语用信息，这是构式互

[①] 黄健平、李波：《非常规语序句中焦点结构的认知基础及句法表征》，《外语与外语教学》第 5 期，2015 年，第 58 页。

动融合的最后一个层级，也是基于使用观的抽象层级。不同的构式类型呈现出丰富的语用信息，语言类型也使得其在具体表现特征上呈现出差异，而各种情景下的言语交际需求又促使了多样化构式的生成。因此，构式是一个句法、语义以及语用层面相互融合、层层互动的完整构式体。

结　论

本文以 Goldberg 的构式语法理论为基础，对汉韩隐性词汇使动进行了概念界定和分类，并以层级观和互动观为指导，从句法结构、语义特征、语用功能三个层面对汉韩隐性词汇使动作了系统性的对比分析，为以后构建较为完善的汉韩隐性词汇使动体系尽微薄之力。具体来说，主要有以下研究发现：

第一，本文在分析汉韩隐性词汇使动既有定义不足以及分类不够明确的基础上，从形式与语义相结合、显性词汇使动与隐性词汇使动相区分、他动句与使动句相区别三个方面，对隐性词汇使动的成立条件作了具体探讨。通过对致使关系链的传递过程以及意向图式的分析，将隐性词汇使动界定为：构式存在两个具有因果关系的事件，一个事件的主体为 X，另一个事件的主体为 Y，谓词 V 连接 X 与 Y 且 X 对 Y 产生影响；构式不存在使动形态与使动标记，谓词 V 具有单一性质。在此基础上，将汉语隐性词汇使动分为兼用式、动结式、倒置式三类；将韩国语隐性词汇使动分为兼用式、动结式、命令允让式、致使移动式四类。

第二，从句法功能层面对汉韩隐性词汇使动进行了分析。句法功能是构式融合的第一层级，即通过谓词与构式的融合、构式对谓词的压制，以及构式对共现成分的制约等方面，作了详细的对比分析。其共性特征与区别具体如下：

汉语兼用式分为形容词类和自动词类，基础框架式为 "NP$_1$+VP+NP$_2$"，可以与时体标记 "了" 或者表示状态的持续体 "着" 共现。韩国语兼用式的基础框架式为 "NP$_1$ 이+NP$_2$ 을+VP，可以与

致事指向型副词以及进行体 "- 고 있다" 连用，部分具有程度义的谓词可以与程度副词共现。汉语动结式分为 "动作性 + 状态性、动作性 + 动作性、状态性 + 状态性、泛义性 + 状态性" 四类，基础框架式为 "NP$_1$+V-R+NP$_2$"，V-R 语义上分别指向原因事件和结果事件，但形式上可以分离。韩国语动结式分为 "动词性 + 状态性" 和 "动词性 + 动词性" 两类，基础构式为 "NP$_1$ 이+NP$_2$ 를+V-R 하다"，与进行体和致事指向型句式连用，V-R 在语义上分别指向原因和结果事件，但在形式上不可分离。韩国语致使移动式的基础框架式为 "NP$_1$ 이+NP$_2$ 을+NP$_3$ 로+VP"，比其他形式增加了移动路径论元，且存在 "命令类" 和 "伴随类" 两种扩展形式。韩国语命令允让式的基础框架式为 "NP$_1$ 이+NP$_2$ 에게+NP$_3$ 를+VP"，可以与持续体以及致事指向型副词共现，且当致事指向型副词出现时，被致使事件发生的可能性较大。汉语倒置式分为 "V+了" "A+了" 两类："V+了" 的句法框架式为 "NP$_1$+V+了+NP$_2$+R"，其中动词表示 "失去义"，客体为人称代词，结果补语为时量短语、动量短语、数量短语等；"A+了" 的句法框架式为 "NP$_1$+A+了+NP$_2$+R"，其中形容词可以表示 "失去义"，也可以表示 "获得义"，客体为人称代词，结果补语为时量短语、数量短语等。

第三，在语义功能层面，主要从致使语义与致使力的性质，谓词语义角色与致使主体、致使客体论元的融合方式以及融合过程等方面作了对比探讨。语用层面的融合是构式融合的第二层级，即在句法结构融合的基础上，赋予构式语义特征。汉韩隐性词汇使动在语义层面的异同点主要体现如下：一是在致使力的直接性与间接性上，韩国语动结式表现为直接致使力，汉语动结式的致使力则表现为次直接性；二是韩国语致使客体全部由受事角色融合而来，即全部为基于图式——例示关系的融合，汉语致使客体也主要由受事角色融合而成，但也存在历事等角色通过转喻方式进行的融合；三是由于汉语语序的倒置，谓词语义角色所融合的致使主体更加丰富多样。

第四，在语用功能层面，主要从汉韩隐性词汇使动的经济性特征、焦点与凸显特征、间接言语行为特征三个角度作了对比分析。语用层面的融合是构式融合的最终层面，即在句法与语义相融合的基础上，赋予构式具体的语境要素，使构式输出为一个形式、语义以及语境要素均具备的完整形式。汉韩隐性词汇使动在语用层面的共性与个性主要如下：一是从焦点与凸显特征来看，汉语存在句首凸显和句尾凸显，句首凸显是指非核心语义角色融合为致使主体的凸显，句尾凸显主要来自于具有领属关系的定中短语以及因语序倒置而出现的新信息成分。韩国语存在句首凸显与句中凸显，句首凸显是指非核心语义角色融合为致使主体的凸显，句中凸显依赖于格助词。二是汉语的隐性词汇使动均表示为间接言语行为；韩国语隐性词汇使动存在"命令类"直接言语行为，即通过"명령하다，지시하다"等施为动词直接向听话者发出命令或者指示。

受能力与篇幅所限，本文在以下方面仍存在不足，这些遗憾之处将在日后研究中进一步完善。

首先，语料选取仍有待扩充。本文在前人研究的基础上，对世宗语料库、《우리말샘》《현대 한국어 동사 구문 사전》《82년생 김지영》等多部文学作品、网络用语以及前人论文等进行了语料搜集。隐性词汇使动没有显性的使动标记，所以存在研究对象无法定向检索、对句式整体解读的要求性较高以及语料判定较难等问题，因此导致在语料的选择以及分析上夹杂主观因素。另一方面，因目

前搜集范围有限，有待进一步拓展语料。

其次，研究深度仍有待加强。本文主要聚焦于汉韩隐性词汇使动的句法结构、语义特征以及语用功能，对其性质和特征作了对比分析，但缺少对其中某一方面的深入以及细化研究，比如谓词语义角色与构式论元的语义融合方面，未对具体的融合以及互动过程作细致分析。此外，在致使移动构式中，状态变化可以看作是向某个新处所进行移动，比如"그는 범죄자들을 갱생의 길로 이끌었다"产生的是虚拟位移，此类形式应作如何释解，仍值得我们进一步探讨。

再者，相关研究仍有待拓展。本文仅对现代汉韩隐性词汇使动进行了探讨，未从历时性角度对使动词的发展变化以及使动形式的演变作系统分析。此外，使动与被动是密切相关的，从被动角度对使动进行分析可以使隐性词汇使动的界定更加清晰、研究也更加准确和全面，而本文未从被动角度进行分析。

总之，本文仍有很多问题需要完善，在现有研究成果的基础之上，将继续从以上几个问题点着手，对汉韩隐性词汇使动作进一步的深入研究。

参考文献

一、辞书和语料库

［1］北京语言大学语料库（BCC），http：//bcc.blcu.edu.cn.

［2］孟琮等：《汉语动词用法词典》，北京：商务印书馆，1999年。

［3］국립국어원，표준국어대사전. https：//stdict.korean.go.kr/main/main.do.

［4］국립국어원，21세기 세종말뭉치. https：//ithub.korean.go.kr/user/main.do.

［5］우리말샘. https：//opendict.korean.go.kr/main.

［6］홍재성 외，현대 한국어 동사 구문 사전，수원：두산동아，1998.

二、著作

［1］Adele E. Goldberg：《构式：论元结构的构式语法研究》，吴海波译，北京：北京大学出版社，2007年。

［2］伯纳德·科姆里：《语言共性和语言类型》，沈家煊、罗天华译，北京：华夏出版社，2010年。

［3］陈昌来：《二十世纪的汉语语法学》，太原：书海出版社，2002年。

［4］程琪龙：《认知语言学概论——语言的神经认知基础》，北京：外语教学与研究出版社，2001年。

［5］崔健：《韩汉范畴表达对比》，北京：中国大百科全书出版社，2002年。

［6］丁声树等：《现代汉语语法讲话》，北京：商务印书馆，1961年。

［7］范晓：《三个平面的语法观》，北京：北京语言文化大学出版社，1996年。

［8］胡裕树，范晓：《动词研究》，开封：河南大学出版社，1995年。

［9］蒋绍愚：《近代汉语研究概况》，北京：北京大学出版社，1994年。

［10］金立鑫：《语法的多视角研究》，上海：上海外语教育出版社，2000年。

［11］李临定：《现代汉语句型》，北京：商务印书馆，1986年。

［12］李宇明：《汉语量范畴研究》，武汉：华中师范大学出版社，2000年。

［13］刘润清：《西方语言学流派》，北京：外语教学与研究出版社，2002年。

［14］陆俭明，沈阳：《汉语和汉语研究十五讲》，北京：北京大学出版社，2004年。

［15］马庆株：《汉语动词和动词性结构》，北京：北京语言学院出版社，1992年。

261

［16］缪锦安:《汉语的语义结构和补语形式》，上海上海外语教育出版社，1990年。

［17］邵敬敏:《汉语语法的立体研究》，北京：商务印书馆，2000年。

［18］沈家煊:《不对称和标记论》，南昌：江西教育出版社，1999年。

［19］沈家煊:《名词与动词》，北京：商务印书馆，2016年。

［20］沈阳等:《生成语法理论与汉语语法研究》，哈尔滨：黑龙江教育出版社，2001年。

［21］沈阳，郑定欧:《现代汉语配价语法研究》，北京：北京大学出版社，1995年。

［22］王玲玲，何元建:《汉语动结结构》，杭州：浙江教育出版社，2002年。

［23］王寅:《语义理论与语言教学》，上海：上海外语教育出版社，2001年。

［24］文旭:《语言的认知基础》，北京：科学出版社，2014年。

［25］吴福祥，洪波:《语法化与语法研究（一）》，北京：商务印书馆，2003年。

［26］邢欣:《现代汉语兼语式》，北京：北京广播学院出版社，2004年。

［27］熊仲儒:《现代汉语中的致使句式》，合肥：安徽大学出版社，2004年。

［28］徐枢:《宾语和补语》，哈尔滨：黑龙江人民出版社，1985年。

［29］许余龙:《对比语言学概论》，上海：上海外语教育出版社，1992年。

［30］张伯江，方梅:《汉语功能语法研究》，南昌：江西教育出版社，1996年。

［31］张敏:《认知语言学与汉语名词短语》，北京：中国社会科学出版社，1998年。

［32］中国语文杂志编:《语法研究和探索（十）》，北京：商务印书馆，2000年。

［33］朱德熙:《语法讲义》，北京：商务印书馆，1982年。

［34］강용택, 우리말 문법, 민족출판사, 2013.

［35］강은국, 조선어 문형연구, 서울: 박이정, 1993.

［36］고광주, 국어의 능격성 연구, 서울: 월인, 2001.

［37］고영근, 국어 형태론 연구, 서울: 서울대학교 출판부, 1991.

［38］고영근, 구본관, 우리말 문법론, 파주: 집문당, 2008.

［39］김기혁, 한국어 연구의 이론과 방법, 서울: 보고사, 2010.

［40］김석득, 우리말 형태론: 말본론, 서울: 탑출판사, 1992.

［41］김성주, 한국어의 사동, 서울: 한국문화사, 2003.

［42］김준기, 한국어 타동사 유의어 연구, 서울: 한국문화사, 2000.

［43］김형배, 국어의 사동사 연구, 서울: 박이정, 1997.

［44］김하인, 국화꽃 향기, 서울: 생각의 나무, 2003.

［45］권재일, 한국어 통사론, 서울: 민음사, 2000.

［46］권재일, 한국어 문법사, 서울: 박이정, 1998.

［47］남기심, 현대 국어 통사론, 서울: 태학사, 2001.

［48］남기심 외, 표준국어 문법론, 서울: 한국문화사, 2019.

［49］류성기, 한국어 사동사 연구, 광주: 홍문각, 1998.

［50］목정수, 언어유형론, 정신역학론 그리고 한국어 문법, 서울: 한국문화사, 2020.

［51］박연옥, 중한 사동문 대조 연구, 서울: 박이정, 2018.

［52］서정수, 국어문법 (수정판), 서울: 한세본, 2006.

［53］송복승, 국어의 논항구조 연구, 서울: 보고사, 1995.

［54］송창선, 국어사동법 연구, 광주: 홍문각, 1998.

［55］양정석, 국어동사이 의미 분석과 연결이론, 서울, 박이정, 1995.

［56］여화, 최용만 옮김, 허삼관 매혈기, 파주: 푸른숲, 2007.

［57］유목상, 한국어의 문법구조, 서울: 한국문화사, 2007.

［58］윤평현, 국어의미론, 서울: 역락, 2020.

［59］이상억, 국어의 사동·피동 구문 연구, 서울: 집문당, 1999.

［60］이익섭·임홍빈, 국어문법론, 서울: 학연사, 1994.

［61］이주행, 한국어 문법의 이해, 서울: 월인, 2004.

［62］임지룡, 의미의 인지언어학적 탐색, 서울: 한국문화사, 2009.

［63］임지룡, 인지의미론, 서울: 한국문화사, 2017.

［64］임홍빈, 한국어의 주제와 통사 분석: 주제 개념의 새로운 전재, 서울: 서울대학교출판부, 2007.

［65］위화, 인생, 파주: 푸른숲, 2007.

［66］조남주, 82 년생 김지영, 서울: 민음사, 2016.

［67］최재희, 한국어 문법론, 서울: 태학사, 2004.

［68］한송화, 현대 국어 자동사 연구, 서울: 한국문화사, 2002.

［69］Comrie, B, *Language universal and linguistic typology*. Oxford: Blackwell, 1981, 1989.

［70］Dixon, R.M.W. *Some Basic Issues in the Grammar of Causation*. In R.M.W. Dixon and Alexandra Y. Aikhenvald, Changing Valency: Case studies in transitivity. New York: Cambridge University Press, 2000.

［71］Shibatani, Masayoshi. (ed.), *The grammar of causative sonstructions*, (Syntax and semantics，6），New York etc，Academic Press，1976.

［72］Song，J.J. *Causatives and causation：A universal-typological perspective*，London and New Yeok：Addison Wesley Longman. 1996a.

［73］Talmy，L. *Toward a Cognitive Semantics*. Vol. 1. Cambridge，Massachusetts，2000a.

［74］Talmy，L. *Toward a Cognitive Semantics*. Vol. 2. Cambridge，Massachusetts，2000b.

［75］Yang，B.S. *Morphosyntactic Phenomena of Korean in Role and Reference Grammar*，Seoul：Hankuk Publishers，1994.

三、期刊文章

［1］毕玉德：《基于格关系的韩语句子分析》，《解放军外语学院学报》，1996 年第 5 期。

［2］毕玉德，李承子：《朝鲜语的句法结构和语义结构》，《民族语文》，2005 年第 4 期。

［3］毕玉德，刘吉文：《现代朝鲜语句子语义结构类型研究》，《民族语文》，2002 年第 5 期。

［4］蔡军，张庆文：《汉语隐性事件性致使句的句法语义研究》，《现代外语》，2017 年第 3 期。

［5］陈昌来：《论现代汉语的致使结构》，《井冈山师范学院学报（哲学社会科学）》，2001 年第 3 期。

［6］陈俊芳：《现代汉语致使移动构式的认知分析》，《中北大学学报（社会科学版）》，2010 年第 6 期。

［7］陈俊芳：《英汉典型致使移动构式认知对比分析》，《宁夏大学学报（人文社会科学版）》，2011 年第 2 期。

［8］陈艳平：《朝鲜语格体系的历时性研究》，《外语与外语教学》，2014 年第 3 期。

［9］楚军，袁毅敏：《论现代汉语致使结构的句法语义关联——基于宏事件特征的认知实证新探》，《西安外国语大学学报》，2020 年第 4 期。

［10］戴庆厦：《论分析型语言研究法的构建》，《中央民族大学学报（哲学社会科学版）》，2020 年第 6 期。

［11］丁丁：《允让使役及其在使役式中的表现》，《中国语文》，2020 年第 3 期。

［12］董粤章，张韧：《第二代认知科学背景下的认知——构式句法述评》，《东北大学学报（社会科学版）》，2010 年第 5 期。

［13］房战峰，张建理：《汉语得益型隐性致使构式综合考察》，《宁波大学学报（人文科学版）》，2017 年第 4 期。

［14］冯璐，王平：《〈古今释林〉朝鲜语汉字词辨源》，《辞书研究》，2020 年第 6 期。

［15］傅冰：《日语使动句式和他动词句式的语用特征》，《解放军外国语学院学报》，2008 年第 4 期。

［16］顾阳：《论元结构理论介绍》，《国外语言学》，1994 年第 1 期。

［17］郭锐，叶向阳：《致使的类型学和汉语的致使表达》，《第一届肯特岗国际汉语语言学圆桌会议论文集》，2001 年。

［18］何伟，张瑞杰：《现代汉语使役句的功能视角研究》，《外语学刊》，2017 年第 6 期。

［19］何元建，王玲玲：《论汉语使役句》，《汉语学习》，2002 年第 4 期。

［20］洪波，卢玉亮：《领主属宾式的句法来源和句式意义的嬗变》，《中国语文》，2016 年第 6 期。

［21］胡建华，杨萌萌：《"致使——被动"结构的句法》，《当代语言学》，2015 年第 4 期。

［22］胡杨：《非典型致使移动构式的认知语用解读——基于典型事件模型的概念整合》，《浙江理工大学学报（社会科学版）》，2017 年第 2 期。

［23］黄成龙：《类型学视野中的致使结构》，《民族语文》，2014 年第 5 期。

［24］黄健平，李波：《非常规语序句中焦点结构的认知基础及句法表征》，《外语与外语教学》，2015 年第 5 期。

［25］黄小萍，侯国金：《涉身调变致使动词构式的词汇——构式语用学分析》，《外语学刊》，2015 年第 6 期。

［26］蒋绍愚：《词义变化与句法变化》，《苏州大学学报（哲学社会科学版）》，2013 年第 1 期。

［27］金淳培：《朝鲜语语法形式的意义特征》，《民族语文》，1986 年第 3 期。

［28］金立鑫：《汉语语序的类型学特征》，《解放军外国语学院学报》，2019 年第 4 期。

［29］金日，毕玉德：《有关朝鲜语词类问题上的不同观点评析》，《民族语文》，2001 年第 6 期。

［30］金廷恩：《试论"受事"》，《汉语学习》，1995 年第 4 期。

［31］金香花，崔莲花：《朝鲜语时态语素"- 었 -"语法意义分析》，《延边大学学报（社会科学版）》，2016 年第 4 期。

［32］金永寿：《汉朝语序排列对比之管见》，《东疆学刊》，2000 年第 2 期。

［33］李得春：《关于朝鲜语里的汉语借词》，《延边大学学报（社会科学版）》，1986 年第 2 期。

［34］李得春：《世界中的朝鲜 / 韩国语和阿尔泰诸语言》，《东疆学刊》，2003 年第 3 期。

［35］李得春，金基石：《关于朝鲜语词汇发展中的若干问题》，《东疆学刊》，2002 年第 4 期。

［36］李劲荣，范开泰：《状态形容词的可及性等级及连用顺序》，《南昌大学学报（人文社会科学版）》，2005 年第 3 期。

［37］李琳，毕玉德，陈洁：《朝鲜语对格的语义角色分析》，《民族语文》，2012 年第 3 期。

［38］李向农，张军：《单双音节意欲形容词句法语义特征考察》，《语言研究》，2005 年第 4 期。

［39］李莹，徐杰：《形式句法框架下的现代汉语体标记研究》，《现代外语》，2010 年第 4 期。

［40］刘丹青：《"到"字语法化的新去向：吴江同里话的条件标记及主观大量标记"到"》，《语文研究》，2019 年第 2 期。

［41］刘培玉，刘人宁：《从"动词核心"看隐性使动句》，《汉语学报》，2015 年第 1 期。

［42］刘培玉：《使令句句法结构对致使事件的压制及相关问题》，《湖南师范大学社会科学学报》，2017 年第 3 期。

［43］刘人宁：《小句整合视野下致使结构对致使事件的压制》，《汉语学习》，2019 年第 6 期。

［44］刘森林：《语用策略与言语行为》，《外语教学》，2003 年第 3 期。

［45］刘玉梅：《基于体认识解机制的汉语修辞格分类研究》，《外语教学》，2020 年第 6 期。

［46］刘振平：《单音节形容词做状语的制约因素》，《河北师范大学学报（哲学社会科学版）》，2015 年第 2 期。

［47］柳英绿，崔载光：《汉韩语话题对比》，《华夏文化论坛》，2009 年。

［48］卢涌：《现代汉语副词的语义指向研究综述》，《黄冈师范学院学报》，2016 年第 4 期。

［49］陆丙甫，陈平：《距离象似性——句法结构最基本的性质》，《中国语文》，2020 年第 6 期。

［50］陆俭明：《再论构式语块分析法》，《语言研究》，2011 年第 2 期。

［51］罗健京，刘也玲：《认知分析经验观、凸显观和注意观的解释力》，《衡阳师范学院学报》，2015 年第 5 期。

［52］吕传峰：《经济性原则在语用中的体现形式及其成因》，《常熟高专学报》，2002 年第 5 期。

［53］马晓阳：《试论韩国语副词格助词"로／으로"的代用形态》，《解放军外国语学院学报》，2004 年第 1 期。

［54］马喆，邵敬敏：《"包括 NP 在内"的语义功能及其焦点凸显作用》，《汉语学习》，2015 年第 1 期。

［55］朴连玉，朴连锦：《语言类型学视角下的汉韩语致使句类型分析》，《东北亚外语研究》，2018 年第 4 期。

［56］朴珉娥，袁毓林，《汉语是一种"无时态语言"吗？》，《当代语言学》，2019 年第 3 期。

［57］权奇英：《朝鲜语过去时词尾与汉语助词"了"的比较》，《延边大学学报（社会科学版）》，1984 年第 2 期。

［58］沈梅英：《错位致使动结式语义、句法及其语用动因研究》，《现代外语》，2017 年第 4 期。

［59］沈阳，Rint Sybesma：《作格动词的性质和作格结构的构造》，《世界汉语教学》，2012 年第 3 期。

［60］石村广：《动结式的致使意义和使动用法的双音化》，《当代语言学》，2016 年第 3 期。

［61］石村广：《汉语动结式在语言类型上的两面性——从藏缅语的自动和使动的对立谈起》，《世界汉语教学》，2019 年第 4 期。

［62］石村广：《致事型数量动结式的产生机制——致动用法的发展和变异》，《当代语言学》，2020 年第 1 期。

［63］宋定宇：《汉英非典型被动结构对比考察——以"被自杀"结构为例》，《外语与外语教学》，2018 年第 4 期。

［64］宋文辉：《再论汉语所谓"倒置动结式"的性质和特征》，《外国语（上

海外国语大学学报）》，2018 年第 5 期。

［65］孙天琦，郭锐:《论汉语的"隐性述结式"》,《语言科学》,2015 年第 5 期。

［66］孙天琦，潘海华:《也谈汉语不及物动词带"宾语"现象——兼论信息结构对汉语语序的影响》,《当代语言学》,2012 年第 4 期。

［67］田明秋:《也说泛义动词——以"打"和"弄"为例》,《郑州大学学报（哲学社会科学版）》,2010 年第 3 期。

［68］宛新政:《试论现代汉语使动句的句法、语义和语用特征》,《阜阳师范学院学报（社会科学版）》,2005 年第 1 期。

［69］王芳:《义素分析视角下的韩国语助动词意义研究》,《外语教学与研究》,2012 年第 2 期。

［70］王洪亮，绪可望:《"话题——说明"框架下施动和使动句式语义语用基础探析》,《东北师大学报（哲学社会科学版）》,2017 年第 6 期。

［71］王文斌，崔靓:《语言符号和修辞的多样性和民族性》,《当代修辞学》,2019 年第 1 期。

［72］王勇:《〈动词：体及致使结构〉介绍》,《外语教学与研究》,2015 年第 3 期。

［73］温锁林:《"有＋数量结构"中"有"的自然焦点凸显功能》,《中国语文》,2012 年第 1 期。

［74］吴福祥:《试说汉语几种富有特色的句法模式——兼论汉语语法特点的探求》,《语言研究》,2012 年第 1 期。

［75］吴福祥:《关于语法演变的机制》,《古汉语研究》,2013 年第 3 期。

［76］吴为善:《自致使义动结构式"NP+VR"考察》,《汉语学习》,2010 年第 6 期。

［77］宣德五:《关于朝鲜语汉字词的几个问题》,《民族语文》,1992 年第 1 期。

［78］熊雪亮，魏薇:《倒置动结式的致使性透视》,《外语教学与研究》,2014 年第 4 期。

［79］熊仲儒:《致使的语音实现及其句法蕴含》,《安徽师范大学学报（人文社会科学版）》,2005 年第 6 期。

［80］徐通锵:《述谓结构和汉语的基本句式》,《语文研究》,2007 年第 3 期。

［81］徐通锵:《自动和使动——汉语语义句法的两种基本句式及其历史演变》,《世界汉语教学》,1998 年第 1 期。

［82］许红娥:《语言的象似性和语言的经济性》,《湖北民族学院学报（哲学

社会科学版）》，2016 年第 2 期。

［83］张伯江：《施事角色的语用属性》，《中国语文》，2002 年第 6 期。

［84］张会叶：《海南回辉话致使标记的特点》，《民族语文》，2019 年第 4 期。

［85］张娟：《国内汉语构式语法研究十年》，《汉语学习》，2013 年第 2 期。

［86］张兴权：《从语言接触看朝鲜族的语言使用和朝鲜语的共时变异》，《民族语文》，1994 年第 5 期。

［87］张豫峰：《关于现代汉语致使态的思考》，《汉语学习》，2007 年第 6 期。

［88］张豫峰：《国外致使观与现代汉语致使研究综述》，《云南大学学报（社会科学版）》，2014 年第 5 期。

［89］张豫峰：《使动句致使意义实现的机制及其语用价值》，《复旦学报（社会科学板）》，2012 年第 4 期。

［90］赵亮：《词汇与句法界面研究：从"动词中心"到"构式中心"的范式更替和模式嬗变》，《解放军外国语学院学报》，2018 年第 3 期。

［91］赵绿原：《青海民和甘沟话的致使结构》，《中国语文》，2019 年第 2 期。

［92］赵新建，马会霞：《朝鲜语的功能汉字》，《民族语文》，2000 年第 1 期。

［93］赵新建，赵娜：《韩国语的非典型宾语》，《解放军外国语学院学报》，2021 年第 1 期。

［94］郑远汉：《省略句的性质及其规范问题》，《语言文字应用》，1998 年第 2 期。

［95］周国炎，卢晓琳：《布依语致使标记及其语法化分析》，《贵州民族大学学报（哲学社会科学版）》，2018 年第 4 期。

［96］周红：《论外向致使和返身致使》，《江汉大学学报（人文科学版）》，2005 年第 5 期。

［97］周红：《论致使的语义核心——致使力的传递》，《玉林师范学院学报（哲学社会科学）》，2006 年第 1 期。

［98］周小涛：《认知语法视域下的构式论元实现——以致使移动构式与动词的互动融合为例》，《西安外国语大学学报》，2015 年第 2 期。

［99］BCC 语料库：荀恩东，饶高琦，肖晓悦，臧娇娇：《大数据背景下 BCC 语料库的研制》，《语料库语言学》，2016 年第 1 期．

［100］강보유, 언어의 주관성과 주관화, 중국조선어문 5, 2016.

［101］강병규, 국문문법이론에 기초한 중국어 동사와 논항 실현 양상 고찰: 이중타동구문을 중심으로, 중국문학 75, 2013.

[102] 고영근, 한자어 형성에 있어서의 구성소와 형성소 - 언어 유형론 노트 (6), 한글 308, 2015.

[103] 김기혁, 국어 문법에서 격과 의미역할, 한국어학 17, 2002.

[104] 김기혁, 타동의 자동 함축과 사동과 피동, 한국어학 46, 2010.

[105] 김기혁, 사동형 타동사 파생의 유형과 특징, 한글 291, 2011.

[106] 김광수, 중국에서의 조선어 변화와 발전에 대한 고찰, 중국조선어문 6, 2015.

[107] 김문오, 양용동사와 사 / 피동사 대비 연구 - 한자어를 중심으로 -, 어문학, 1996.

[108] 김문오, 자 / 타동 양용동사의 범주와 문형, 어문학, 1996.

[109] 김석득, 자리만듦성 (능격성, ergativite) 과 시킴월 (사동문) 되기 제약, 외국어로서의 한국어교육, 1980.

[110] 김성주, 사동의 의미에 대한 소고, 동국어문학 2, 1987.

[111] 김성주, 사동사 '보내다', 동국어문학 9, 1997.

[112] 김성주, 현대 국어 사동사의 유형, 동악어문학 32, 1997.

[113] 김성주, '- 시키 -' 동사의 유형과 국어의 사동문, 국어국문학 132, 2003.

[114] 김성주, 한국어 사동 유형으로서의 ' (-) 시키 -' 사동, 한민족문화연구 67, 2019.

[115] 김유범, 한자어 어원의 국어사전 처리 방안 연구, 한국어학 84, 2019.

[116] 김윤신, 국어 사동문에 나타난 사동 행위의 직·간접성 - 사동문의 논항 구조와 사건 구조를 중심으로 -, 우리말연구 30, 2012.

[117] 김차균, 국어의 사역과 수동의 의미, 한글 168, 1980.

[118] 김충실, 중한 목적어 구문의 어순대조, 언어와 문화 6 (1), 2010.

[119] 김형배, 사동과 피동표현의 숙어의 고정성에 관한 연구, 한민족문화연구 16, 2005.

[120] 권재일, 사동법 실현방법의 역사, 한글 211, 1991.

[121] 류성기, 사동사 설정에 따른 제약과 사동사 범주, 국어국문학 108, 1992.

[122] 류형동, 한국어의 어휘 사동 구문에 대하여, 언어연구 3, 1991.

[123] 목지선, 국어 '연결어미 + 하다' 구성의 통사·의미적 특성 연구,

국어문학 71, 2019.

[124] 박순남, 중립 동사 구문의 동의어 관계, 한국프랑스문화학회 학술발표논문집, 1998.

[125] 박은석, 중한 실의사동동사문 연구, 중국문화연구 18, 2011.

[126] 박은석, 중국어의 보충형, 동형형, 수량결과빈어형 사동, 중국문학 71, 2012.

[127] 박은석, 한국어의 어휘 사동, 언어와언어학 58, 2013.

[128] 박은석, 현대 중국어 사동문과 타동성, 언어와 정보 사회 21, 2014.

[129] 박정운, 한국어 사동구문의 의미 - 원형의미론적 접근 -, 언어 28(3), 2003.

[130] 박종갑, 국어 사동문의 지시체와 심리영상 및 도상성, 민족문화논총 54, 2013.

[131] 박철우, 'N+시키 -' 구성의 유형 고찰을 통한 사동 현상의 재해석, 한국어학 26, 2005.

[132] 백낙천, 국어 문법화 연구의 이론적 배경과 특징, 한국사상과 문화 39, 2007.

[133] 백설비, 한조 가상이동표현에서의 '경로' 표현 대조, 중국조선어문 3, 2018.

[134] 송창선, 사동과 타동, 문학과 융합 11, 1990.

[135] 양영희, 현대 국어 문법화와 역문법화의 비교 고찰, 국어문학 62, 2016.

[136] 연재훈, 국어 중립 동사 구문에 대한 연구, 한글 203, 1989.

[137] 연재훈, 타동성의 정의를 위한 원형이론적 접근, 언어 22(1), 1997.

[138] 오문의, 중한사전 단음절형용사 사동 용법의 기술에 관한 연구, 중국문학 89, 2016.

[139] 유경민, 'X 하 -' 와 'X 되 -' 및 'X 시키 -' 의 대응쌍 연구, 국어학 46, 2005.

[140] 유경종, 근대국어 피·사동 유형과 무표지 피·사동 연구, 한국언어문화 11, 1993.

[141] 유혜원, '- 하다' 와 동일한 논항을 갖는 '- 시키다' 구문 연구, 우리어문연구 42, 2012.

[142] 유혜원, '명사 - 시키다' 동사에 대한 연구, 어문논집 65, 2012.

[143] 유혜원, 중립동사 '명사 - 하다' 에 대한 연구 - '명사 - 되다', '명사 - 시키다' 형과의 비교를 중심으로 -, 한국어학 57, 2012.

[144] 왕녕박 & 박소영, 한국어와 중국어의 사동구조 대조 - 사동화 내포 구조를 중심으로 -, 언어와 정보 사회 29, 2016.

[145] 이기용, 대조언어학: 그 위상과 새로운 응용, 언어과학연구 19, 2001.

[146] 이문화, 한국어 사동표현과 중국어 무표지 어휘 사동의 대응 양상 연구 - 한·중 병렬말뭉치 중심으로 -, 언어사실과 관점 48, 2019.

[147] 이병회, 한국어 보조 형용사 및 사동과 피동의 인식과 개념그래프적 기술, 인터넷정보학회논문지 3 (1), 2002.

[148] 이상태, 국어의 사동화 구조에 관하여, 국어교육연구 4, 1972.

[149] 이숙, 국어의 어휘사동문, 어문학논총 2, 2006.

[150] 이숙, '- 게 하다' 사동구문의 통사적 분석, 어문학논총 26, 2007.

[151] 이숙, 한국어 두 사동구문의 의미 기능 분석, 어문론총 72, 2017.

[152] 이은령·윤애선, 한국어 동사의 어휘의미망 구축을 위한 중립동사의 의미분할, 언어와 정보 9 (2), 2005.

[153] 이지수 '타동성과 국어 사동표현의 의미, 어문연구 36 (2), 2008.

[154] 임지룡, 원형이론과 의미의 범주화, 국어학 23, 1993.

[155] 장호득, 'X[汉字语]+ 하다' 로 본 한중 통사구조 생성과정 및 어순 처리 비교 연구, 동북아 문화연구 20, 2009.

[156] 정성여, 규범적 사동구문과 비규범적 사동구문, 어학연구 41 (1), 2005.

[157] 채예령, 'RVC 사동문' 에서 '사동주' 의 개념화 양상, 중국인문과 학 75, 2020.

[158] 최규발·김은주, 韓·中사동법의 대조, 한국한문학연구 56, 2014.

[159] 최기용, '시키 -' 사동 소고: '시키 -' 의 통합 분석, 생성문법연구 30 (3), 2020.

[160] 최동주, 국어 사동구문의 통시적 변화, 언어학 27, 2000.

[161] 한선혜 & 박철우, '명사 - 시키다' 구성과 사전에서의 처리, 한국사 전학 4, 2004.

[162] 허웅, 서기 15 세기 국어의 사역·피동의 접사, 동아문화 2, 1964.

［163］홍기선, 한국어 사동 구문의 인지언어학적 분석, 담화인지언어학회 학술대회 발표논문집 6, 2002.

［164］홍성룡, 한국어 사동구문: 핵어중심 구 구조문법적 분석, 高凤论集, 1993.

［165］Kim, S.J. *The Multiple Causative in Korean, Porceedings of The First Seoul International Conference on Discourse and Cognitive Linguistics*, Discourse and Cognitive Linguistic Society of Korea. 2001.

［166］Song, J.J. *Clause linkage in Korean periphrastic causative and purposive constructions.* Language Research 24.4, 1988.

［167］Song, J.J. *Korean Periphrastic Causative Constructions In Role and Reference Grammar: A Rejoinder to Park（1993）and Yang（1994）*, Language Research 32.4, 1996b.

［168］Yang, B.S. *A Role and Reference Grammar Account of Verb Complementation and Causations in Korean*, Harbard Studies in Korean Linguistics Ⅶ.

［169］Haiman, J. ed. Iconic and economic motivation, Language 59.4, 1983.

四、学位论文

［ 1 ］白雪飞:《汉韩虚拟位移对比研究》,博士学位论文,上海外国语大学, 2018 年。

［ 2 ］丁新峰:《现代汉语致使语义范畴研究》,博士学位论文,吉林大学, 2019 年。

［ 3 ］郭姝慧:《现代汉语致使句式研究》,博士学位论文,北京语言大学, 2004 年。

［ 4 ］姜灿中:《现代汉语动结式的句法——语义界面:基于层级和互动的构式语法视角》,博士学位论文,西南大学,2019 年。

［ 5 ］金海月:《朝汉致使范畴对比研究》,博士学位论文,中央民族大学, 2007 年。

［ 6 ］梁晓波:《致使词汇与结构的认知研究》,博士学位论文,复旦大学, 2003 年。

［ 7 ］骆蓉:《认知构式语法视阈下的致使移动句研究》,博士学位论文,浙江大学,2015 年。

［8］牛顺心:《汉语中致使范畴的结构类型研究》,博士学位论文,上海师范大学,2004年。

［9］宋文辉:《现代汉语动结式配价的认知研究》,博士学位论文,中国社会科学院研究生院,2003年。

［10］宛新政:《现代汉语致使句研究》,博士学位论文,复旦大学,2004年。

［11］汪波:《韩国新闻报道标题语言研究》,博士学位论文,解放军外国语学院,2011年。

［12］王冬梅:《现代汉语动名互转的认知研究》,博士学位论文,中国社会科学院研究生院,2001年。

［13］熊仲儒:《现代汉语中的致使句式》,博士学位论文,北京语言文化大学,2003年。

［14］杨江锋:《汉语迂回致使结构的多维度研究》,博士学位论文,浙江大学,2016年。

［15］郑杰:《韩国语作格动词研究》,博士学位论文,上海外国语大学,2017年。

［16］周红:《现代汉语致使范畴研究》,博士学位论文,华东师范大学,2004年。

［17］김문오, 국어 자타 양용동사 연구, 경북대학교 박사학위논문, 1997.

［18］김봉민, 한국어와 중국어의 사동사 대조 연구, 경희대학교 박사학위논문, 2012.

［19］김석득, 한국어의 형태·통사구조론 연구: 피동 및 사동접미사의 공존관계와 변형구조, 연세대학교 박사학위논문, 1970.

［20］김영, 현대중국어 이중목적어구문의 어법특성 연구, 성균관대학교 박사학위논문, 2014.

［21］김윤신, 파생동사의 어휘의미구조: 사동화와 피동화를 중심으로, 서울대학교 박사학위논문, 2001.

［22］김형배, 국어 파생 사동사의 통시적 연구, 건국대학교 박사학위논문, 1997.

［23］묘연창, 현대중국어 '使' 구문 연구, 서울대학교 박사학위논문, 1998.

［24］박미정, 현대중국어의 사동표현 연구, 연세대학교 박사학위논문, 2002.

[25] 박진호, 한국어의 동사와 문법요소의 결합 양상, 서울대학교 박사학위논문, 2003.

[26] 송복승, 국어 사동문과 피동문의 논항구조 연구, 서강대학교 박사학위논문, 1995.

[27] 심지영, 한국어 결과구문 연구 - 한·중 대조 및 한국어교육의 관점에서, 서울대학교 박사학위논문, 2016.

[28] 우형식, 국어 타동구문에 관한 연구, 연세대학교 박사학위논문, 1991.

[29] 유경종, 근대국어 피동과 사동 표현의 연구, 한양대학교 박사학위논문, 1995.

[30] 유연숙, 사역구문 분석: 범언어적 관점에서, 연세대학교 박사학위논문, 1994.

[31] 유춘평, 한국어의 한자어 - 하다 형 용언에 대한 연구, 인하대학교 박사학위논문, 2013.

[32] 유혜원, 국어의 격 교체 구문의 연구: 한영 기계 번역 시스템을 중심으로, 고려대학교 박사학위논문, 2002.

[33] 이봉금, 현대중국어 사동구문의 의미연구: 통사적 사동을 중심으로, 고려대학교 박사학위논문, 2016.

[34] 이상억, 국어의 사동 피동 구문 연구, 서울대학교 석사학위논문, 1970.

[35] 정연주, '하다'의 기능에 대한 구문 기반 연구, 고려대학교 박사학위논문, 2015.

后　记

博士毕业已三年，回首来时路，落笔时思绪万千，竟又一次对着电脑发呆至凌晨……

本书在我的博士论文基础上修订而成。从最初对汉韩语言使动现象的好奇，到探究其背后的语言机制，这一过程既充满挑战，又富有乐趣。使动现象是语法研究的"常青树"，国内外语言学界对此都十分关注。汉语词汇表达手段丰富，相关研究是语法研究中的一个"老话题"，成果可谓浩如烟海；韩国语形态发达，词汇使动相对受关注较少，相关研究较为缓慢。选择这样的一个主题进行研究，难点无疑是对韩国语词汇使动的界定，以及汉韩语言在相关表达上的异同。现在想来，明明汉语的词汇使动和韩国语的分析型使动大有可谈，可偏偏选了两种语言在词汇使动上的对比，而词汇使动并不是韩国语使动研究中的显性部分。或许是出于好奇，或许是疑惑，或许想要做点什么。也总要做点什么吧。主题一旦确定，便只有做。从广泛的中英韩文文献阅读，到语料的整理与分析，才有了这么一本拙著。整个过程，个中辛酸，唯我所知。

本书即将出版，很是高兴，但也时觉惶恐，书中有些观点还值得推敲，有些论证还有待加强。直至今日，我也常将老师们的意见拿来研读，以便日后进一步研究。本书的出版，最要感谢的是"姜哥"。2018年有幸拜入姜镕泽老师门下，也才有了论文的开始。老师为人谦和，治学严谨，是我在学术道路上学习和追随的榜样。随着博士论文的逐渐展开，论文所带来的压力也与日俱增，正是老师的鼓励让我坚定了迎难而上的决心。直至现在，耳畔仍不时响起老师的"别急""不要慌",简短有力的声音如定心丸一般,让我无比踏实与心安。老师的指点与爱护,我永远铭记于心。

博士论文写作过程中感谢诸多良师的帮助,如无他们的指点与鞭策,也不会有本书的出版。感谢北京语言大学金成兰、北京外国语大学金京善、中央民族大学的许凤子以及金青龙和任广旭老师,感谢他们给予我的宝贵修改意见和建议,这促使我不断思考、不断进步。感谢中央民族大学的戴庆厦、阿不都热西提·亚库甫、罗自群、胡素华、曾立英、崔延燕等老师传授给我的宝贵知识,这将是我一生的财富。感谢硕士导师沈贤淑老师一直以来对我的关心与照顾,待我如女儿一般,使我温柔且坚强。感谢北京外国语大学的丁丽敏老师,不管是在生活上,还是在论文的修改与润色上,都给了我诸多帮助与建议。

感谢我的室友黄晶、斯格尔、谷妮娜、白晓燕,大家在生活上互帮互助,在学习上互相鼓励与督促,共同度过了温馨、和谐的三年。感谢同届同学张雨晨、郑燕在学业和生活上给予我的帮助,"三个女博士"互相支撑、共同奋斗。感谢师姐崔惠花、安海莲、马丽在学业上给予我的建议和帮助,让我省去了诸多烦恼。感谢师妹崔桂荣、全景、安英赫、姜博文对我的帮助与照顾,尤其是全景师妹,对我的论文修改提出了诸多建议,感谢师妹的辛勤付出。有幸在中央民族大学结识葛东雷、蒋仁龙、王彬、赵哲、特尼格尔、张家瑜、姚小云、张丹、次林央珍、冯诗涵、张瑶、赫如意、黄莹洪等诸位好友,尤其感谢葛东雷和蒋仁龙在学业和生活上给予我的帮助和建议。感谢我的挚友苏美容纳我所有的情绪,与我共享快乐、陪我度过低谷。感谢我的猫乖乖,三年里不离不弃,始终伴我左右,让我无比暖心,使我充满力量。

博士论文完成之后，很长一段时间内，我都不敢翻阅，总觉得没有达到自己的预期。也正因如此，修改完善之事一拖再拖。直至2021年9月，入职淮阴师范学院文学院，遇到了一众良师益友，又让我重新信心，得以有勇气面对博士论文。许芳红院长在繁忙的工作之际，对我的课题申报书一字一句斟酌、修改，满篇的红色批注，让我感慨万千，也让我从"课题小白"到"拿得出手"，有此领导，也是我幸。工作以来，文学院皇甫素飞、孙辉、杨颖、杜运威、陈年高、陈华东等领导及各位同仁对我关爱有加，也让我在工作中一步步提升。赵曜曜、唐艳、于佳敏、董守志等一众好友对我工作和生活上的帮助，我也永记于心。

心中若有桃花源，何处不是水云间。感谢李迅副院长细致、耐心地教我如何讲授《现代汉语》，如何建设网络课程，如何建设专业，如何思考、如何行动……胜似兄长，亦是吾师；家嫂视我为亲妹妹，在生活上无微不至地关心我。华树君和秦臻作为我的好友、校友、同事，为我的工作和生活增添了无限乐趣，同在延吉学习、生活过的我们，有无数的话题可聊，有无数的美食可分享。在这里，我再次找到了家的温暖，在举目无亲的城市，也可以有在工作上互相帮助、生活上互相照顾的好友，实属有幸。

距离父母过世已十年有余，感谢他们在有限的生命里给予我的爱。这十几年里，懊恼过、悔恨过、无助过、低沉过，还好，又重新振作了起来。父母过世后，姐姐、姐夫对我疼爱有加，扶持我的学业，照顾我的生活。这些年里，我们时常在视频两端含泪相视。还好，这边也有胜似亲人的朋友。还好，日子越来越好。

千言万语，凝成一首小诗：

求学苦读三千卷，养性难逢五百年。

明月孤身千里外，良师善友一灯前。

有酒不妨同一醉，富贵何如遇有缘。

世事从来多变幻，吾生何处不桑田。

此书为我的博士之路画上一个句点，我将继续在学术的路上孜孜以求。吾道幸逢挚友同，万事相从乐在中。饱含憧憬，充满乐观，未来可期。

感谢上海三联书店郑秀艳老师的辛勤付出，本书才能得以顺利出版。书中定有不少不足之处，敬请方家批评指正。

王燕

2024 年 6 月

于淮阴师范学院文学院

图书在版编目（CIP）数据

汉韩隐性词汇使动对比研究 / 王燕著. -- 上海 ：
上海三联书店，2024．9． -- ISBN 978-7-5426-8634-3

Ⅰ．H553；H136

中国国家版本馆CIP数据核字第2024AZ6528号

汉韩隐性词汇使动对比研究

著　　者 / 王　燕
责任编辑 / 郑秀艳
装帧设计 / 一本好书
监　　制 / 姚　军
责任校对 / 王凌霄

出版发行 / 上海三联书店
　　　　　 (200041) 中国上海市静安区威海路755号30楼
邮　　箱 / sdxsanlian@sina.com
联系电话 / 编辑部：021-22895517
　　　　　 发行部：021-22895559
印　　刷 / 上海新华印刷有限公司

版　　次 / 2024年9月第1版
印　　次 / 2024年9月第1次印刷
开　　本 / 890mm×1240mm　1/32
字　　数 / 220千字
印　　张 / 9.25
书　　号 / ISBN 978-7-5426-8634-3 / H・140
定　　价 / 78.00元

敬启读者，如本书有印装质量问题，请与印刷厂联系021-56324200